职业教育汽车类专业新形态系列教材

汽车电器结构与检修

主　编　曲晓红　乔　伟

副主编　曲英凯　韩　伟　徐静航

主　审　张立华

北京交通大学出版社

·北京·

内 容 简 介

本书以国家职业教育改革为契机，以课程改革为突破口，紧密结合当前行业的发展及职业岗位群企业需求变化，基于企业真实的岗位和真实的工作任务，融合“有效教学”理念，由浅入深、通俗易懂地讲解了汽车电器装置及元件的原理、结构、故障诊断方式和维护方法等现代汽车电器设备的基础知识，对传统点火系统和微机控制点火系统的相关知识进行了重点整合。本书包括绪论、电源系统、起动系统、点火系统、灯光系统、仪表及报警系统、辅助电器设备等7个项目内容。

本书适合作为高职高专汽车类专业教材，也可供汽车维修人员和工程技术人员学习参考使用。

图书在版编目（CIP）数据

汽车电器结构与检修 / 曲晓红，乔伟主编. -- 北京 : 北京交通大学出版社，2025. 8.
ISBN 978-7-5121-5497-1

Ⅰ. U463.6；U472.41

中国国家版本馆 CIP 数据核字第 20255HS389 号

汽车电器结构与检修
QICHE DIANQI JIEGOU YU JIANXIU

责任编辑：严慧明
出版发行：北京交通大学出版社　电话：010-51686414　http://www.bjtup.com.cn
地　　址：北京市海淀区高梁桥斜街44号　邮编：100044
印 刷 者：北京华宇信诺印刷有限公司
经　　销：全国新华书店
开　　本：185 mm×260 mm　印张：11.25　字数：281千字
版 印 次：2025年8月第1版　2025年8月第1次印刷
定　　价：49.90元

本书如有质量问题，请向北京交通大学出版社质监组反映。
投诉电话：010-51686043，51686008；传真：010-62225406；E-mail：press@bjtu.edu.cn。

前　言

在当今这个科技飞速发展的时代，汽车早已不再仅仅是单纯的交通工具，而是融合了众多先进电器技术的高科技产物。汽车电器系统犹如汽车的“神经系统”，掌控着从起动、行驶到舒适驾乘体验及安全保障等各个环节，其重要性不言而喻。

随着电子技术、信息技术的持续革新，汽车电器设备愈发精密复杂。从传统的照明、点火系统，到如今智能化的车载电脑、自动驾驶辅助装置，汽车电器领域的发展可谓日新月异。这一方面为驾乘者带来了前所未有的便利与安全保障，另一方面也对汽车维修人员提出了更高的专业要求。

本书旨在为广大汽车爱好者、维修从业者及相关专业的学生，搭建一座深入了解汽车电器结构与检修知识的桥梁。我们将系统且全面地剖析汽车电器各个组成部分的构造原理，从最基础的电路知识，到各类传感器、执行器的精细运作，无一遗漏。不仅如此，书中还精心整理了大量实用的检修方法与技巧，结合实际案例，深入浅出地讲解故障诊断与排除流程。无论是常见的车灯故障、电瓶亏电问题，还是较为复杂的电控系统失灵、智能设备报错，读者都能在书中找到对应的解决思路。

本书由吉林交通职业技术学院曲晓红、乔伟担任主编，吉林交通职业技术学院曲英凯、韩伟、徐静航担任副主编，吉林交通职业技术学院张立华担任主审，吉林交通职业技术学院刘恩宏、袁冬梅参与了编写工作。

在编写过程中，我们力求理论与实践紧密结合，语言通俗易懂，让不同知识层次的读者都能轻松上手；同时参考了国内外最新的汽车技术资料与行业标准，确保内容的前沿性与权威性。希望本书能够成为您探索汽车电器世界的得力伙伴，助力您在汽车维修与技术钻研的道路上扬帆远航，从容应对各类汽车电器难题，让汽车始终保持最佳运行状态。

编　者

教学课件　　配套习题

目录

项目1

绪　论

知识目标

1. 了解汽车电器系统的发展历程。
2. 掌握汽车电器系统的基本组成及特点。
3. 熟悉常用汽车电器系统诊断工具的使用。

能力目标

1. 能识别汽车电器系统各个部件。
2. 能合理运用汽车电器系统诊断工具进行检测和维修。

素养目标

1. 树立安全责任意识。
2. 培育职业素养，锤炼团队协作精神。
3. 激发对汽车电器行业的兴趣与热爱。

案例导入

当你使用遥控钥匙解锁车门时，汽车的遥控系统（属于汽车电器系统）开始工作。进入车内后，插入钥匙起动发动机或起动电机运转，这也是汽车电器系统的功能。在驾驶过程中，打开车灯，不管是打开汽车前照灯照亮前路，还是打开车内的仪表盘灯、阅读灯等，都依靠汽车电器系统来供电和控制。如果车辆带有电动座椅调节功能，可以通过座椅旁边的控制按钮轻松调整座椅位置，这也是汽车电器系统在起作用。

学习导航

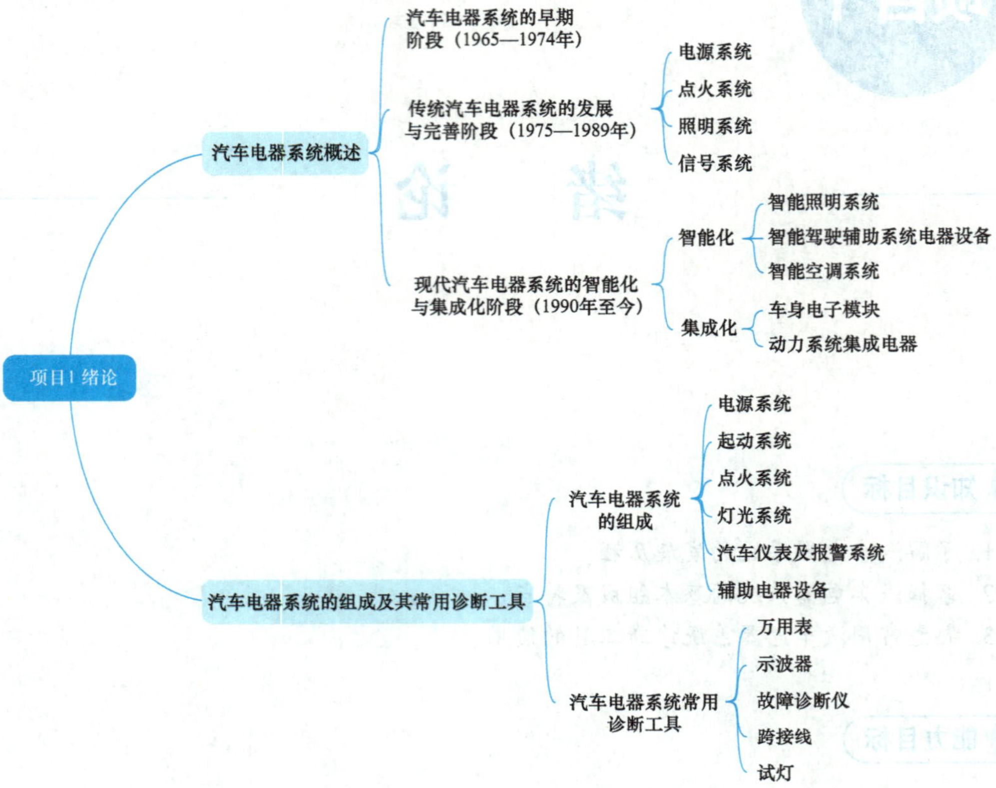

任务 1.1　汽车电器系统概述

随着人们对汽车性能的无限追求，尤其是计算机技术、电子控制技术、人工智能技术和网络通信技术的发展和在汽车上的普遍应用，越来越多的车用电子装置和新产品不断涌现。智能互联汽车的出现更是占据了现代汽车工业发展的主要地位。

一般来说，汽车电器系统的发展可以划分为以下 3 个历史阶段。

1. 汽车电器系统的早期阶段（1965—1974 年）

汽车电器系统在早期汽车发展阶段较为简单。在汽车诞生初期，电器系统主要用于点火。例如，1908 年福特 T 型车问世，其点火系统主要是磁电机点火，通过磁电机产生的电火花来点燃气缸内的混合气，使发动机能够正常运转。这种点火方式在当时是汽车能够可靠起动和运行的关键。

在这一阶段，汽车照明系统也开始出现，早期的汽车前照灯是乙炔灯。乙炔灯利用乙炔气体燃烧发光，为汽车在夜间行驶提供照明。不过乙炔灯有一定的危险性，且照明效果有限。

同时，汽车还开始配备简单的喇叭，用于发出声音信号，提醒行人和其他车辆。

2. 传统汽车电器系统的发展与完善阶段（1975—1989 年）

（1）电源系统：蓄电池技术得到了改进，铅酸蓄电池的性能不断提升，容量增大，寿命延长。发电机的输出功率也逐渐提高，从早期较低的功率发展到能够满足汽车日益增多的电器设备的用电需求。例如，交流发电机的出现是一个重要的进步，它比直流发电机具有更高的效率和更好的性能，能够在发动机的各种转速下稳定地输出电能。

（2）点火系统：从传统的机械触点式点火系统向电子点火系统过渡。电子点火系统通过电子元件（如晶体管）来控制点火线圈的初级电流，代替了机械触点。这种方式提高了点火的可靠性和准确性，点火时间可以更精确地控制，减少了发动机的抖动和燃油消耗。例如，在一些高性能汽车发动机中，电子点火系统能够根据发动机的转速、负荷等多种因素实时调整点火提前角，使发动机的动力输出更加平顺。

（3）照明系统：前照灯从乙炔灯和简单的白炽灯发展到卤钨灯。卤钨灯的发光效率更高，使用寿命更长，照明亮度也大大提高。同时，汽车的内部照明系统也逐渐丰富，除了基本的顶灯外，还增加了仪表灯的亮度调节功能等，方便驾驶员更好地观察仪表和车内情况。

（4）信号系统：转向灯的设计更加合理和醒目。早期的转向灯是简单的灯泡闪烁，后来采用了更高效的闪光器，能够使转向灯有规律地闪烁，并且亮度均匀。危险警告灯也成为汽车的标准配置，在车辆出现故障或紧急情况时，能够同时闪烁四个转向灯，向其他道路使用者发出明确的警示信号。

3. 现代汽车电器系统的智能化与集成化阶段（1990 年至今）

1）智能化

（1）智能照明系统：汽车前照灯能够根据车辆的行驶速度、转向角度、环境光亮度等自动调整照明范围和亮度。例如，当车辆在高速行驶时，前照灯的照射距离会自动变远，以便驾驶员能够提前发现路况；在转弯时，前照灯能够自动转向，照亮弯道内侧的道路。

（2）智能驾驶辅助系统电器设备：自适应巡航控制（adaptive cruise control，ACC）系统利用雷达和摄像头等传感器，通过电器控制系统自动调整车速，保持与前车的安全距离。车道保持系统通过摄像头识别车道线，当车辆有偏离车道的趋势时，通过电器设备控制转向系统，使车辆回到正确的车道。这些智能驾驶辅助系统电器设备大大提高了汽车的安全性和驾驶舒适性。

（3）智能空调系统：可以感知车内温度、湿度、空气质量及乘客的数量等多种因素。例如，当车内有较多乘客时，空调系统会自动加大制冷或制热功率，以保持舒适的车内环境；还能根据空气质量自动切换内外循环模式，净化车内空气。

2）集成化

（1）车身电子模块：汽车车身的各个电器控制功能逐渐集成到车身控制模块（body control module，BCM）中。BCM 可以用于控制电动车窗、电动后视镜、车门锁等。通过集成化，减少了电线和独立控制器，降低了成本，提高了系统的可靠性。例如，当驾驶员通过车内的控制按钮操作电动车窗时，信号首先发送到 BCM，然后由 BCM 统一控制车窗电机的运转。

（2）动力系统集成电器：在新能源汽车（如纯电动汽车和混合动力汽车）中，动力系统的电器集成度更高。电池管理系统（battery management system，BMS）集成了电池监控、充电控制、均衡管理等多种功能。电机控制器和驱动系统也集成在一起，能够高效地控制电机的转速、扭矩等参数。这种集成化有助于提高新能源汽车的性能和安全性，同时也方便了车辆的生产和维护。

未来汽车电子控制单元（electronic control unit，ECU）将逐渐从分布式架构向跨域集中架构、车载计算机集中架构演进，实现功能整合与成本降低，提升系统运行效率和可靠性。动力域、底盘域、车身域、座舱域和自动驾驶域等不同功能域之间的界限将逐渐模糊，通过高速网络实现数据共享和协同控制，打造高度集成的整车电子架构，使汽车的各项功能更加协调、智能地运行。

未来将从目前的自动紧急制动、自适应巡航、车道保持等基础功能，向更高级别的自动驾驶功能发展，如自动泊车、高速公路自动驾驶、城市道路自动驾驶等，最终实现完全自动驾驶，还要不断地提高排放标准，不断地降低燃油消耗，不断地提高安全性和舒适性，将汽车和外部交通环境结合起来考虑，优化汽车的行驶环境，强化交通运输高水平的监控，达到进一步节能，降低排放，减小环保压力。

任务 1.2　汽车电器系统的组成及其常用诊断工具

汽车电器系统是汽车重要的组成部分之一，现在汽车上越来越多地安装了电器设备，如微处理器、中央处理器（central processing unit，CPU）等，这些电器设备的普及使得汽车变得更加智能化，同时也推动了汽车行业向电动化和智能化方向发展。随着技术的不断进步，未来的汽车将会更加依赖于电器系统。

1. 汽车电器系统的组成

汽车电器系统主要由电源系统、起动系统、点火系统、灯光系统、汽车仪表及报警系统、辅助电器设备等组成。

1）电源系统

汽车电源系统也称为充电系统，包括蓄电池、发电机、调节器、点火开关及充电警告灯等，其主要作用是给汽车各用电设备提供低压直流电。

蓄电池是辅助电源，它在发动机不工作时为系统提供电能并同时对电源系统汽车电器起到一定的保护作用。发电机是主电源，和蓄电池并联安装。调节器是保证汽车发电机能够发出标准、恒定电压的装置。

2）起动系统

汽车起动系统主要由蓄电池、起动机、起动继电器等组成。蓄电池是动力源，它为起动机提供起动能量。起动机将蓄电池的电能转化为机械能，并且根据需要将机械能传递给发动机飞轮，带动飞轮转动，从而起动发动机。

3）点火系统

汽车点火系统也常被称为发动机点火装置，由电源、点火开关、各种传感器、点火模块、执行模块、点火线圈、高压线、火花塞组成。点火系统用于汽油发动机上，其任务是产生高压电火花，点燃汽油发动机气缸内的可燃混合气。

4）灯光系统

汽车照明系统由电源、开关继电器或控制单元、执行装置、发光装置组成。汽车信号系统由灯光信号系统和音响信号系统组成，而灯光信号系统又由转向灯、危险警报灯、示廓灯、制动灯及驻车灯等组成，通常将多个灯具组合在一起构成组合灯具。音响信号系统包括喇叭、各种蜂鸣器及语音报警器等。

5）汽车仪表及报警系统

汽车仪表用来指示汽车行驶过程中的各种动态指标，以便驾驶员随时了解各系统的工作情况，常见的汽车仪表主要有机油压力表、车速里程表、发动机转速表、燃油表、充电指示灯等。现代汽车仪表常与多种警告灯及蜂鸣器一起工作，能显示汽车运行时各个参数的变化情况，并在非正常情况下报警，保证汽车行驶安全可靠。

6）辅助电器设备

辅助电器设备的主要作用是保持车内温度、湿度适宜，并且可通过通信和娱乐功能打造温馨的用车环境。辅助电器设备主要指风窗清扫系统、进气预热系统、低温起动预热装置，还包括电动座椅装置、音响与视频装置、信息和通信系统、卫星定位系统等。

汽车的各个系统由相互独立变为相互联系，构成了汽车局域网络，并且随着科技的进步还在不断完善，使汽车整体性能不断提高。

2. 汽车电器系统常用诊断工具

随着技术的发展，汽车电器系统也在悄然发生着变化，向着更精密、更智能的方向发展。相应地，汽车电器故障也不能像过去那样仅凭简单的方法就能够解决。面对新的挑战，汽车电器系统的诊断工具也发生了天翻地覆的变化。

1）万用表

万用表是一种多功能、多量程的便携式电子测量仪器，也被称为多用表或复用表。它主要用于测量电压（直流电压和交流电压）、电流（直流电流和交流电流）、电阻这三个基本物理量。有些高级万用表还能够测量电容、电感、频率、温度、二极管正向压降、三极管放大倍数等多种物理量。使用万用表时，根据实际需要选择不同的测量档位和量程，将表笔连接到被测电路或元件的相应端点，利用内部的电路和转换机制，将被测物理量转换为可以直观显示的数值或信号，从而为使用者提供准确的测量结果。

目前的万用表按显示方式分为数字式万用表和指针式万用表，分别如图 1–1、图 1–2 所示。

（1）数字式万用表。

采用数字技术，能够获得更准确的测量结果，测量精度和分辨率都很高，可精确到小数点后几位，适用于需要较高精度测量的场合。

（2）指针式万用表。

指针的偏转角度与被测量的大小成正比，可直观地反映测量值的变化趋势和相对大小，也可实时反映电量的连续变化情况。受指针的机械摆动和人眼读数误差的影响，指针式万用表的测量精度通常不如数字式万用表，一般用于非精密测量。

图 1–1　数字式万用表

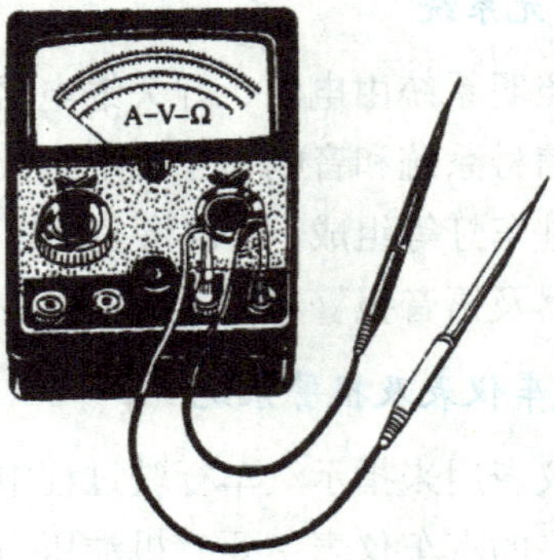

图 1–2　指针式万用表

2）示波器

示波器可以实时显示电压随时间的变化情况，对于诊断间歇性故障和复杂的电子信号问题非常有效。例如，在诊断发动机的曲轴位置传感器或凸轮轴位置传感器故障时，示波器可以显示传感器输出的信号波形，通过对比正常波形，能够准确判断传感器是否工作正常、信号是否受到干扰或者信号强度是否足够。由于电子信号在线路中的传播速度极快，即使 1 ms 的时间延误也相对显得很长。示波器也是唯一能即时显示波形的测试仪器，波形轨迹是电压随时间变化的图形。

示波器适用范围：常用于检测传感器（如进气压力传感器、空气流量传感器、曲轴位置传感器等）和执行器（如喷油器、点火线圈等）的信号，以及一些高速数字通信线路（如 CAN 总线等）的信号完整性。示波器有两种基本类型，即模拟示波器和数字示波器。

（1）模拟示波器。

模拟示波器（见图 1–3）利用电子管或晶体管放大电信号，并通过光电转换将信号转换成可见光信号。模拟示波器具有以下特点：① 只能反映输入信号的幅度和极性的变化情况，不能反映频率特性及相位变化情况，类似于电视机的工作原理，也被称为示像管式示波器；② 模拟示波器的波形轨迹不是由计算机产生的，所以缺乏数字处理功能，如存储、分析等功能较弱；③ 不能对波形进行复杂的处理，一旦信号消失，波形也无法再获取。尽管如此，模拟图像在分析诊断汽车故障时依旧非常重要，汽车维修技术人员仍然将模拟示波器作为最有效的检测设备。

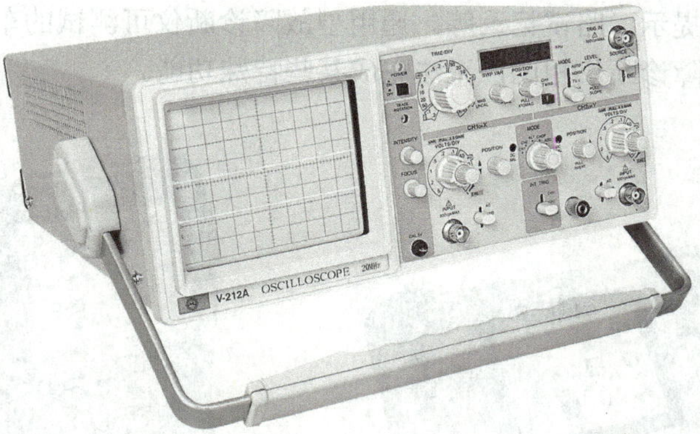

图 1-3 模拟示波器

（2）数字示波器。

数字示波器（见图 1-4）首先通过模数转换器将输入的模拟电信号转换为数字信号，然后将这些数字信号存储在内部的存储器中。在显示时，数字信号经过数字信号处理（DSP）后转换为图像信号在屏幕上显示出来。数字示波器具有以下特点：① 可以对存储的数字信号进行多种处理操作，如测量、分析、滤波等；② 具有记忆功能，可以保存记录图形；③ 可以即时捕捉实际状态，供维修技术人员分析。

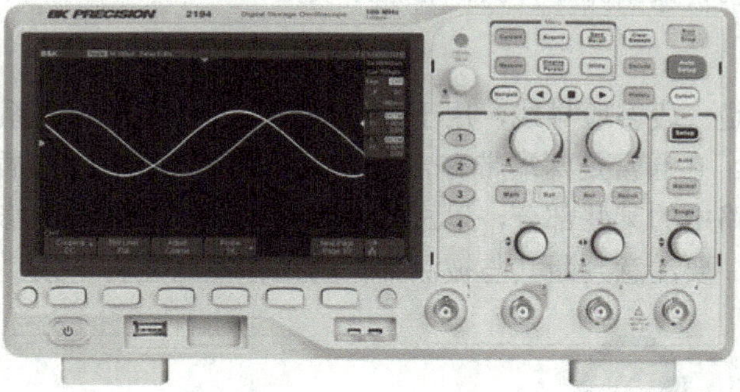

图 1-4 数字示波器

3）故障诊断仪

故障诊断仪通过车辆上的诊断接口（如 OBD-Ⅱ接口，在大多数现代汽车上是标准配置）与车辆电子控制单元（ECU）建立通信连接，这个接口提供了数据传输的通道，故障诊断仪和 ECU 之间按照一定的通信协议（如 CAN 总线协议）进行数据交换。当故障诊断仪向 ECU 发送读取故障码的请求指令时，ECU 会将存储的故障码信息通过诊断接口发送回故障诊断仪。同样，在实时数据监测和系统功能测试过程中，故障诊断仪和 ECU 之间也会通过这种方式进行数据的交互和指令的执行。故障诊断仪分为通用型和专用型两种。

（1）通用型故障诊断仪。

通用型故障诊断仪（见图 1-5）的主要功能有：控制计算机版本的识别、故障码的读取和清除、动态数据参数显示、传感器和部分执行器的功能测试与调整、某些特殊参数的设定、维修资料及故障诊断提示、路试记录等。通用型故障诊断仪可测试的车型较多，使用范围较宽，但它与专用型故障诊断仪相比，无法完成某些特殊功能。

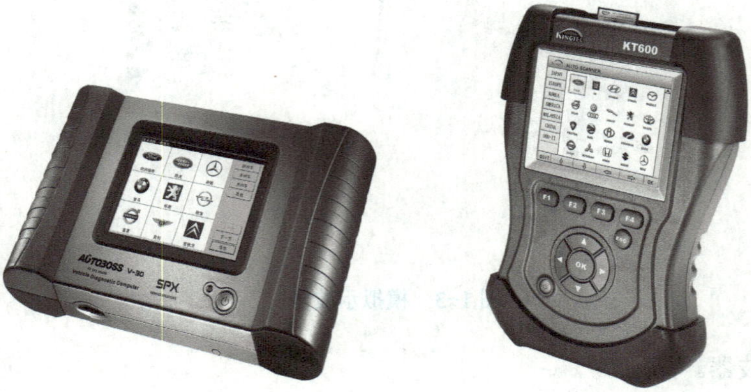

图 1-5　通用型故障诊断仪

（2）专用型故障诊断仪。

专用型故障诊断仪（见图 1-6）是专门为某一汽车品牌或特定车型系列设计的诊断仪，与车辆的匹配度更高，能够深入挖掘该品牌车辆的 ECU 功能。例如，解码器检测仪可以对全车系统进行读码、清码、数据流原件测试和程序设定。

4）跨接线

简单的跨接线就是一段多股导线，用于在电器设备、电路或电子系统中建立临时连接的导线，如图 1-7 所示。它通常是两端带有合适接头（如鳄鱼夹、针形插头等）的插头，主要目的是绕过或短接电路中的某些部分，以进行故障诊断、测试或紧急修复等操作。在使用跨接线引入电源电压时，要注意判断其与被测部位的工作电压是否一致。

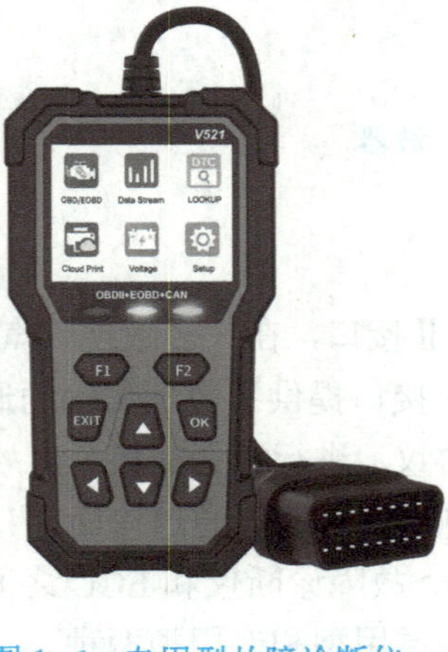

图 1-6　专用型故障诊断仪

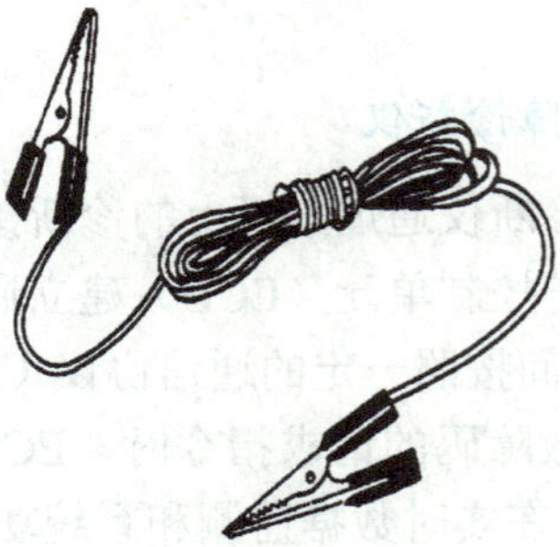
图 1-7　跨接线

5）试灯

试灯主要用于汽车线路故障的检查，根据灯的亮熄及明暗程度可判断线路有无断路、短路和搭铁故障及被测线路的电压大小。试灯有有源试灯和无源试灯两种，分别如图 1-8、图 1-9 所示。

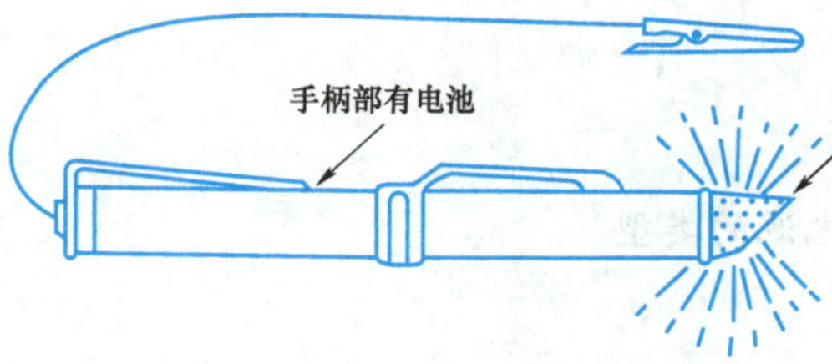

图 1-8 有源试灯

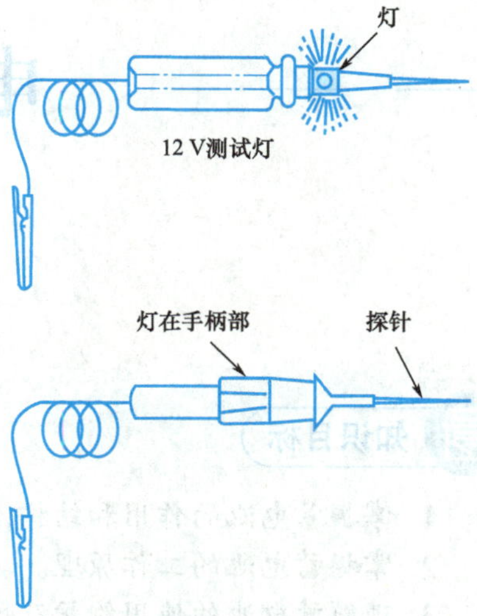

图 1-9 无源试灯

（1）有源试灯。

有源试灯本身带有电源（如电池），主要用于检测电路的通断和短路故障。① 若是断路故障检查，首先断开与电器部件相连接的电源电路，将试灯一端搭铁，另一端接在电路各接点上（从电路首端开始）。如果灯不亮，则断路出现在被测点与搭铁之间。如果灯亮，则断路出现在此时的被测点与上一个被测点之间。② 若是短路故障检查，首先断开电器部件的电源线和搭铁线，将试灯一端搭铁，另一端与余下电器部件的电路相连接。如果灯亮，表示有短路（搭铁）故障存在。然后逐步将电路中的插接器拔开，断开开关，拆除各部件，直到灯熄灭为止，则短路出现在最后开路部件与上一个开路部件之间。

（2）无源试灯。

无源试灯没有自带电源，完全依靠被检测电路中的电源来点亮灯泡。它的优点是结构简单、小巧轻便。检测时，将 12 V 测试灯鳄鱼夹搭铁，另一端接电器部件电源接头，如果灯亮，说明电器部件的电源电路无故障；如果灯不亮，应顺电流方向依次找出第二检测点、第三检测点……直到灯亮为止，则电路故障点可判断在最后两个检测点之间的线路或电器部件上。使用时，必须确保被检测电路中有足够的电压和电流来点亮灯泡，否则无法准确判断电路状态。

项目 2

电源系统

知识目标

1. 掌握蓄电池的作用和结构，以及铅酸蓄电池的类型。
2. 掌握蓄电池的工作原理。
3. 理解蓄电池的使用维护及性能检测。
4. 了解交流发电机的结构及工作原理。
5. 掌握发电机的检测维修方法。
6. 了解调节器的结构及工作原理。

能力目标

1. 会对蓄电池技术状况进行检查和维护。
2. 能通过现象判断蓄电池的基本故障。
3. 会拆装发电机及用万用表检测发电机和调节器。
4. 能用正确的诊断方法解决电源系统常见故障。

素养目标

1. 培养严谨认真、一丝不苟的工作态度。
2. 强化安全意识，严格落实安全防护措施。
3. 树立团队协作精神，提升团队整体效率。

案例导入

在寒冷的冬季早晨，某辆汽车起动时运转无力，经常不得不另外并联一块蓄电池跨接起动。初步判定该车有蓄电池亏电故障，需对蓄电池进行故障诊断和检修工作。

学习导航

- 项目2 电源系统
  - 电源系统概述
    - 对电源系统的要求
    - 电源系统的组成及工作过程
  - 蓄电池的作用及其结构
    - 蓄电池的作用
    - 蓄电池的结构
    - 铅酸蓄电池的类型
  - 蓄电池的工作原理与工作特性
    - 蓄电池的工作原理
    - 蓄电池的工作特性
  - 蓄电池的使用维护和性能检测
    - 蓄电池的使用维护
    - 蓄电池的性能检测
  - 发电机的结构与型号
    - 发电机概述
    - 发电机的结构
      - 定子
      - 转子
      - 整流器
      - 端盖
      - 电刷组件
      - 风扇和皮带轮
    - 发电机的型号
  - 发电机的工作原理与工作特性
    - 发电机的工作原理
    - 整流器
    - 整流原理
    - 发电机的激磁方式
    - 发电机的工作特性
  - 发电机故障诊断与检修
    - 定子绕组的检查
    - 转子的检查

任务 2.1　电源系统概述

1. 对电源系统的要求

（1）电源系统应为一个稳定的直流电源，保证汽车工作时的正常需要。

（2）蓄电池起动时能在短时间内提供大电流，其中汽油机一般为 100～600 A，柴油机最高可达 1 000 A。

（3）保证汽车各种电子元器件的工作安全。

（4）能在发动机熄火状态时提供一定量的电能。

2. 电源系统的组成及工作过程

汽车电源系统（见图 2–1）主要由蓄电池、发电机和调节器等组成。发电机是主电源，蓄电池是辅助电源，调节器是一种电压调节装置。

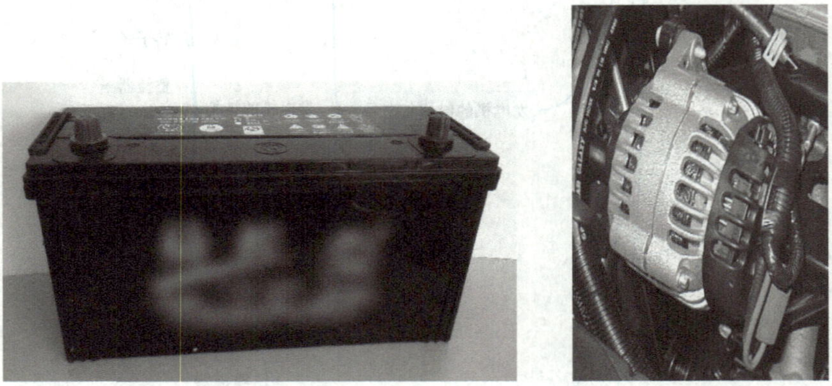

图 2–1　汽车电源系统

1）蓄电池

蓄电池是一种可逆的低压直流电源，其主要功能之一是存储电能。在充电过程中，外部电源（如发电机或充电器）使电池内部发生化学反应，将电能以化学能的形式储存起来。

2）发电机

发电机是汽车的主要电源，其功能是在发动机起动后，将机械能转化为电能，给全车用电设备供电，同时向蓄电池充电。

3）调节器（装在发电机内）

调节器是一种调节发电机电压的装置，使发电机电压即使在发动机转速改变时或流到电器装置的电流量发生波动时也能保持稳定。

4）充电警告灯

若此灯亮起，表示充电系统有故障。

5）点火开关

点火开关作为车辆电力系统的核心枢纽，通过档位切换实现电源管理、起动控制及附件供电，同时兼顾安全与便捷性。通过合理使用点火开关可延长设备寿命，减少故障风险。

任务 2.2 蓄电池的作用及其结构

蓄电池是一种将化学能转变为电能的装置，属于可逆的直流电源，铅酸蓄电池是最常见的汽车蓄电池类型。蓄电池的工作原理是充电时利用外部的电源（交流发电机或充电器）使内部活性物质再生，将电能转换为化学能储存，需要放电时再将化学能转换为电能输出。当车辆的电器设备（如车灯、收音机、电动窗等）需要用电时，蓄电池会将储存的化学能转换为电能，为这些设备提供电力。在汽车中，当发动机运转时，发电机产生的电能会对蓄电池进行充电。

1. 蓄电池的作用

蓄电池是汽车用电设备的基础电源，是汽车上重要的组成部件，具有以下作用。

1）起动发动机

起动发动机时，需要较大的电流（一般为 100～300 A，甚至更高）来驱动曲轴旋转，使发动机能够顺利起动。蓄电池作为电源，能够在短时间内提供高电流，为发动机的起动提供强大动力。这是蓄电池在汽车电器系统中最关键的作用之一。例如，在寒冷天气下，发动机的起动阻力会增大，蓄电池需要提供足够的电流来克服这种阻力，确保发动机能够正常起动。

2）充当备用电源

当汽车发动机未起动或者发电机出现故障无法正常工作时，蓄电池就成为汽车电器设备的唯一电源，起到备用电源的作用。例如，车辆在长时间停车后，发动机未运转，此时如果需要使用车内的电子设备（如车灯、收音机、中控锁等），蓄电池能够为这些设备提供电力，保证其正常使用。

3）储存电能

蓄电池是一种能量存储装置。在汽车运行过程中，发电机产生的电能在满足汽车电器设备使用的同时，多余的电能会被储存到蓄电池中，这部分储存的电能可以在后续需要时释放出来使用。例如，在车辆行驶过程中，当发电机输出功率暂时大于电器设备的消耗功率时，蓄电池会存储这部分多余的电能；而当电器设备的功率需求突然增大，超过发电机的输出功率时，蓄电池会释放储存的电能来满足设备的需求。

4）协同供电

汽车在正常运行时，发电机和蓄电池通过协同工作来为电器设备供电。发电机主要负责为电器设备提供持续稳定的电能，同时为蓄电池充电。而蓄电池在发电机输出功率不足（如发动机怠速运行时）或者电器设备功率需求突然增大（如同时使用多个大功率电器设备）的情况下，与发电机一起为电器设备供电，以保证电器设备的正常运行。这种协同供电的方式可以确保汽车电器系统的稳定供电。

5）稳定电压

汽车电器系统中的电压会因为多种因素而波动，如发电机的转速变化、电器设备的开启和关闭等。蓄电池可以作为一个缓冲器，通过吸收或释放电能来稳定电压。例如，当发动机转速升高，发电机输出电压有升高趋势时，蓄电池会吸收多余的电能，防止电压过高。当发动机转速降低，发电机输出电压下降时，蓄电池会释放电能，使电压维持在一个相对稳定的水平，从而保护汽车电器设备免受电压过高或过低的损害。

注意：蓄电池的稳压作用有限，过大的电压也会造成电器设备的损坏。

2. 蓄电池的结构

蓄电池由正极板、负极板、隔板、电解液、联条、极柱等组成，如图 2–2 所示，其内部由两个或多个单格电池串联组成。通常汽车蓄电池由 6 个单格电池串联组成，每个单格电池电压为 2.12 V，充足电的蓄电池极柱电压为 12.72 V。

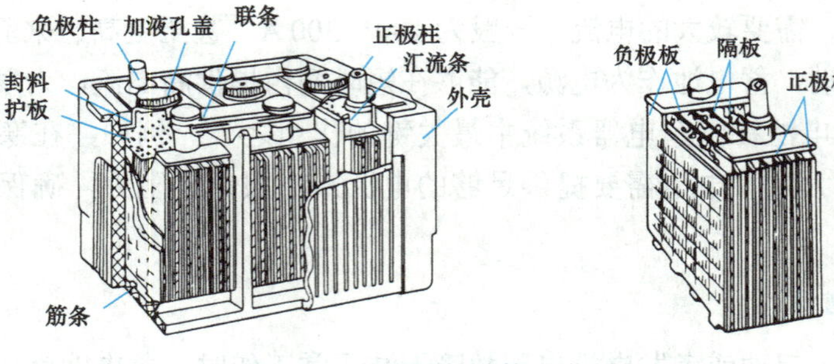

图 2–2　蓄电池的结构示意图

1）极板

极板是蓄电池的核心部分，由栅架和活性物质组成。极板分正极板和负极板两种。正极板上的活性物质是细小结晶二氧化铅（PbO_2），呈棕红色；负极板上的活性物质是多孔性海绵状铅（Pb），呈青灰色。正、负极板都用铅或铅锑合金加涂活性物质制成，加锑的目的是提高栅架的强度，增强浇铸性能，但会使抗蚀性下降。为了减缓栅架腐蚀，提高极板的力学强度，减少蓄电池失水量和自放电，延长蓄电池寿命，也可以使用铅钙合金。每个单元格都由正、负极板的活性物质与电解液中的硫酸发生化学反应，得到 2.12 V 的电动势。正、负极板组如图 2–3 所示。

图 2–3 正、负极板组

▶注意：在每个单元格中，正极板比负极板稍厚，并且负极板比正极板多一片。其中，活性物质对栅架有一定的保护作用。

2）隔板

如图 2–4 所示，蓄电池信封式隔板放置在正、负极板之间，最基本的功能是防止正、负极板直接接触而发生短路。在电池的使用过程中，正、负极板上会发生复杂的电化学反应，极板可能会因为振动、膨胀等因素而发生位移。隔板可以有效地将正、负极板分隔开，确保电子只能通过外部电路从负极流向正极，而不是在电池内部直接从负极到达正极，从而保证电池正常工作。对隔板有以下要求：

（1）要具有多孔性，以便于电解液渗透，减小蓄电池内阻；

（2）要有良好的耐腐蚀和抗氧化能力；

（3）要有较高的耐高温性能；

（4）要有较好的机械强度；

（5）要有较大的商业运作空间，即成本要低。

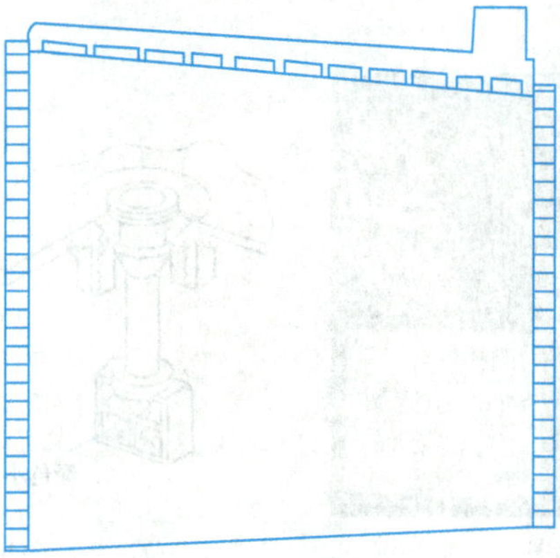

图 2–4 信封式隔板

▶注意：安装隔板时，隔板上带槽的一面应面向正极板，并且要求与外壳底部垂直。因为正极板在充、放电过程中的化学反应剧烈，沟槽不但能使电解液上下流通，还能使脱落的活性物质沿槽下沉到壳体的底槽中。

3）电解液

电解液是蓄电池中离子传输的介质，它在电池的充放电过程中起着至关重要的作用。铅酸蓄电池的电解液由密度为 1.84 g/cm^3 的纯硫酸和蒸馏水配制而成，在蓄电池内部电解液能够使正、负极之间形成导电通路，确保离子在正、负极板之间移动，从而实现电池化学能与电能之间的相互转换。

注意：电解液不能用工业用硫酸，也不能用自来水、矿泉水、纯净水等。

4）外壳

外壳是用来盛装电解液和极板的容器，用硬质橡胶或合成树脂制成，通常由电池槽和电池盖两部分组成。干荷电蓄电池与免维护蓄电池普遍采用聚丙烯透明塑料外壳，这种壳体不仅具有较好的耐酸、耐热、耐冲击特点，而且壳壁薄而轻，成本低，生产效率高。

电池槽由隔板分隔成 6 个互不相通的单格，底部制有凸起的筋条，用来搁置极板组。筋条与极板底缘组成的空间可以积存极板脱落下来的活性物质，防止极板间短路，蓄电池工作时的化学反应就在其内部发生。

5）液体比重计

液体比重计是用来测量液体密度的仪器。有些蓄电池的通风装置是在蓄电池盖的出气孔上安装消氢帽，用铂钯作催化剂，将电池内部产生的氢、氧重新化合成水，流回到电池中。对于无加液孔的全密封型免维护蓄电池，一般在其电池顶上装有一支小型密度计。

免维护蓄电池［见图 2–5（a）］设有内装式液体比重计（亦称蓄电池电量指示器，俗称电眼或魔眼），内部装有一颗能反光的绿色小球，随其浮升的高度变化，从玻璃观察孔中可以看到代表不同状态的颜色，如图 2–5（b）所示。

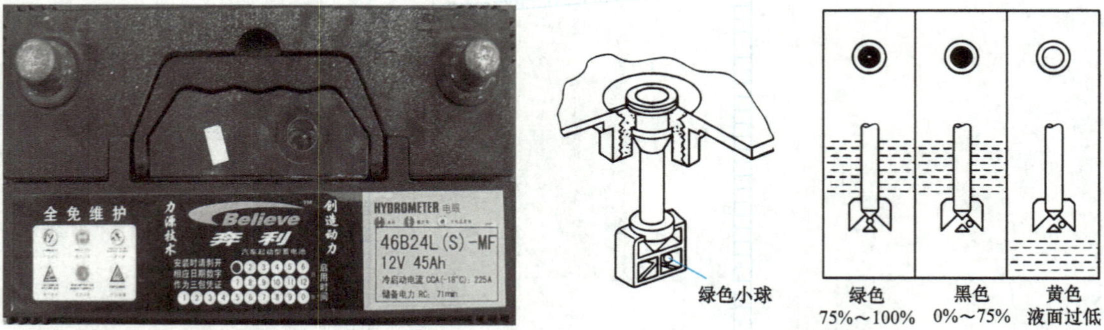

（a）免维护蓄电池实物图　　（b）绿色小球颜色及其含义

图 2–5　免维护蓄电池内装式液体比重计

6）联条

联条的作用是将单格电池串联起来，以提高蓄电池总成的端电压，一般由铅锑合金制成。联条一般有外露式、跨接式和对焊式三种（见图 2–6），外露式联条外露在盖上，跨接式联条在盖下跨过隔墙，对焊式联条的极板柄穿墙连接。

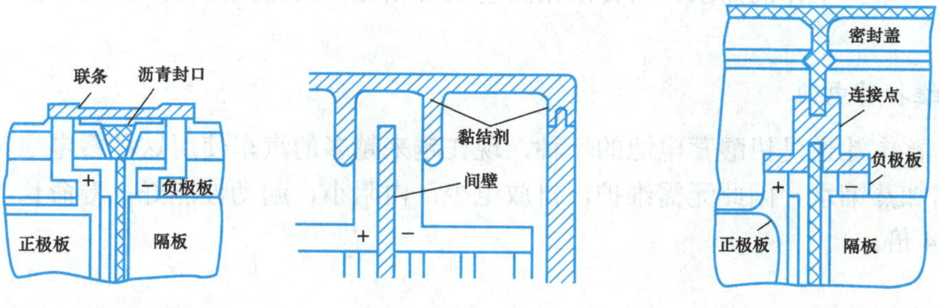

（a）外露式联条　　（b）跨接式联条　　（c）对焊式联条

图 2–6　联条

7）极柱

蓄电池的极柱如图 2–7 所示，正、负极分别标有“+”和“−”进行区别。另外，为避免接错连接线，正极柱要比负极柱粗。

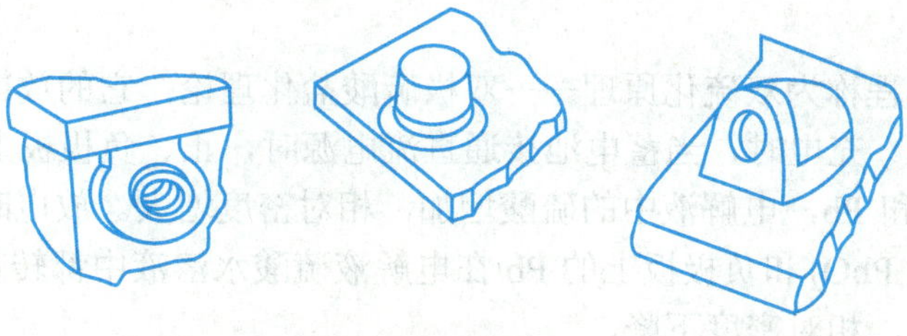

（a）侧孔形　　（b）圆锥形　　（c）L 形

图 2–7　极柱

3. 铅酸蓄电池的类型

按内部结构特点，铅酸蓄电池可分为：湿荷电蓄电池、干荷电蓄电池、少维护蓄电池、免维护蓄电池等。

1）湿荷电蓄电池

在存放期，极板呈湿润状态而保持其荷电性的蓄电池称为湿荷电蓄电池。湿荷电蓄电池存放保持荷电的时间要短一些，使用前需对其进行补充充电，即可达到额定容量。湿荷电蓄电池适宜于无需长期存放的场合。

2）干荷电蓄电池

干荷电蓄电池极板组在干燥状态下能够长期保存在制造过程中所得到的电荷，在规定的保存期（两年）内如需使用，只要灌入符合规定的相对密度的电解液，搁置 30 min，调整液面高度至规范值即可使用，不需要充电。因此，干荷电蓄电池使用方便，是应急的理想电源。

3）少维护蓄电池

少维护蓄电池是铅酸蓄电池的一种改进型产品，通过优化电池的结构和材料，减少了在使用过程中对维护工作的需求。与传统铅酸蓄电池相比，其最大的特点就是维护工作量显著降低。

4）免维护蓄电池

免维护蓄电池也是铅酸蓄电池的一种，现在越来越多的汽车使用这种蓄电池。整个使用时间内不需加蒸馏水，因此无需维护，自放电少，内阻小，起动性能好，寿命长，是普通蓄电池的 2～4 倍。

任务 2.3　蓄电池的工作原理与工作特性

1. 蓄电池的工作原理

1）双硫化原理

蓄电池的工作过程称为双硫化原理——双极硫酸盐化理论，它的放电过程和充电过程是一种可逆的化学反应。充电时，当蓄电池接通直流电源时，正、负极板上的 $PbSO_4$ 又将分别恢复成原来的 PbO_2 和 Pb，电解液中的硫酸增加，相对密度增大。放电时，当蓄电池与负载接通时，正极板上的 PbO_2 和负极板上的 Pb 在电解液硫酸水溶液中都转化成 $PbSO_4$，此时，电解液中的硫酸减少，相对密度下降。

放电过程　$Pb+PbO_2+2H_2SO_4 \rightleftharpoons 2PbSO_4+2H_2O$

充电过程　$2PbSO_4+2H_2O \rightleftharpoons Pb+PbO_2+2H_2SO_4$

2）电动势的建立

将正、负极板各一片放入电解液后，如图 2-8 所示，由于极板上的少量活性物质溶解于电解液，产生了电极电位，并且由于正、负极板的电极电位不同，形成了蓄电池的电动势。

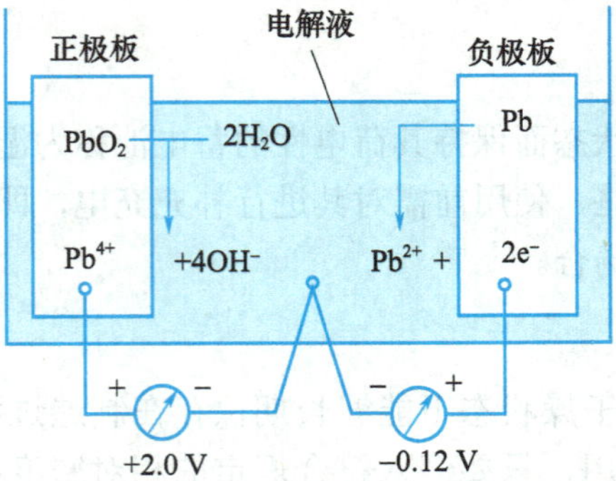

图 2-8　蓄电池电动势的建立

在负极板处，一方面，金属铅有溶解于电解液的倾向，因此有少量的铅进入溶液，生成二价铅离子 Pb^{2+}，在极板上留下 $2e^-$，使极板带负电；另一方面，由于正、负电荷的吸引，Pb^{2+}有沉浮于极板表面的倾向。当两者达到平衡时，溶解便停止，此时负极板具有负电位，约−0.12 V。

在正极板处，少量的 PbO_2 溶于电解液中，与水生成 $Pb(OH)_4$，再分离成四价铅离子 Pb^{4+} 和氢氧根离子 OH^-，即

$$PbO_2+2H_2O \longrightarrow Pb(OH)_4$$

$$Pb(OH)_4 \longrightarrow Pb^{4+}+4OH^-$$

其中，溶液中的 Pb^{4+} 有沉淀在极板上的倾向，使极板呈正电位，同时由于正、负电荷的吸引，极板上的 Pb^{4+} 有与溶液中的 OH^- 结合生成 $Pb(OH)_4$ 的倾向，当两者达到平衡时，正极板的电极电位约为+2.0 V。

因此，一个充足电的单格蓄电池，在静止状态下的电动势 E_0 约为 2.12 V，实际测定的结果为 E_0=2.004 V。

3）蓄电池充、放电过程总结

蓄电池在放电时，电解液中的硫酸将逐渐减少，而水将逐渐增多，电解液相对密度下降。因此，测量电解液密度可以检验蓄电池放电程度。放电过程中，极板上的活性物质实际只有 20%～30%能转变为硫酸铅，这是因为电解液不可能深入到活性物质的最内层。因此，极板应向薄型、多孔性发展，这样可以提高活性物质的利用率，从而提高蓄电池容量。

蓄电池在充电时，电解液中的硫酸将逐渐增多，而水将逐渐减少，电解液相对密度增加。充电后期，蓄电池会因电解水产生气体，应注意排气畅通，以防爆炸。充、放电过程中，电解液浓度发生变化主要是由于正极板的活性物质化学反应的结果（正极板附近发生的化学反应比较剧烈），因此要求正极板附近的电解液流动性好，因此，应将隔板有槽的一面对着正极板，以便电解液流通顺畅。

2. 蓄电池的工作特性

蓄电池的工作特性是指蓄电池的电动势、端电压、电流及电解液的相对密度随着充、放电时间的变化而变化的规律。

1）静止电动势

蓄电池在静止状态下，即不充电也不放电时，正、负极板间的电位差称为静止电动势，即开路电压，其大小与电解液的相对密度和温度有关。一般规定铅蓄电池的额定静止电动势为 2.0 V。静止电动势计算公式如下：

$$E_0=0.85+\rho(25\ ℃)$$

$$\rho(25\ ℃)=\rho t+\beta(t-25)$$

式中：E_0——静止电动势，V；

$\rho(25\ ℃)$——25 ℃时电解液密度，g/cm^3；

ρ——实测密度，g/cm^3；

β——密度的温度换算系数，数值为 0.000 75 g/cm^3；

t——实测温度，℃。

2）蓄电池内阻

蓄电池内阻由极板电阻、电解液电阻、隔板电阻及联条电阻等四部分组成。一般情况下，极板电阻在充电后变小，放电后变大，特别是在放电终了时，由于有效活性物质转变为硫酸铅，电阻会大大增加。隔板电阻因所用的材料而异，木质隔板比微孔橡胶隔板、微孔塑料隔板的电阻大，且隔板越薄，电阻越小。联条电阻与单体电池的连接形式有关，传统外露式铅联条电阻比内部穿壁式、跨越式连接的电阻要大。

3）充放电特性

（1）充电特性：在恒流充电过程中，蓄电池的端电压、电动势和电解液密度随时间变化。充电开始后，蓄电池的端电压会迅速上升，这是因为充电时活性物质和电解液的作用，首先在极板的孔隙中进行，生成的硫酸使孔隙内的电解液相对密度迅速增大。当继续充电至极板孔隙内析出的硫酸量与扩散的硫酸量达到平衡时，蓄电池的端电压就不再迅速上升，而是随着整个容器内电解液相对密度的上升而相应地增高。当充电接近终了时，蓄电池端电压将达到 2.3～2.4 V，这时极板上的活性物质最大限度地转变为二氧化铅和海绵状铅，再继续充电，电解液中的水将开始分解而产生氢气和氧气，以气泡的形式剧烈放出，形成所谓的“沸腾”状态。

（2）放电特性：在恒流放电过程中，蓄电池的端电压、电动势和电解液密度随放电时间延长而变化。放电开始时，其端电压从静止电动势迅速下降，这是由于极板孔隙中的硫酸迅速消耗、密度降低的缘故。当渗入的新电解液完全补偿了因放电时发生化学反应而消耗的硫酸量时，端电压将随整个容器内电解液相对密度的降低而缓慢地下降到 1.95 V 左右，接着电压又迅速下降至 1.75 V 左右。此时应停止放电，如继续放电，电压将急剧下降。

4）蓄电池的容量

蓄电池的容量是指蓄电池在规定的条件（包括放电电流、放电温度、终止电压等）下所能放出的电量，用 C 表示，单位是 A・h。《起动用铅酸蓄电池　第 1 部分：技术条件和试验方法》（GB/T 5008.1—2023）规定，将完全充足电的新蓄电池在电解液温度为（25±5）℃条件下，以 20 h 放电率，放电电流为以 $0.05\times C_m$ 的电流连续放电（C_m 为蓄电池额定容量，单位为 A・h），连续放至单格电池平均电压降到 1.75 V 时为止，蓄电池输出的电量称为额定容量，用 C_p 表示。

例如 6-QW-165 型蓄电池，在电解液平均温度为 30℃时，以 6.27 A 电流连续放电 30 h 后，端电压为 10.50 V（单格电池电压降到 1.75 V），则其额定容量为 C_p=6.27 A×30 h=188.1 A・h。

5）影响蓄电池容量的因素

蓄电池的容量越大，可以提供的电能越多。影响蓄电池容量的因素有很多，归纳起来有两大类。一类是生产工艺及产品结构因素，如极板的厚度、活性物质的数量、活性物质的孔隙率等；另一类是使用因素，如放电电流、电解液温度和相对密度等。

例如，当对蓄电池进行大电流放电时，极板表面活性物质的孔隙很快被生成的硫酸铅所堵塞，深层大量的活性物质因此不能得到应用，而使得蓄电池的容量明显下降。蓄电池容量和放电电流的关系，如图 2-9 所示。

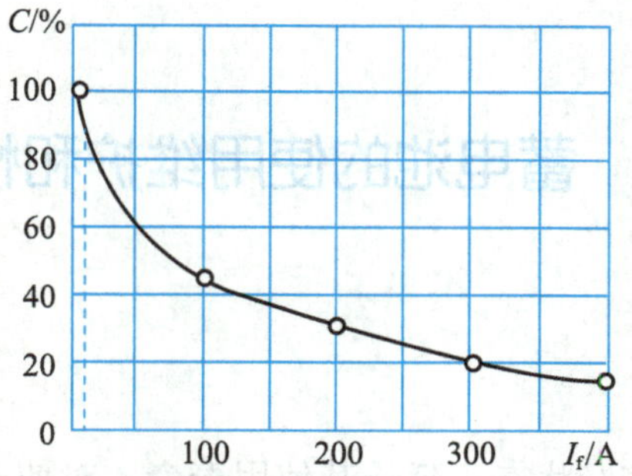

图 2-9 蓄电池容量和放电电流关系示意图

电解液中的一些有害杂质会腐蚀栅架，沉附于极板上的杂质会形成局部电池产生自放电，导致输出电量减小。例如，电解液中若含有 1%的铁，则蓄电池在一昼夜内就会放完电。电解液的温度越高，其黏度越小，扩散能力也就越强，因而可以更多地渗透到极板活性物质的内部，使活性物质得到充分反应，这时蓄电池的容量较大。电解液温度和蓄电池容量的关系，如图 2-10 所示。

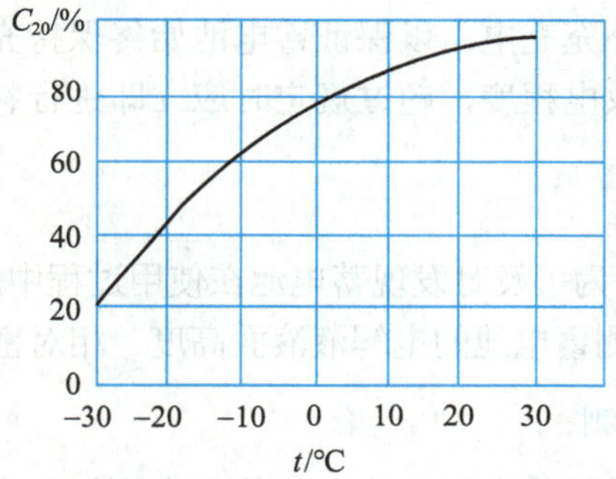

图 2-10 电解液温度和蓄电池容量关系示意图

理论上讲，电解液的密度越大，参与化学反应的离子数量越多，蓄电池的容量越大，但是，当电解液的相对密度超过某一数值时，电解液的黏度增大，其移动速度下降，内阻加大，导致蓄电池的容量减小。因此，电解液的密度应保持在适当的值。电解液密度和蓄电池容量的关系，如图 2-11 所示。

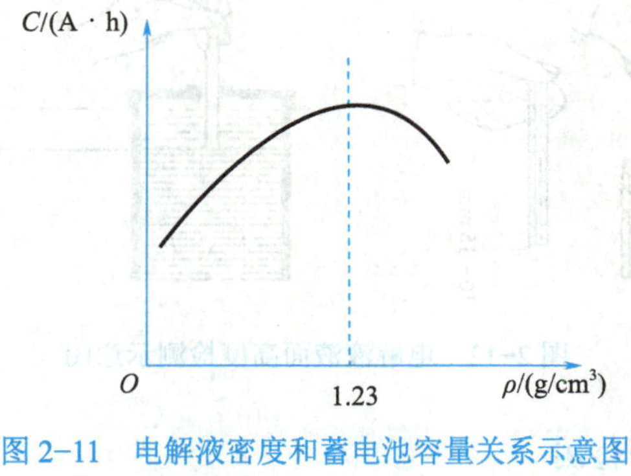

图 2-11 电解液密度和蓄电池容量关系示意图

任务 2.4 蓄电池的使用维护和性能检测

1. 蓄电池的使用维护

为了使蓄电池经常处于完好状态，延长其使用寿命，对使用中的蓄电池需进行下列维护工作。

（1）检查蓄电池是否牢靠安装在车上，检查起动电缆线与极柱的连接是否紧固，检查电缆线的线夹与极柱是否有氧化物。若有，则应及时清除。

（2）经常检查蓄电池盖表面是否清洁，应及时清除盖上的灰尘、电解液等脏物，保持加液孔盖上的气孔畅通。

（3）定期检查电解液的液面高度，液面一般应高出极板 10～15 mm。一般情况下，当液面低时应补加蒸馏水。

（4）定期对蓄电池进行补充充电，以保证蓄电池始终保持充足电的状态。

（5）经常检查蓄电池的放电程度，超过规定时应立即进行补充充电。

2. 蓄电池的性能检测

蓄电池技术状态的检测是为了及时发现蓄电池在使用过程中产生的各种内在故障，汽车每行驶 6 000 ～7 500 km，应检测蓄电池的电解液液面高度、相对密度和蓄电池放电电压。

1）电解液液面高度的检测

对于具有塑料外壳的普通干荷电蓄电池，在外壳表面标示有上下液面线。若壳体上没有液面线或看不清楚液面时，可用玻璃管进行测量，如图 2-12 所示，电解液液面应高出防护网或隔板上缘 10～15 mm。一般情况下，免维护全封闭式蓄电池无须检测此项。当发现电解液液量不足时，通常应优先补充蒸馏水，而不是硫酸溶液，除非能确认液面降低是由于电解液泄漏等特殊原因导致的。

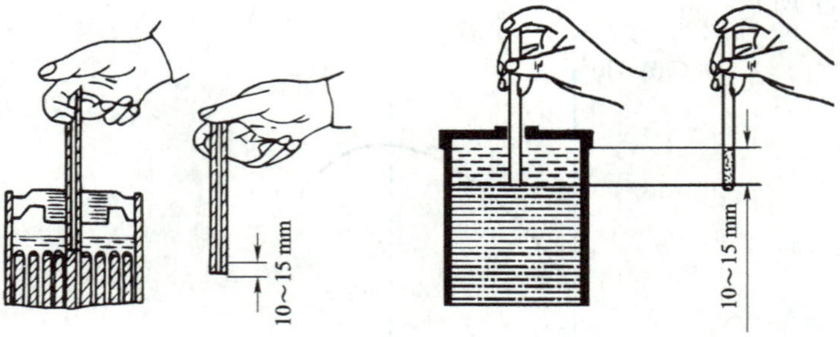

图 2-12 电解液液面高度检测示意图

2）电解液相对密度的检测

电解液相对密度可用吸式密度计检查，检查时先旋下单格电池加液孔螺塞，用拇指捏住橡皮球，然后再将密度计的橡皮吸管插入单格电池电解液中，如图 2-13 所示，将电解液吸入玻璃管中至管中浮子浮起即停。此时液面与浮子相交的刻度即为电解液的相对密度值。

根据实际经验，密度每减小 0.01 g/cm^3，相当于蓄电池放电 6%，所以从测得的电解液相对密度就可以粗略估算出蓄电池的放电程度。需要注意的是，在强电流放电和加注蒸馏水后，由于电解液混合不匀，此时不应立即测量电解液相对密度。

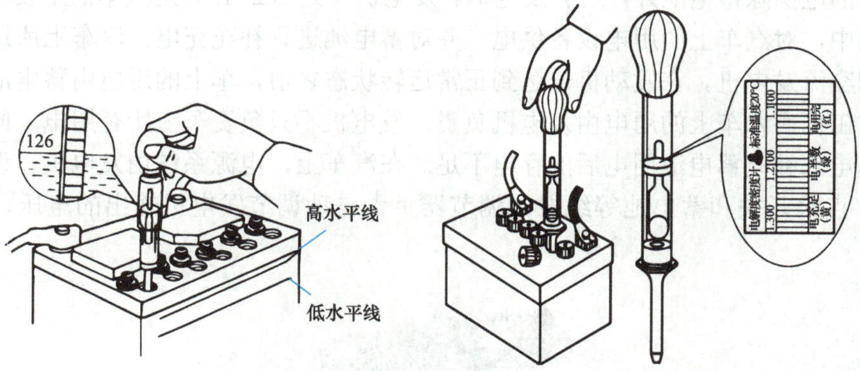

图 2-13　电解液相对密度检测示意图

3）起动性能检测

用高率放电计（模拟起动放电）检测蓄电池的起动性能，对于技术状态良好的蓄电池，当以起动电流或规定的放电电流连续放电 5 s 时，端电压应不低于规定值。大电流下各端电压稳定在 1.5 V 以上，单格电池电压相差不超过 0.1 V 为完好，否则有故障。

单格电池高率放电计由一个 3 V 电压表和一个定值负载电阻组成。检测时，应将两叉尖紧压在单格电池正、负极柱上（模拟起动大电流放电），历时 5 s 左右，如图 2-14 所示，观察蓄电池所能保持的端电压。技术良好的蓄电池，单格电池电压应在 1.5 V 以上，并在 5 s 内保持稳定。若 5 s 内蓄电池电压下降到 1.7 V，说明存电足；若下降到 1.6 V，说明放电 25% 的额定容量；若下降到 1.5 V，说明放电 50%的额定容量。若 5 s 内蓄电池电压迅速下降或与其他单格电池电压相差 0.1 V 以上，表明该单格电池有故障，应进行修理。

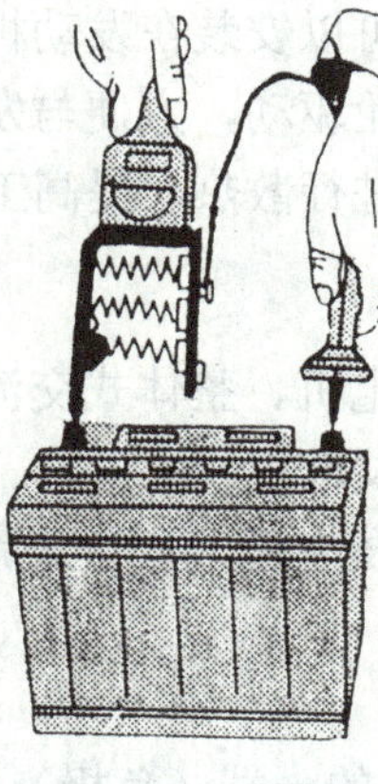

图 2-14　单格电池高率放电计检测起动性能

任务 2.5 发电机的结构与型号

汽车上的电源除蓄电池外，还有发电机。发电机（见图 2–15）是汽车的主要电源，在汽车行驶过程中，对汽车上的用电设备供电，并对蓄电池进行补充充电。汽车上所用的发电机大多为三相交流发电机。在发动机未达到正常运转状态之前，车上的用电由蓄电池提供；在发动机正常工作后，车上的用电由发电机负责。发电机不只负责车上所有用电，同时还负责给蓄电池充电，补充蓄电池用电后的存电不足。在汽车上，电源系统由发电机、调节器、充电警告灯、点火开关和蓄电池等组成。调节器负责自动调节发电机输出的电压，使其保持稳定。

图 2–15 发电机总成

1. 发电机概述

1）发电机的安装位置

汽车上采用硅整流交流发电机，它以硅二极管为整流器，将交流电转变成直流电，具有结构简单、体积小、重量轻、功率高、工作可靠、寿命长、维修方便等特点。

一般发电机安装在发动机前端，也可以安装在发动机侧面、发动机前部或者靠近右前轮等位置。发电机由发动机曲轴通过皮带轮驱动，方便与发动机的皮带系统连接，利于动力传输，也便于利用发动机前端的空气流动进行散热，提高工作效率和可靠性。

2）发电机的分类

（1）按总体结构分为：普通交流发电机、整体式交流发电机、带泵交流发电机、无刷交流发电机、永磁交流发电机、水冷交流发电机。

（2）按整流器结构分为：六管交流发电机、八管交流发电机、九管交流发电机、十一管交流发电机、十二管交流发电机。

（3）按磁场绕组搭铁形式分为：

① 内搭铁型交流发电机：磁场绕组的一端（负极）直接搭铁（和壳体相连）。

② 外搭铁型交流发电机：磁场绕组的一端（负极）接入调节器，通过调节器后再搭铁。

（4）按调节器是否单独安装分为：普通硅整流发电机、整体式硅整流发电机。

2. 发电机的结构

普通交流发电机主要由定子、转子、电刷、整流器、IC 调节器和前后端盖等部分组成，如图 2–16 所示。

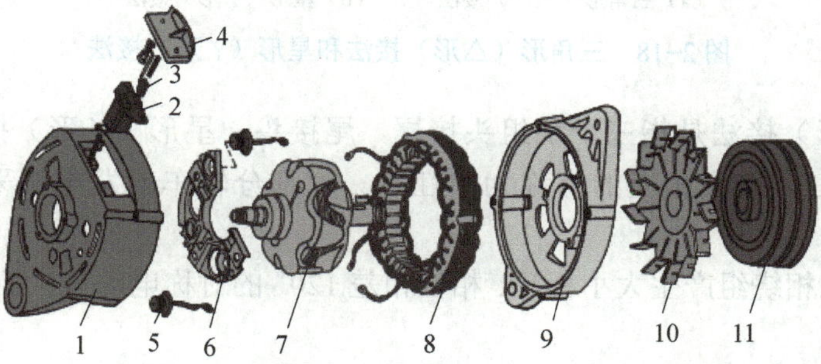

1—后端盖；2—电刷架；3—电刷；4—电刷架；5—二极管；6—整流器；7—转子；8—定子；9—前端盖；10—风扇；11—皮带轮。

图 2–16　发电机拆解图

1）定子

定子也叫电枢，它的作用是产生感应电动势，主要由定子铁心和定子绕组组成。定子铁心由内圈带槽的硅钢片叠成，定子绕组的导线嵌放在铁心的槽中。当转子转动时，定子线圈切割旋转磁场的磁力线而产生三相交流电动势。定子结构如图 2–17 所示。

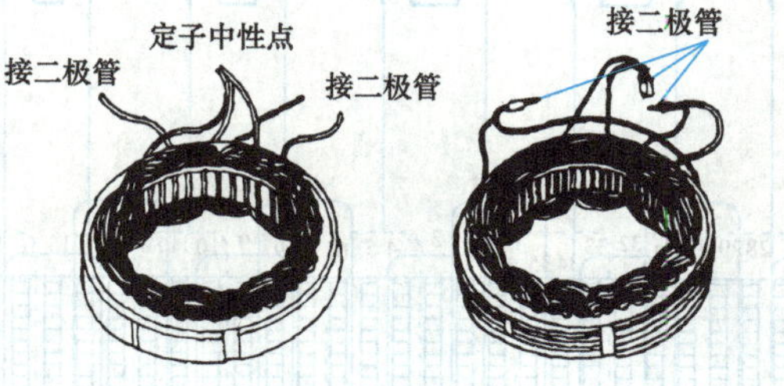

图 2–17　定子结构

定子绕组的三相绕组只有按一定要求绕制，才能产生频率相同、幅值相等、相位互差 120° 的三相电动势。定子绕组内部三相绕相以 120° 呈三角形（△形）连接或星形（Y 形）连接，如图 2–18 所示，交流发电机是利用电磁感应原理产生交流电的。电磁感应是产生电的基础，当一个导体（导线或线圈）切割磁场的磁力线时，导体内就感应出电流。当磁场静止而导体运动，或者当磁场旋转而导体转动时，会产生感应电流。通过电磁感应产生的电流方向可用右手定则判断。若将线圈的两端连接到电压表上，则可在电压表上反映出线圈和磁极不断变化的关系，经实验可得出，如果线圈均匀转动，线圈内感应出的电动势是呈正弦规律变化的。

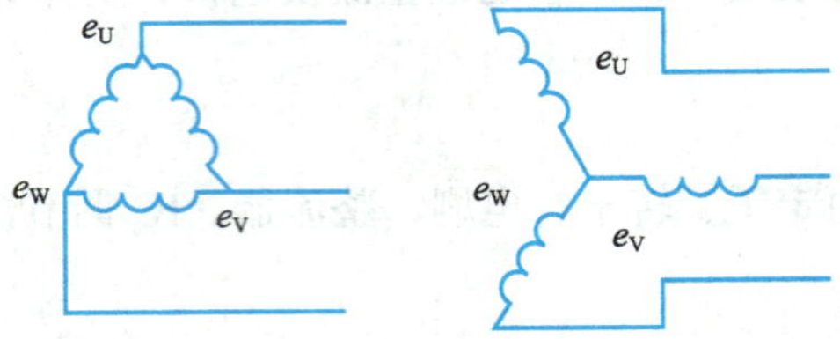

（a）三角形（△形）接法　　（b）星形（Y 形）接法

图 2-18　三角形（△形）接法和星形（Y 形）接法

三角形（△形）接法是指三个绕组头接尾，尾接头。星形（Y 形）接法是指三个绕组共用一个接头，三个接头相交的点称为中性点。大部分轿车的发电机采用的是双三角形绕组。

为保证电枢三相绕组产生大小相等、相位相差 120° 的对称电动势，三相绕组的绕制应遵循以下原则：

（1）每个线圈的两个有效边之间的距离应和一个磁极占据的空间距离相等；

（2）每相绕组相邻线圈始边之间的距离应和一对磁极占据的距离相等或成倍数关系；

（3）三相绕组的始边应相互间隔 2π+120°（一对磁极占有的空间为 360°）。

图 2-19 为发电机定子绕组展开图，发电机有 6 对磁极，定子总槽数为 36 个，即 1 对磁极对应 6 个槽。当转子旋转时，转子磁场不断和定子三相绕组做相对运动，在定子绕组中产生交流电动势。每转过 1 对磁极，定子绕组中的感应电动势就变化 1 个周期，每转过 6 个槽，定子的感应电动势变化 360°，每个槽对应 60°。

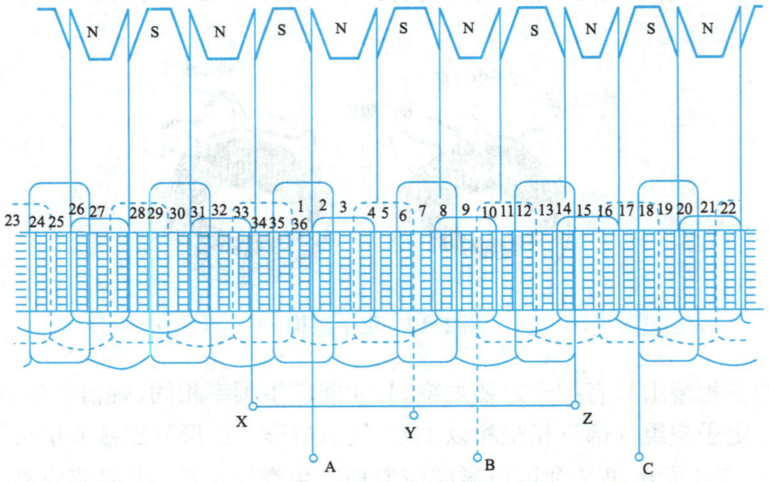

图 2-19　发电机定子绕组展开图

2）转子

发电机的转子是发电机的磁极部分，转子的功用是产生旋转磁场。转子由爪极、磁轭、磁场绕组、滑环、转子轴等部件组成，如图 2-20 所示。

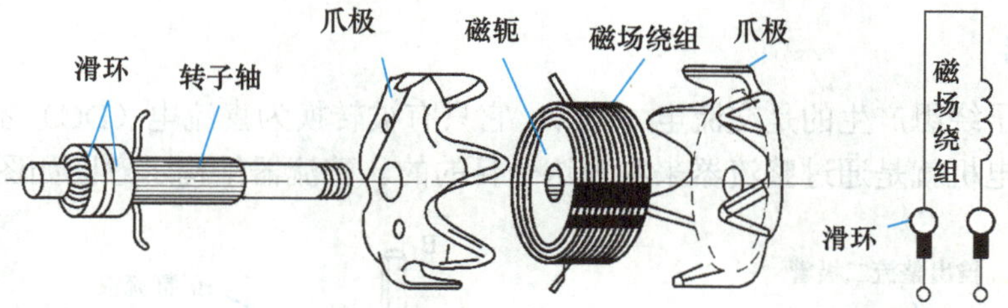

（a）转子分解结构

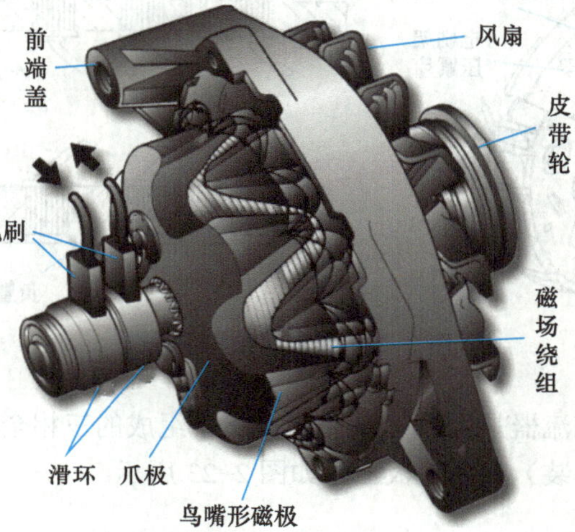

（b）转子整体结构

图 2-20　转子结构

转子轴上压装着两块低碳钢制成的爪极，两块爪极各有 4～8 个鸟嘴形磁极（国产多为 6 个），分别压装在转子轴上。在两个爪极形成的空腔中装有磁轭和绕在磁轭上的磁场绕组，磁场绕组也叫转子线圈（或者激磁绕组）。磁场绕组两端的引线分别和两个滑环焊在一起，两个滑环之间和滑环与轴之间都是绝缘的。滑环分别与装在后端盖的两个电刷接触。

这两个电刷，一个是将进入发电机的电流通过滑环送到磁场绕组，另一个搭铁。磁场绕组通电后产生轴向磁场，进而将两个转子爪极分别磁化成 N 极和 S 极。这样，在发动机运转时，带动转子轴上的爪极旋转，就形成了旋转运动的磁场。国内通用的爪极有 6 个磁极，那么一个爪极形成 6 个 N 极，另一个爪极形成 6 个 S 极，也就是 6 对磁极，当然也有些发电机的磁极为 4～8 对。转子的磁场分布和电路图如图 2-21 所示。

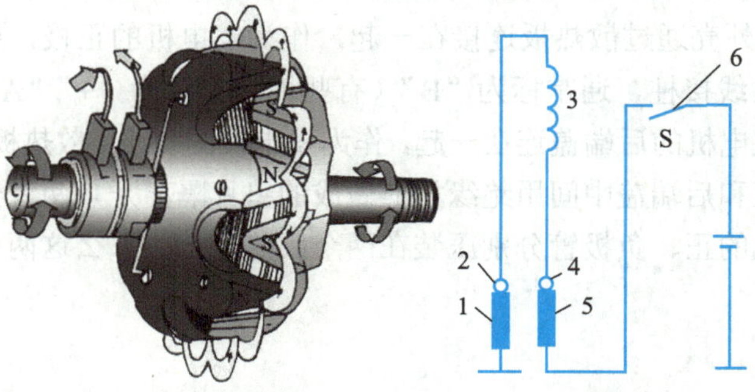

（a）转子的磁场分布　　（b）转子电路图

1、5—电刷；2、4—滑环；3—励磁绕组；6—点火开关。

图 2-21　转子的磁场分布和电路图

3）整流器

发电机定子绕组产生的是交流电（AC），它只有被转换为直流电（DC）才能用于汽车的电路系统。发电机就是通过整流器来实现这个目的的。整流器结构示意图如图 2–22 所示。

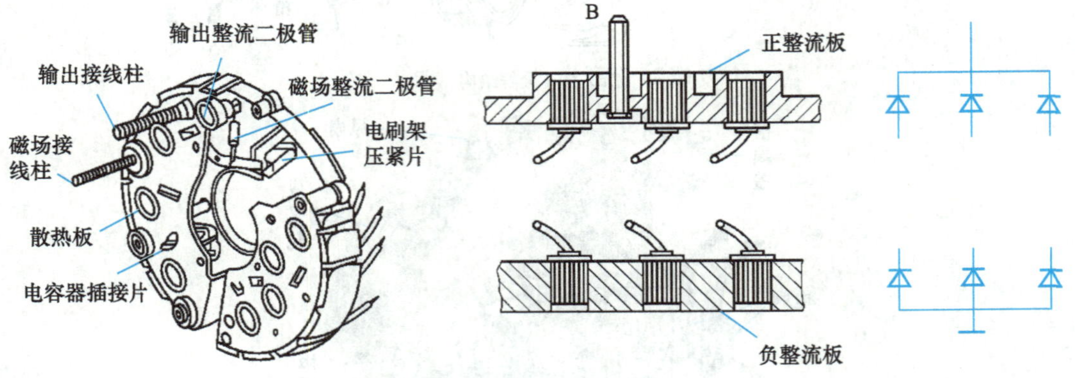

图 2–22　整流器结构示意图

六管交流发电机的整流器是由 6 个硅整流二极管组成的三相全波桥式整流电路，6 个整流二极管分别压装（或焊装）在两块板上，如图 2–23 所示。

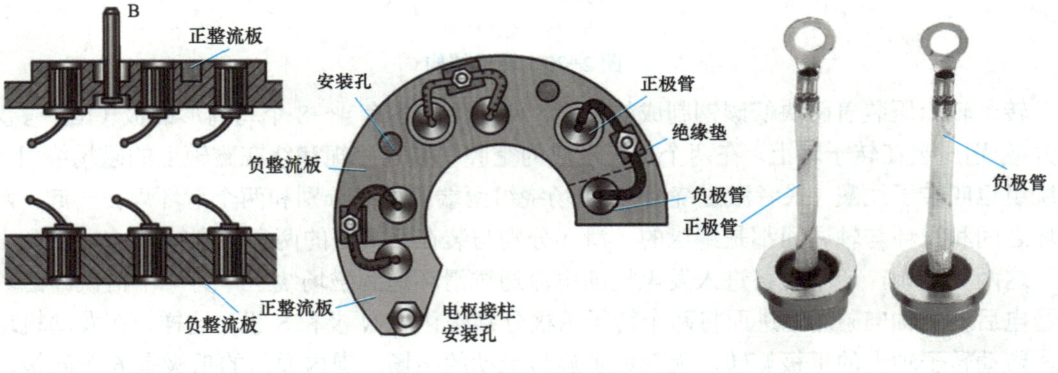

图 2–23　六管交流发电机的整流器

整流二极管由中央引线和外壳作为二极管的两个接点。整流二极管分为正极管和负极管两种。3 个正极管的外壳通过散热板连接在一起，作为发电机的正极，用螺栓引到发电机外面，作为发电机的火线接柱，通常标为“B”（有些地方也标为“+”“A”或“电枢”）。3 个负极管的外壳通过发电机的后端盖连在一起，作为发电机的负极。散热板是用铝合金制成的，以利于散热。散热板和后端盖中间用绝缘材料做成的垫片隔离开，两者合称为整流器总成。也有部分车用发电机的正、负极管分别压装在两个散热板上，那么这两个散热板合称为整流器总成。

4）端盖

图 2–24 为发电机前端盖和后端盖示意图，由铝合金铸成。铝合金为非导磁材料，可有效地防止漏磁，并具有质量轻、散热性能好的特点。端盖起着固定转子、定子、整流器和电刷

组件的作用。前端盖铸有安装臂、调整臂与出风口，后端盖铸有安装臂与进风口。风扇转动时驱动空气从进风口流入，经发电机定子铁心再从出风口流出，将定子线圈对外输出电流时产生的热量带走，达到散热的目的。整流器则装于后端盖内侧或外侧。

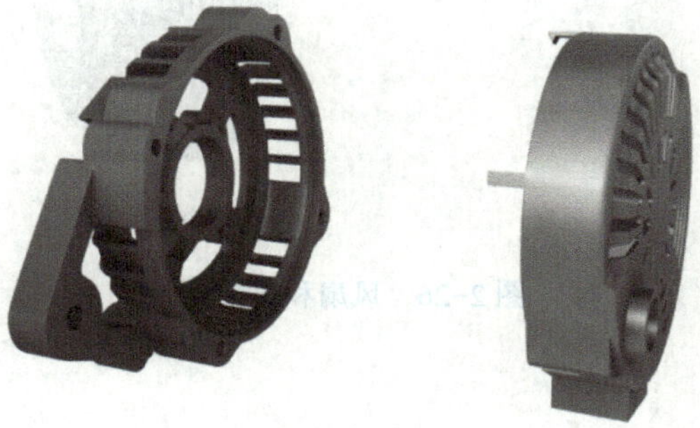

（a）前端盖　　（b）后端盖

图 2-24　发电机前端盖和后端盖示意图

5）电刷组件

电刷组件装在后端盖上，由电刷、电刷架和电刷弹簧组成。电刷的作用是将电源通过滑环引入磁场绕组。电刷由铜粉和石墨粉（模压）制成，电刷架由酚醛玻璃纤维塑料模压而成。两支电刷装在电刷架方孔内，由电刷弹簧保持其与滑环接触良好。电刷组件有外装式和内装式两种，如图 2-25 所示。

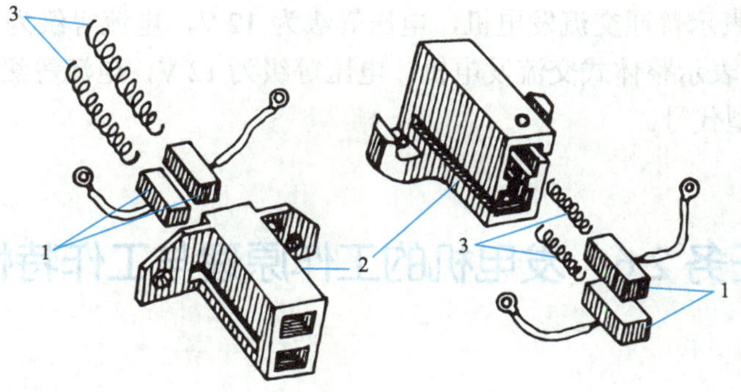

（a）外装式　　（b）内装式

1—电刷；2—电刷架；3—电刷弹簧。

图 2-25　电刷组件

6）风扇和皮带轮

风扇和皮带轮（见图 2-26）安装在发电机前端盖的前方。有些车用发电机的功率较大，为了提高散热效果，将两个风扇装在壳体内转子的两侧，散热气流分别通过发电机前、后端盖上的进风口和出风口对发电机内部进行冷却。风扇安装在转子轴上，由发动机通过风扇传动皮带，带动发电机转子轴旋转，从而带动风扇旋转进行通风。

（a）风扇　　（b）皮带轮

图 2-26　风扇和皮带轮

3. 发电机的型号

汽车发电机的型号由产品代号、电压等级代号、电流等级代号、设计序号、变型代号 5 部分组成。

（1）产品代号：用中文字母表示。例如：JF 表示普通交流发电机；JFZ 表示整体式（调节器内置）交流发电机；JFB 表示带泵交流发电机；JFW 表示无刷交流发电机。

（2）电压等级代号：用 1 位阿拉伯数字表示。1 表示 12 V 系统，2 表示 24 V 系统，6 表示 6 V 系统。

（3）电流等级代号：用 1 位阿拉伯数字表示。

（4）设计序号：用 1～2 位阿拉伯数字表示，表示产品设计的先后顺序。

（5）变型代号：一般用字母表示，用于区分不同的变型产品。

例如，JF1522 表示普通交流发电机，电压等级为 12 V，电流等级为 50 A 左右，设计序号为 22；JFZ1913Z 表示整体式交流发电机，电压等级为 12 V，电流等级为 90 A 左右，设计序号为 13，Z 为变型代号。

任务 2.6　发电机的工作原理与工作特性

1. 发电机的工作原理

在汽车没有起动时，需要靠蓄电池为汽车的电器设备提供电能。在车辆起动后，当发动机正常运转（怠速以上）时，由发动机带动发电机，产生电能，向所有用电设备（起动机除外）供电，同时向蓄电池充电。发电机的运行状况直接影响汽车电器部件的性能。发电机是汽车的主要电源之一，其作用是将发动机的部分机械能转变为电能。

发动机在工作过程中，带动发电机中的转子旋转，转子的爪极被磁化后，在旋转的过程中形成一个旋转的磁场。发电机定子上的线圈，在旋转的磁场中切割磁力线，产生感应电动势。

图 2-27 为发电机工作原理图，发电机的三相定子绕组按规律分布在发电机的定子槽中，

彼此相差 120°。当磁场绕组接通直流电时，便产生磁场，一块爪极形成 N 极，另一块爪极形成 S 极，相互交错形成磁极。转子旋转时，磁场也随之旋转，形成旋转磁场，磁力线和定子绕组之间产生相对运动，在定子绕组中产生交流感应电动势，且近似于正弦曲线的波形。

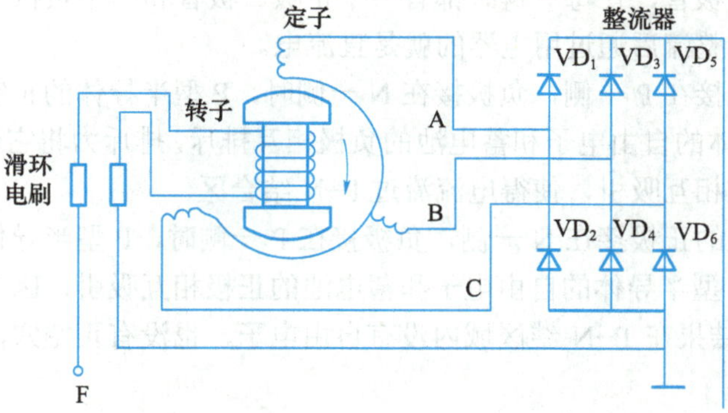

图 2-27　发电机工作原理图

当转子旋转时，由于定子绕组与磁力线有相对的切割运动，所以在三相绕组中产生 3 个频率相同、幅值相等、相位互差 120° 的正弦电动势 e_A、e_B、e_C，其瞬时值分别为

$$4e_A=E_m\sin(\omega t)=\sqrt{2}\,E_\Phi\sin(\omega t)$$

$$e_B=E_m\sin(\omega t-120^\circ)=\sqrt{2}\,E_\Phi\sin(\omega t-120^\circ)$$

$$e_C=E_m\sin(\omega t-240^\circ)=\sqrt{2}\,E_\Phi\sin(\omega t-240^\circ)$$

式中：E_m——相电动势的最大值；

E_Φ——相电动势的有效值，$E_\Phi=\dfrac{E_m}{\sqrt{2}}$；

ω——角速度，$\omega=2\pi f$，f 为频率。

发电机每相绕组产生的电动势的有效值 E_Φ(V)为

$$E_\Phi=\frac{E_m}{\sqrt{2}}=\frac{KpN\Phi n}{\sqrt{2}}=\frac{\sqrt{2}\pi KpN\Phi n}{60}$$

式中：K——绕组系数；

p——磁极对数；

N——每组绕组的匝数；

Φ——磁极磁通；

n——发电机转速，r/min。

2. 整流器

整流器是由 6 个硅二极管组成的三相桥式全波整流电路，在发动机工作时将三相定子绕组中产生的交流电转变为直流电。在负极搭铁的发电机中，3 个二极管的壳体为负极，压装在与发电机机体绝缘的元件板上，并与发电机的输出端（正极）相连，其引线为二极管的正极，称为正极二极管。3 只正极二极管负极端相连，正极端电位最高者导通。另外 3 个二极管的壳体为正极，压装在不与机体绝缘的元件板上，或直接压装在电刷端盖上，作为发电机的负极，其引线为负极，称为负极二极管。3 只负极二极管正极端相连，负极端电位最低者导通。整流器中二极管的导通原则为单向导电性。当给正极二极管加上正向电压时，二极管导通；当给正极二极管加上反向电压时，二极管截止。负极二极管则正好相反。

对于正、负极二极管，在每一瞬时都有一个正极二极管和一个负极二极管导通，使电路形成回路，这样经过整流后通过用电器的就是直流电。

当蓄电池的正极接在 P 一侧，负极接在 N 一侧时，P 型半导体的正空穴和蓄电池的正极相互排斥，N 型半导体的自由电子和蓄电池的负极相互排斥，排斥力将它们推到 P–N 结合区，结果自由电子和空穴相互吸引，使得电流流过 P–N 结合区。

反之，当蓄电池的正极接在 N 一侧，负极接在 P 一侧时，P 型半导体的正空穴和蓄电池的负极相互吸引，N 型半导体的自由电子和蓄电池的正极相互吸引，因此，空穴与自由电子远离 P–N 结区域，结果在 P–N 结区域内没有自由电子，也没有正空穴，这样就阻止了电流通过。

3. 整流原理

硅整流器利用硅二极管的单向导电性，将交流电转换为直流电。在交流发电机中，6 个硅二极管连接成三相桥式全波整流电路，如图 2–28（a）所示。在三相桥式全波整流电路中，3 个正极二极管 VD_1、VD_3 和 VD_5 的负极连接在一起，正极分别接在发电机的三相绕组的首端。另外 3 个负极二极管 VD_2、VD_4 和 VD_6 的正极连接在一起，负极分别接在三相绕组的首端。图 2–28（b）为整流前三相交流电的波形。

（a）三相桥式全波整流电路

（b）整流前三相交流电的波形

（c）整流后输出的电压波形

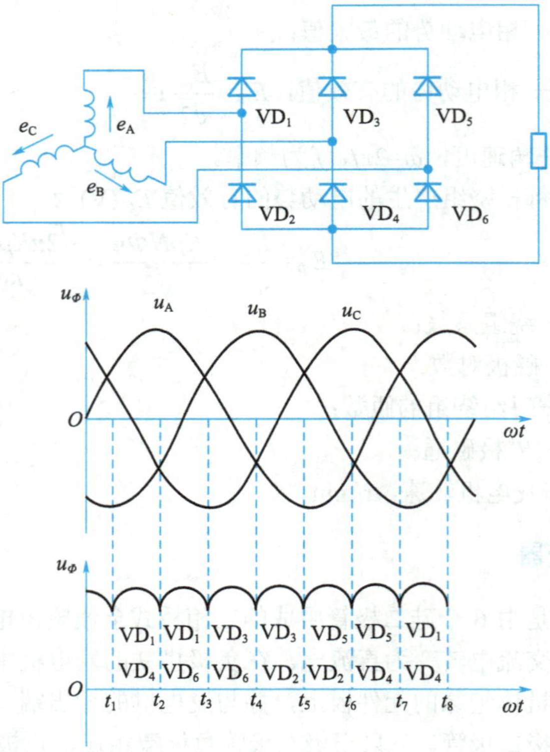

图 2–28　三相桥式全波整流电路及整流前后的电压波形

（1）在 0～t_1 时间内，C 相电压最高，B 相电压最低，因此，C 相的正极管和 B 相的负极管处于导通状态，即 VD_5 和 VD_4 处于导通状态，在 B、C 相间形成回路。

（2）在 t_1～t_2 时间内，A 相电压最高，B 相电压最低，因此，A 相的正极管和 B 相的负极管处于导通状态，即 VD_1 和 VD_4 处于导通状态，在 A、C 相间形成回路。

（3）在 t_2～t_3 时间内，A 相电压最高，C 相电压最低，因此，A 相的正极管和 C 相的负极管处于导通状态，即 VD_1 和 VD_6 处于导通状态，在 A、C 相间形成回路。

（4）在 t_3～t_4 时间内，B 相电压最高，C 相电压最低，因此，C 相的正极管和 B 相的负极管处于导通状态，即 VD_3 和 VD_6 处于导通状态，在 B、C 相间形成回路。

以此类推，循环反复，6 个二极管轮流导通，在负载两端得到一个比较平稳的脉动直流电压。

经整流后负载 R 两端的直流电压即是硅整流发电机的直流输出电压［见图 2–28（c）]，数值为三相交流电线电压的 1.35 倍，即

$$U=1.35U_{线}=2.34U_{相}$$

式中：U——直流输出电压，V；

$U_{线}$——线电压，V；

$U_{相}$——相电压，V。

每个二极管在一个周期内只导通 1/3 的时间，流过每个二极管的正向电流也为负载电流的 1/3，即

$$I_{VD}=\frac{1}{3}I$$

式中：I_{VD}——流过每个二极管的正向电流，A；

I——负载电流，A。

有些交流发电机具有由三相定子绕组中性点引出的中心抽头，标注为“N”，如图 2–29 所示。中性点“N”对发电机外壳（搭铁）之间的电压叫作中性点电压（U_N），它是通过 3 个负极二极管整流后得到的直流电压，等于发电机直流输出电压（U）的一半，即

$$U_N=\frac{1}{2}U$$

中性点电压一般用来控制各种用途的继电器，如磁场继电器、充电指示继电器等，利用中性点二极管提高输出功率。中性点处接上两个中性点二极管，通过两个中性点二极管与桥式整流器正负极相连，可使发电机功率输出提高 10%～15%。

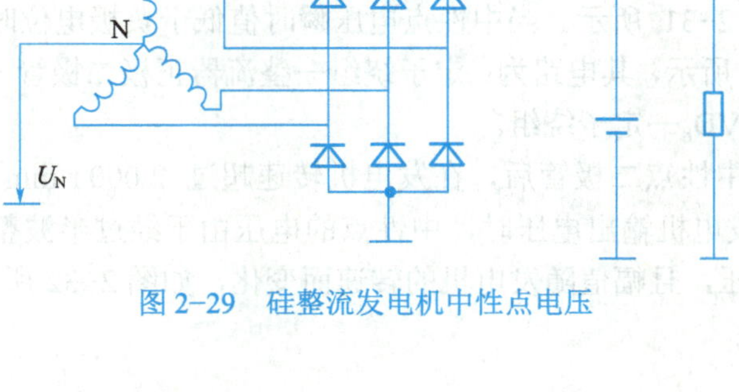

图 2–29　硅整流发电机中性点电压

4. 发电机的激磁方式

发电机在无外接直流电源的情况下，能够靠自激来发电，但前提是转子有剩磁并且转速足够高。

在低速时，由于转子的剩磁非常弱，感应电压无法克服使二极管导通，所以在低速时要依靠蓄电池通过点火开关提供磁场电流，进行他激来增加磁感应强度。当转速提高时，转子快速旋转，由于转子的剩磁在旋转中产生旋转的磁场，在定子的三相绕组中便产生足够高的感应电动势，并经过整流二极管整流后通过电刷和滑环进入磁场绕组，使磁场加强，从而进一步提高定子绕组的感应电动势。定子绕组感应电动势和磁场绕组电流的相互促进，使发电机的电动势快速升高，这就是发电机的自激过程。

注意： 交流发电的激磁过程是“先他激，再自激”。自激电路为：蓄电池—点火开关（SW）—调节器—磁场接线柱（F）—磁场绕组—搭铁。他激电路为：发电机火线接线柱—点火开关（SW）—调节器—磁场接线柱（F）—磁场绕组—搭铁。

1）九管交流发电机

如图 2-30 所示，发动机起动后，发电机发电，当发动机熄火以后，充电指示灯仍亮，说明蓄电池在放电，提醒驾驶员关闭点火开关。当车辆运行时，充电指示灯亮，说明系统有故障，提醒驾驶员应及时维修。

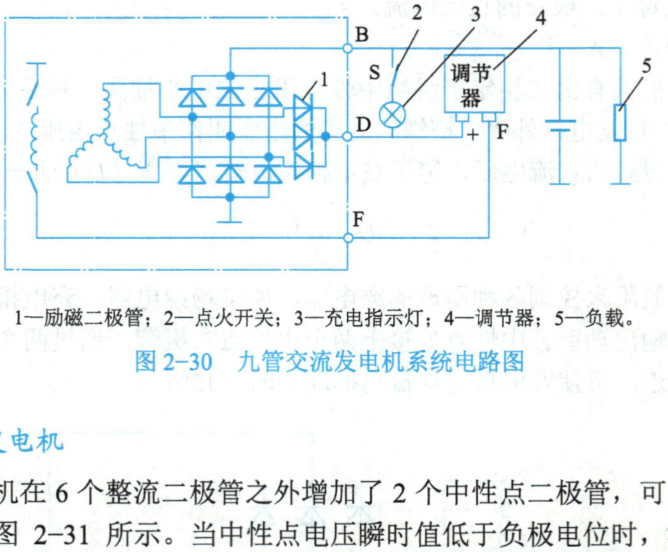

1—励磁二极管；2—点火开关；3—充电指示灯；4—调节器；5—负载。

图 2-30　九管交流发电机系统电路图

2）八管交流发电机

八管交流发电机在 6 个整流二极管之外增加了 2 个中性点二极管，可以有效地提高发电机的输出功率，如图 2-31 所示。当中性点电压瞬时值低于负极电位时，流过中性点二极管 VD_8 的电流如图 2-31 所示，其电路为：定子绕组—整流器正极二极管—B 接线柱—蓄电池和负载—中性点二极管 VD_8—定子绕组。

实验证明，加装中性点二极管后，在发电机转速超过 2 000 r/min 时，输出功率可提高 10%～15%。当交流发电机输出电压时，中性点的电压由于经过半波整流，含有交流成分，即中性点 3 次谐波电压，且幅值随发电机的转速而变化，如图 2-32 所示。

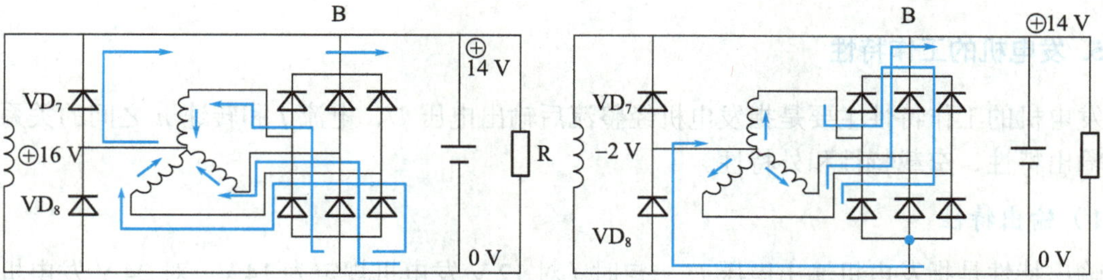

图 2-31　八管交流发电机系统电路图

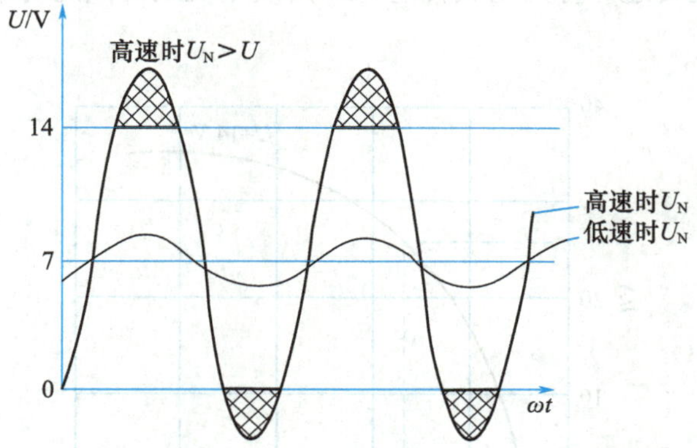

图 2-32　中性点 3 次谐波电压

3）十一管交流发电机

十一管交流发电机有 6 只整流二极管、3 只磁场二极管和 2 只中性点二极管。奥迪 100、丰田皇冠轿车等均装有此类发电机。十一管交流发电机兼有八管与九管交流发动机的特点和作用，其工作原理电路图如图 2-33 所示。

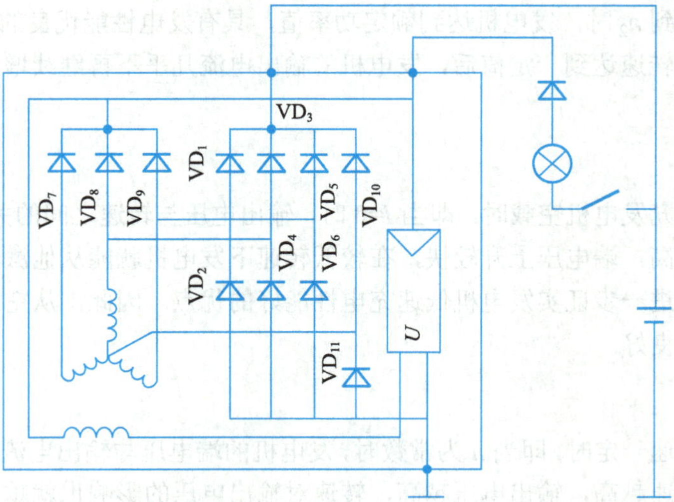

图 2-33　十一管交流发电机工作原理电路图

5. 发电机的工作特性

发电机的工作特性主要是指发电机经整流后输出电压 U、电流 I 和转速 n 之间的关系，包括输出特性、空载特性和外特性。

1）输出特性

输出特性是指发电机输出电压 U 一定时（对 12 V 发电机规定为 14 V，对 24 V 发电机规定为 28 V），发电机的输出电流与转速之间的关系，如图 2–34 所示。n_1 为发电机空载运转时，输出电压达到额定值的转速，称为空载转速。n_2 为发电机达到额定功率时的转速，称为满载转速。

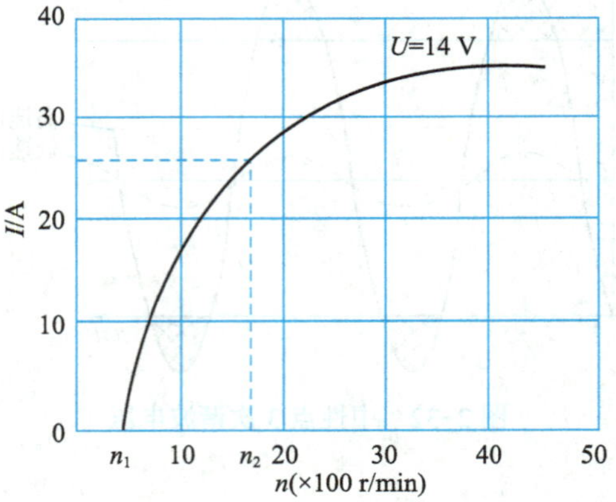

图 2–34　12 V 发电机的输出特性曲线

从输出特性曲线可知：

（1）发电机只需在较低的空载转速 n_1 时，就能达到额定电压值，具有低速充电性能好的优点；

（2）当转速达到 n_2 时，发电机达到额定功率值，具有发电性能优良的特点；

（3）当发电机转速达到一定值后，发电机的输出电流几乎不再继续增加，具有自身限制输出电流的能力。

2）空载特性

空载特性是研究发电机空载时，即当 I=0 时，输出电压与转速之间的关系，如图 2–35 所示。随着转速的升高，端电压上升较快，在较低转速下发电机就能从他激转入自激发电，可以向蓄电池充电，进一步证实发电机低速充电性能好的优点。因此，从空载特性可以判断发电机充电性能是否良好。

3）外特性

外特性是指转速一定时，即当 n 为常数时，发电机的端电压与输出电流的关系，如图 2–36 所示。发电机的转速越高，输出电压越高，转速对输出电压的影响也就越大。此外，随着输出电流的增加，发电机的端电压下降。因此，当发电机在高速运转时，如果突然失去负载，端电压会急剧升高，致使发电机及调节器中的电子元件将有被击穿的危险。

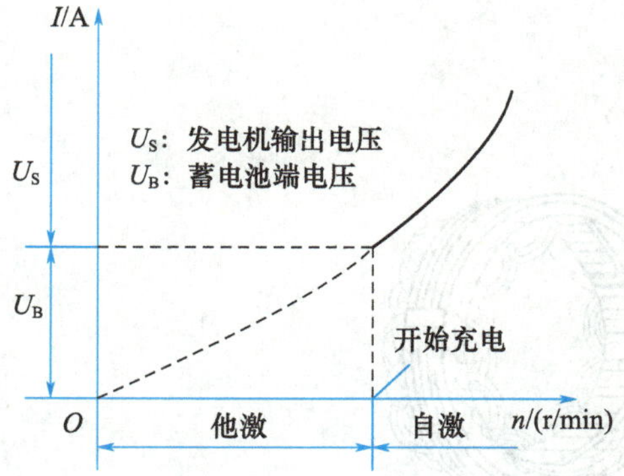

图 2-35 发电机的空载特性曲线

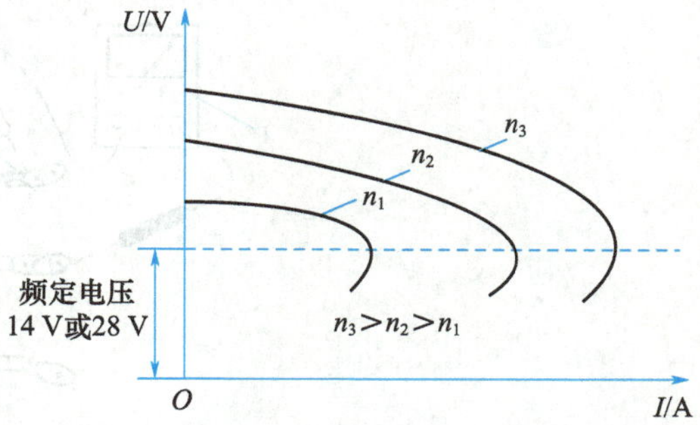

图 2-36 发电机的外特性曲线

任务 2.7 发电机故障诊断与检修

目标

掌握发电机故障诊断与检修的步骤及方法。

仪器与工具

交流发电机、充电指示灯、试灯、万用表等。

对于大多数汽车来说，充电系统的电路故障现象都是根据充电指示灯来判断的，正常情况是：当打开点火开关时，充电指示灯亮，起动发动机后，充电指示灯熄灭。下面介绍发电机零部件的检修。

1. 定子绕组的检查

检查定子绕组时，应检查是否短路、断路和搭铁。

1）定子绕组短路的检查

首先进行目视检查，当线圈漆包线变成焦糊色或有严重脱漆皮现象时，说明绕组已有短路故障。然后用万用表检测定子绕组是否短路，检测时，每次任取两个端子进行测量。若电阻值都小于 0.5 Ω，说明线圈良好；若测量某两相之间的电阻值时，数值过小（近似等于 0），说明该两相间短路。

2）定子绕组断路的检查

万用表可用于检查定子绕组是否断路，如图 2-37 所示。检测时，每次任取两个端子进行测量，测量 3 次。若每次测量的电阻值都小于 0.5 Ω，则说明无断路；如果电阻值为无穷大，则说明励磁绕组断路，需要更换定子总成。

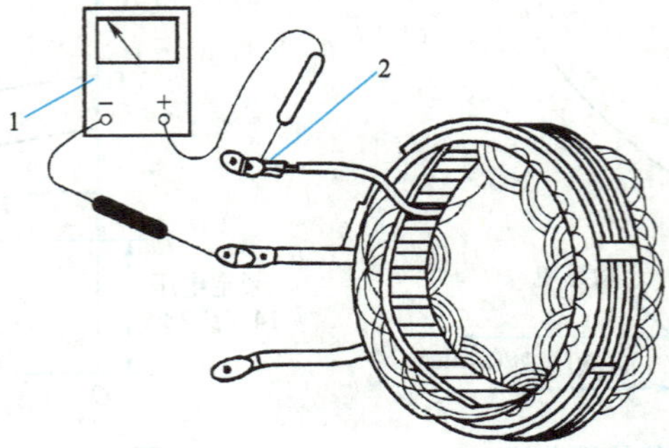

1—万用表；2—绕组端子。

图 2–37 检查定子绕组是否断路

3）定子绕组搭铁的检查

用万用表可检查定子绕组是否搭铁，如图 2–38 所示。检测时，每次任取 1 个定子线圈的引线端子和定子铁心进行测量，分别测量 3 次，电阻值都应为无穷大；如果不是，说明定子绕组搭铁，需要更换定子总成。

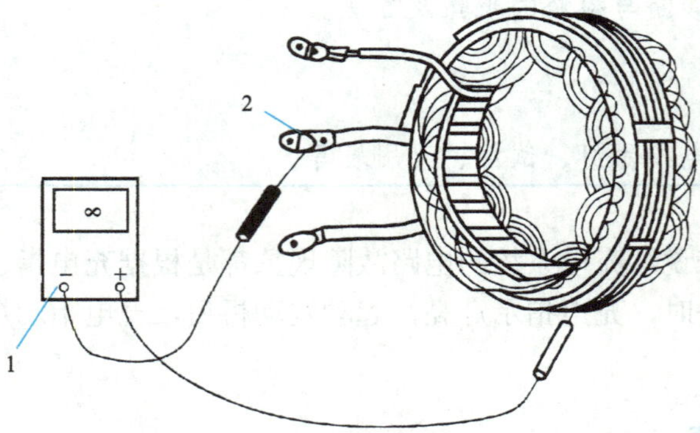

1—万用表；2—绕组端子。

图 2–38 检查定子绕组是否搭铁

2. 转子的检查

转子的检查分为励磁绕组短路、断路的检查和励磁绕组搭铁的检查。

1）励磁绕组短路及断路的检查

用万用表检测励磁绕组电阻，可以检测励磁绕组是否短路和断路，如图 2–39 所示。如果电阻值为无穷大，说明励磁绕组断路；如果电阻值低于标准值，说明励磁绕组短路。

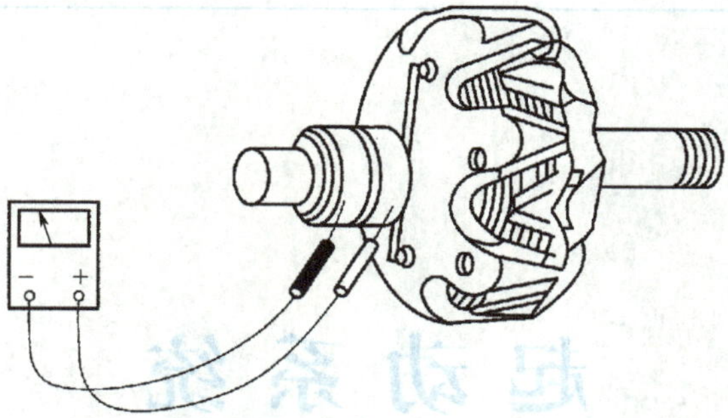

图 2-39　检查励磁绕组是否短路和断路

2）励磁绕组搭铁的检查

用万用表检查励磁绕组是否搭铁，如图 2-40 所示。将万用表的一支试笔触及滑环，另一支触及转子轴，其电阻值应是无穷大；如果电阻值很低，说明励磁绕组搭铁了。

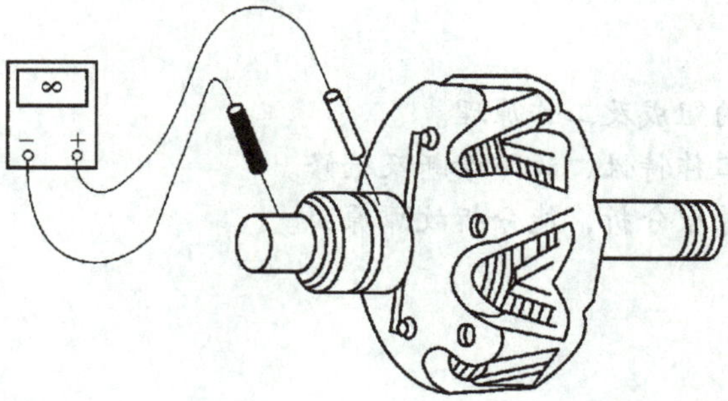

图 2-40　检查励磁绕组是否搭铁

项目 3

起动系统

知识目标

1. 熟悉起动系统的组成及工作原理。
2. 熟悉起动机的工作特性、故障诊断及检修。
3. 掌握起动电路原理分析，能分析故障原因。

能力目标

1. 能识读典型汽车起动系统电路图。
2. 能根据维修技术要求对起动系统进行检测和维修。
3. 能合理运用汽车电器系统检测维修工具进行起动系统维修。

素养目标

1. 树立强烈的安全责任意识。
2. 激发学习兴趣和创新精神。
3. 培养严谨认真、精益求精的工作态度。

案例导入

一辆丰田轿车，一键起动过程中出现起动机无反应现象。经检查发现蓄电池电压正常，灯光、喇叭正常工作，打开点火开关时，起动机不能转动。初步判定起动系统故障，需对起动系统进行故障诊断和检修工作。

学习导航

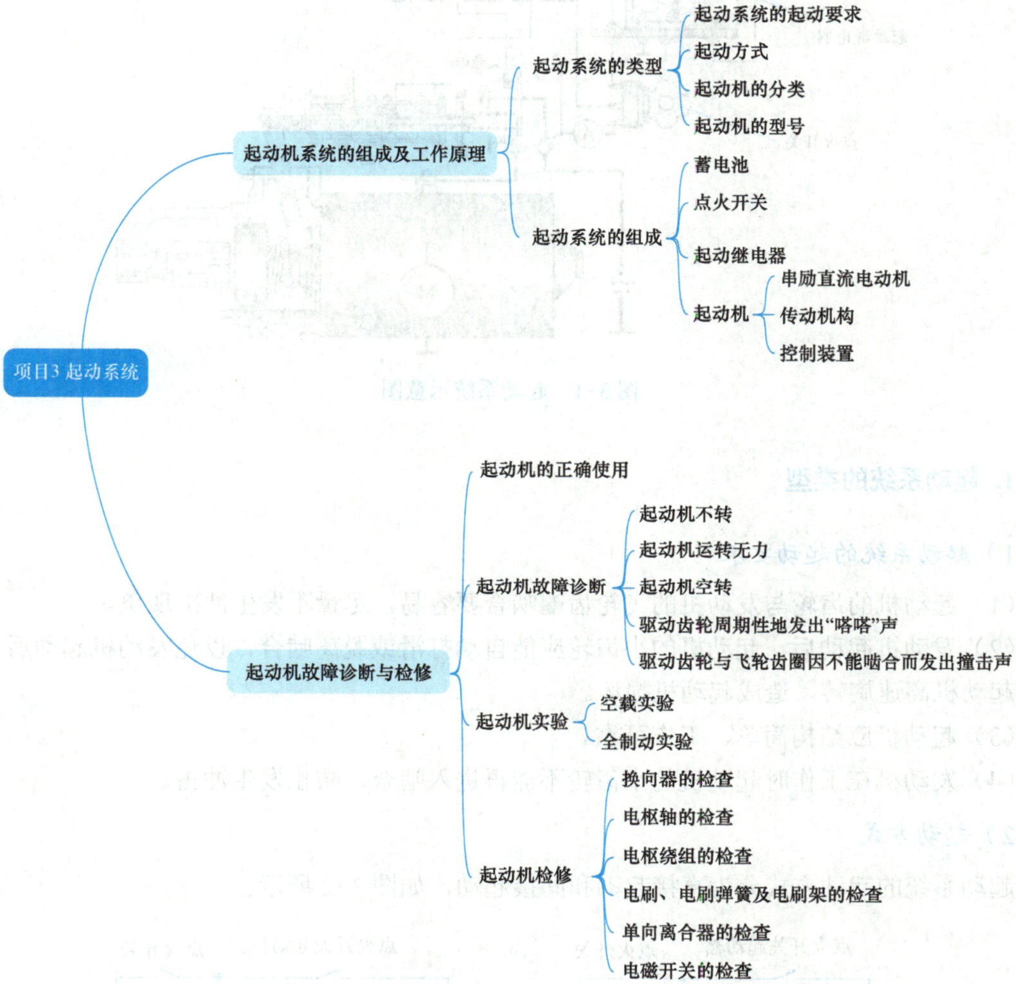

任务 3.1 起动系统的组成及工作原理

要使发动机由静止状态转为工作状态，必须先用外力转动发动机的曲轴，使活塞做往复运动，气缸内的可燃混合气燃烧膨胀做功，推动活塞向下运动使曲轴旋转，发动机自行运转，从而使工作循环自动进行。曲轴在外力作用下开始转动到发动机开始自动地怠速运转的全过程，称为发动机的起动。完成起动过程所需的装置称为发动机的起动系统。起动系统由蓄电池、起动机、起动继电器、点火开关和相关线路组成，起动机在点火开关和起动继电器的控制下，将蓄电池的电能转化为机械能，带动发动机飞轮齿圈使曲轴转动，完成发动机的起动。起动系统示意图如图 3-1 所示。

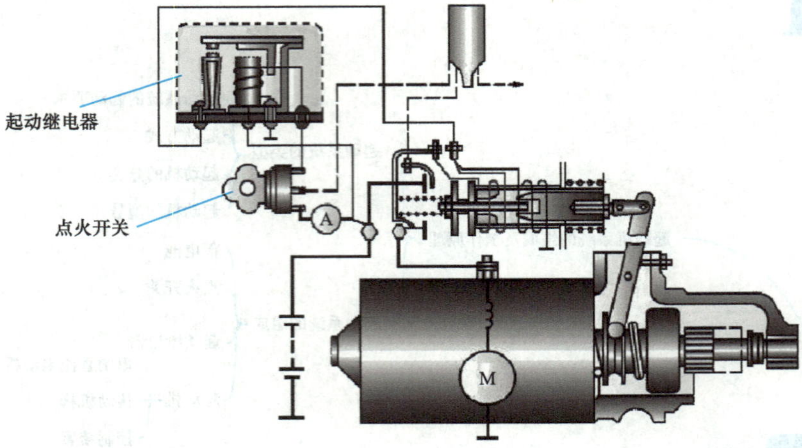

图 3-1 起动系统示意图

1. 起动系统的类型

1）起动系统的起动要求

（1）起动机的齿轮与发动机的飞轮齿圈啮合要容易，尽量不发生冲击现象。

（2）发动机起动后，起动机的小齿轮应能自动打滑或脱离啮合，以免发动机起动后飞轮带动起动机高速旋转，造成起动机损坏。

（3）起动机应结构简单、工作可靠。

（4）发动机在工作时起动机的小齿轮不能再进入啮合，防止发生冲击。

2）起动方式

起动系统的起动方式分为直接起动和间接起动，如图 3-2 所示。

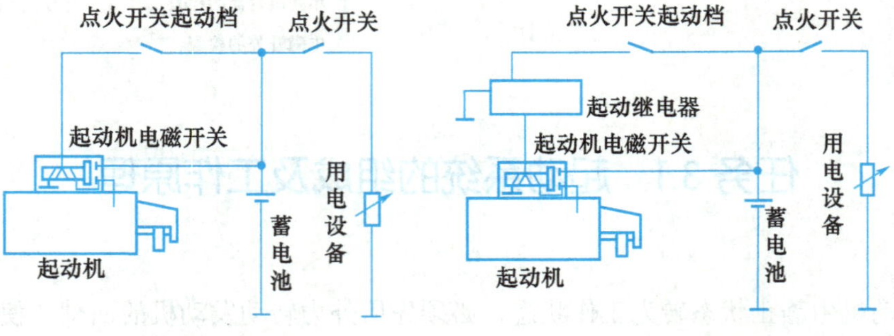

图 3-2 起动机的起动方式

（1）直接起动是指通过起动机直接驱动发动机曲轴旋转来实现起动。起动机一般由直流电动机、传动机构和控制机构组成。电动机的转矩和转速直接作用于发动机曲轴，带动发动机完成起动过程。

（2）间接起动是指通过起动继电器进行起动。

3）起动机的分类

（1）按直流电动机磁场产生的方式分类。

① 永磁起动机：指直流电动机的磁场是由永久磁铁产生的起动机。

② 激磁起动机：指直流电动机的磁场是由电磁铁产生的起动机。

（2）按控制装置的操纵方式分类。

① 机械操纵起动机：指驾驶员通过机械装置直接操纵传动机构齿轮的啮合和直流电动机主电路接通的起动机。

② 电磁操纵起动机：指驾驶员利用电磁装置操纵传动机构齿轮的啮合和直流电动机主电路接通的起动机。

（3）按传动机构有无减速装置分类。

① 减速起动机：指直流电动机的电枢轴与驱动齿轮之间有减速装置的起动机。

② 非减速起动机：指直流电动机的电枢轴与驱动齿轮之间无减速装置的起动机。

（4）按驱动齿轮的啮合方式分类。

① 惯性啮合式起动机：指驱动齿轮依靠自身旋转的惯性力与飞轮齿圈啮合的起动机。

② 电枢移动式起动机：指驱动齿轮依靠电枢的轴向移动与飞轮齿圈啮合的起动机。

③ 齿轮移动式起动机：指驱动齿轮依靠电枢轴内部的啮合推杆的推动与飞轮齿圈啮合的起动机。

④ 强制啮合式起动机：指通过拨叉或直接推动驱动齿轮与飞轮齿圈啮合的起动机。

4）起动机的型号

起动机的型号示意图如图 3-3 所示。第一部分为产品代号。起动机的产品代号 QD、QDJ、QDY 分别表示起动机、减速起动机及永磁起动机。第二部分为电压等级代号，“1”代表 12 V，“2”代表 24 V，“3”代表 6 V。第三部分为功率等级代号，“1”代表 0～1 kW，“2”代表 1～2 kW……，“9”代表 8～9 kW。第四部分为设计序号，用于区分产品代号、电压等级代号、功率等级代号。第五部分为变形代号。起动机基础型号为 QDJ121，适配常规前置发动机车型。若为适配后置发动机布局，可调整安装支架孔位与形状，则以变形代号“A”表示，型号变为 QDJ121A，“A”就代表因安装适配需求产生的变形。例如：QD27E 表示额定电压为 24 V、功率为 6～7 kW、第 5 次设计的起动机。

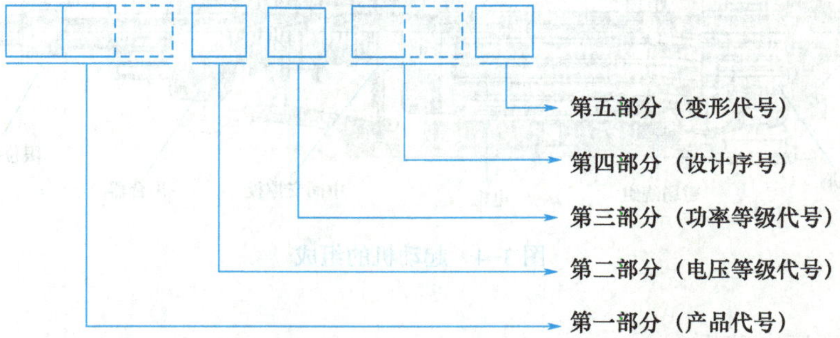

图 3-3　起动机的型号示意图

2. 起动系统的组成

1）蓄电池

蓄电池是起动机的能量来源，在起动过程中，起动机消耗大量电流，会导致电器系统电压大幅下降。蓄电池自身的电容特性能够吸收或释放电能，防止电压过度下降。若发电机出现故障无法发电，蓄电池会作为应急电源，为车辆关键系统供电。当起动系统出现故障时，应先检查蓄电池及其相关部件。

2）点火开关

点火开关为起动系统提供点火能量，有的汽车点火钥匙与遥控器是集成在一起的。只有使用合法且注册成功的点火钥匙及遥控器，才能正常起动车辆。点火开关位于转向柱上，对于安装一键起动的车辆，其起动按钮位于仪表板上或转向柱上，是起动机工作的控制开关。

3）起动继电器

起动机由一个起动继电器控制，该起动继电器是四线继电器，电源是由蓄电池提供的。起动继电器内部的线圈由发动机控制模块（ECM）控制。起动机通过起动继电器获得较大的起动电流。

4）起动机

起动机是起动系统中的核心部件。它的作用是将来自蓄电池的电能转变成机械能，然后传递给发动机飞轮，使发动机开始运转。

起动机的组成包括前端盖、电刷、磁场绕组等，一般由串励直流电动机、传动机构（又称啮合机构）和控制装置三大部分组成，如图 3-4 所示。

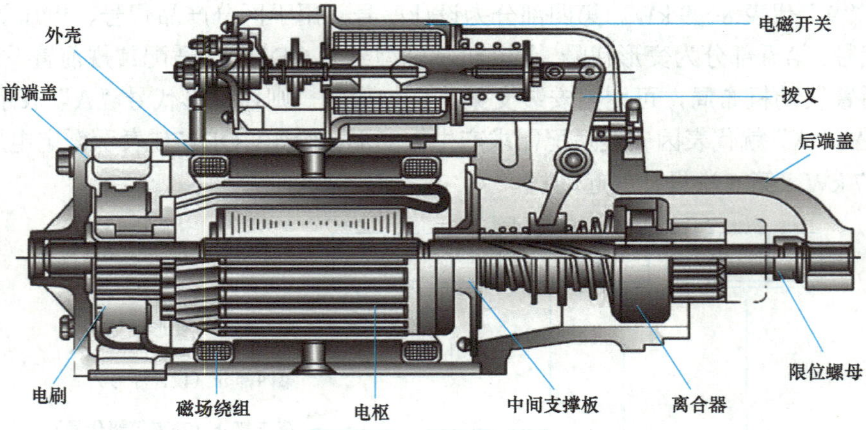

图 3-4　起动机的组成

（1）串励直流电动机。

① 串励直流电动机的结构。

电动机的作用是将蓄电池输入的电能转换为机械能，产生电磁转矩。串励直流电动机主要由电枢、磁极、外壳、电刷等组成，如图 3-5 所示。

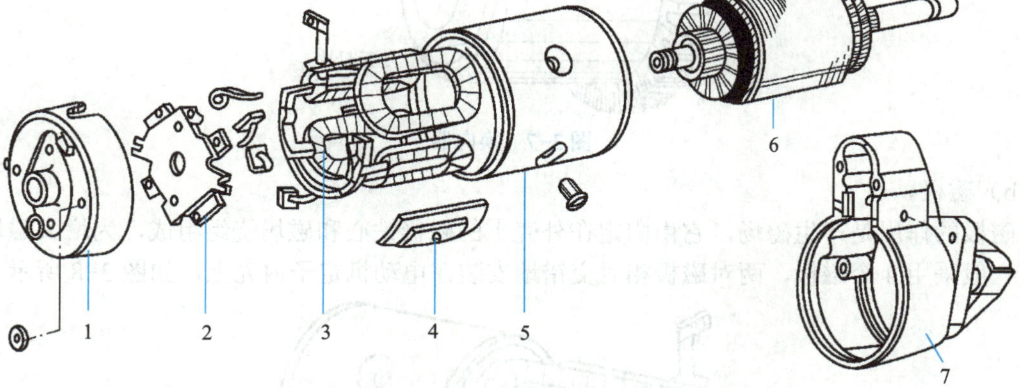

1—前端盖；2—电刷和电刷架；3—磁场绕组；4—磁极铁心；5—外壳；6—电枢；7—后端盖。

图 3-5　串励直流电动机的组成

a）电枢。

电枢用来产生起动转矩，是直流电动机的旋转部分，主要由电枢轴、电枢铁心、电枢绕组、换向器等组成，如图 3-6 所示。电枢铁心用多片互相绝缘的硅钢片叠成，通过内圆花键固定在电枢轴上，外圆槽内绕有电枢绕组，电枢绕组使用很粗的扁铜线制成，采用波绕法绕制，各绕组的端子与换向器焊接。

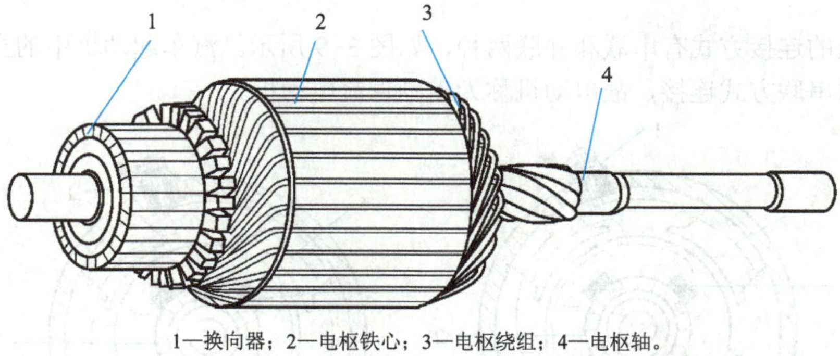

1—换向器；2—电枢铁心；3—电枢绕组；4—电枢轴。

图 3-6　电枢总成

换向器由铜片和云母片叠压而成，压装于电枢轴的一端，如图 3-7 所示。云母片使铜片间、铜片与轴之间均绝缘。根据材质的不同，换向器中的云母片有低于铜片和与铜片平齐两种。云母片低于铜片主要是为了避免铜片磨损后云母片外凸而造成电刷与换向器接触不良，云母片与铜片平齐则主要是防止电刷粉末落入铜片之间的槽中而造成短路。国产起动机的换向器云母片一般不低于铜片，但许多进口汽车起动机的换向器云母片低于铜片。电枢轴除了安装电枢铁心和换向器外，还制有螺旋槽或花键槽，以便安装传动装置，电枢轴两端通过轴承支承在起动机前后端盖上。

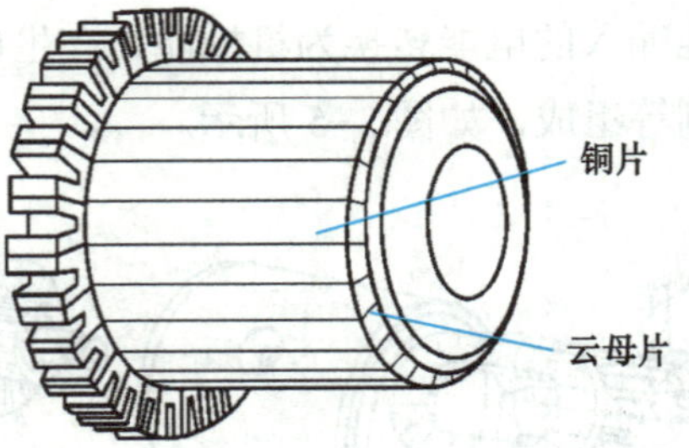

图 3-7　换向器

b）磁极。

磁极的作用是产生磁场，它由固定在外壳上的磁极铁心和磁场绕组组成，为增大磁场强度，一般采用 4 个磁极，两对磁极相对交错地安装在电动机定子内壳上，如图 3-8 所示。

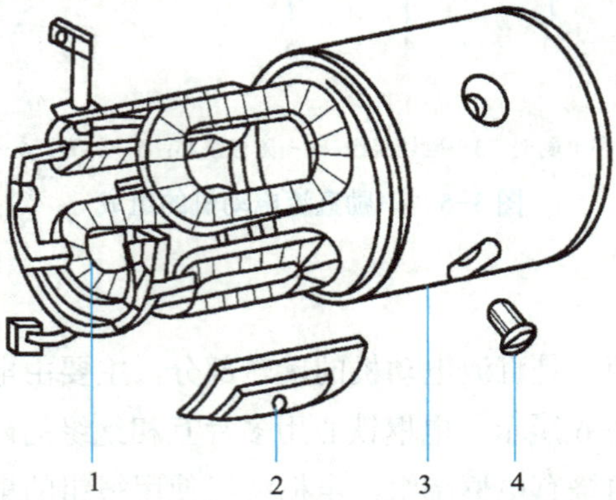

1—磁场绕组；2—磁极铁心；3—外壳；4—固定螺钉。

图 3-8　磁极

磁场绕组的连接方式有串联和并联两种，如图 3-9 所示。汽车起动机中的直流电动机的磁场绕组采用串联方式连接，故电动机称为串励直流电动机。

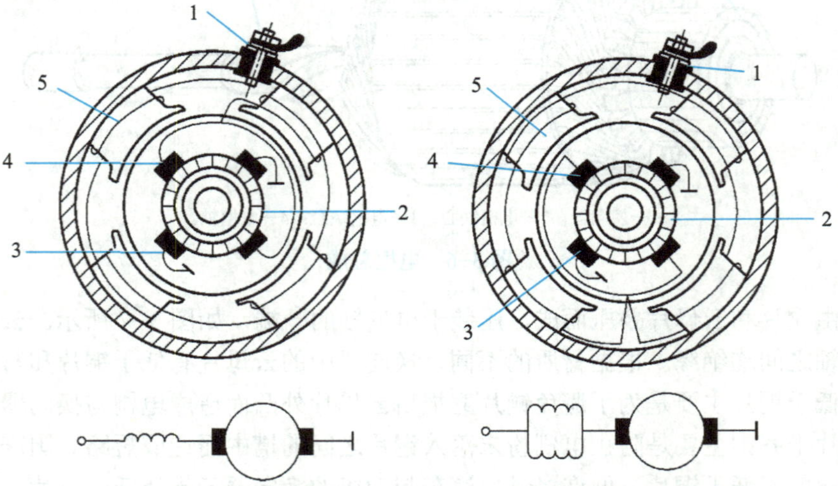

（a）磁场绕组串联连接　（b）磁场绕组并联连接

1—绝缘接线柱；2—换向器；3—搭铁电刷；4—绝缘电刷；5—磁场绕组。

图 3-9　励磁绕组连接方式

无论磁场绕组的各个线圈怎样连接，磁场绕组一般总是一端与起动机绝缘接线柱连接，另一端与绝缘电刷连接，并且保证通电后各磁极所产生的磁场是相互交错的，即同名磁极相对。起动机磁极分布及磁力线方向如图 3-10 所示。

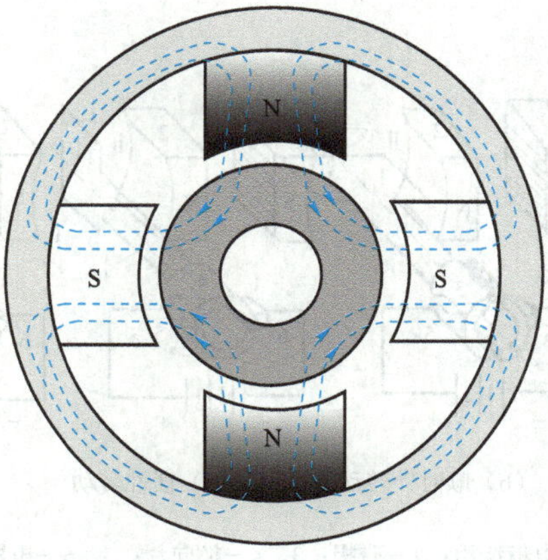

图 3-10　起动机磁极分布及磁力线方向

c）电刷及电刷架。

电刷和电刷架（见图 3-11）的作用是将电流引入电动机，使电枢产生定向转矩。电刷置于电刷架中，通过电刷弹簧压紧在换向器上。电刷架安装在起动机后端盖上，一般为框式结构。电刷端盖一般用浇铸或冲压法制成，盖内装有 4 个电刷架及 4 个电刷，其中两个电刷利用与端盖相通的电刷架搭铁。另外两个电刷的电刷架则与端盖绝缘，绝缘电刷引线与磁场绕组的一个端头相连接。电刷架上有盘形弹簧，用以压紧电刷。起动机电刷通常用铜粉和石墨粉压制而成，以减小电阻值并提高耐磨性。

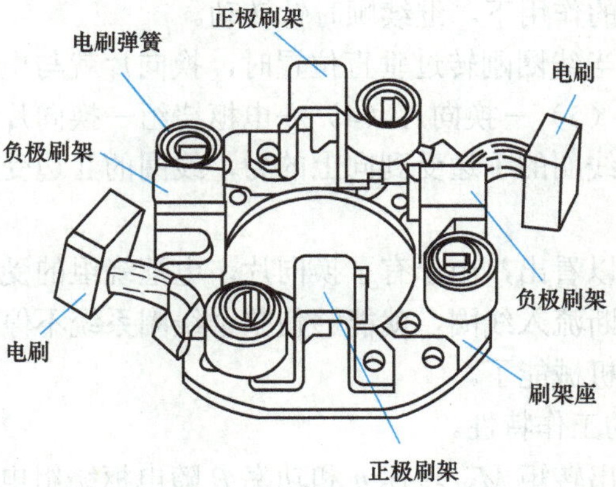

图 3-11　电刷和电刷架

d）端盖。

端盖有前、后之分，前端盖一般用钢板压制而成，其上装有 4 个电刷架，而后端盖由灰铸铁浇铸而成。它们分别装在机壳的两端，靠两根长螺栓与起动机机壳紧固在一起。两端盖内均装有青铜石墨轴承套或铁基含油轴承套，以支撑电枢轴。

② 串励直流电动机的工作原理。

串励直流电动机是一个将电能转化为机械能的装置，其工作原理为：转子上的通电线圈在磁场中受到磁场力的作用，在磁场力的作用下，使转子产生旋转力矩。图 3-12 展示了一个简单的串励直流电动机的工作原理，它由磁极（2）、电枢绕组（1）、换向片（3、4）和电刷（5、6）组成。

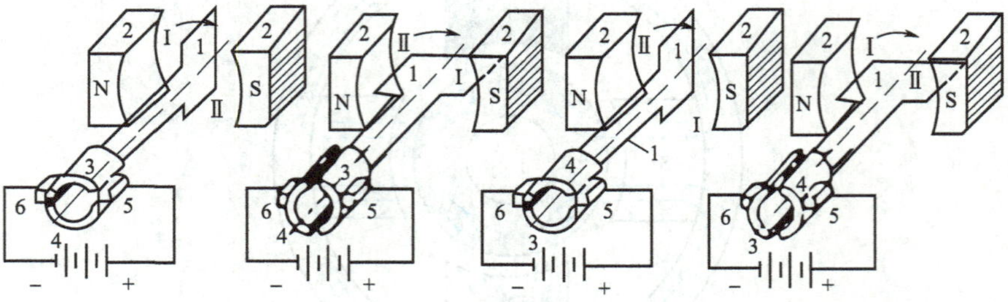

（a）静止状态　（b）顺时针转动　（c）惯性转动　（d）顺时针转动

1—电枢绕组；2—磁极；3、4—换向片；5、6—电刷。

图 3-12　串励直流电动机工作原理图

在图 3-12（a）中，电枢绕组在垂直位置，电刷与换向片不接触。电流不能从电刷通过换向片进入线圈，线圈中没有电流，也就不受磁场力的作用，因此线圈不会转动。

在图 3-12（b）中，只要将线圈沿顺时针稍微转动，电刷与换向片即接触，线圈通电，通电线路为蓄电池正极—电刷（5）—换向片（3）—电枢绕组—换向片（4）—电刷（6）—蓄电池负极。根据左手定则，线圈的Ⅰ边受到向下的力，将向下运动，线圈的Ⅱ边受到向上的力，将向上运动，从而使整个线圈顺时针转动。

在图 3-12（c）中，当线圈转到此位置，换向片与电刷又脱离接触，线圈不通电，不受力的作用，但线圈在惯性的作用下，继续顺时针转动。

在图 3-12（d）中，当线圈刚转过垂直位置时，换向片就与电刷接触，线圈通电，通电线路为蓄电池正极—电刷（5）—换向片（4）—电枢绕组—换向片（3）—电刷（6）—蓄电池负极。根据左手定则，线圈的Ⅰ边受到向上的力，线圈的Ⅱ边受到向下的力，线圈仍然保持顺时针转动。

从上面的过程分析可以看出，由于有了换向片，电枢绕组的受力方向始终为同一个转动方向。如果能保持电流不断流入线圈，就能够使整个线圈系统不停歇地稳定旋转。如果再加上负载，就将电能转化为机械能了。

③ 串励直流电动机的工作特性。

串励直流电动机的输出转矩 M、转速 n 和功率 P 随电枢绕组电流变化的规律，称为串励直流电动机的工作特性。

a）转矩特性。

转矩特性是指起动机起动过程中输出转矩与电枢电流之间的关系：

$$M = C_m I_a \Phi = C I_a^2$$

式中：M 为输出转矩，C_m 为转矩常数，I_a 是电枢绕组电流，Φ 是每极磁通，$C = C_m I_a$。

磁通未饱和时，M 与 I_a^2 成正比，曲线为抛物线。磁通饱和后，M 与 I_a^2 也成正比，但曲线为直线。电枢电流为

$$I_a = \frac{U - E}{R_f + R_a} = \frac{U - C_m \Phi n}{R_f + R_a} \tag{2-1}$$

式中：U 为电动机外加电压，E 为反电动势，R_a 为电枢电阻，R_f 为励磁电阻，n 为转速。

实际工作中，通过检测起动机在全制动条件下，其输出转矩与输入电流是否符合规定要求，来考察起动机转矩特性，如图 3-13 所示。在起动发动机的瞬间，由于发动机的阻力矩很大，发动机处于完全制动状态下，转速为零，反电动势也为零。此时电枢电流将达到最大值，电动机产生最大转矩，从而使起动机易于起动发动机。这也是汽车上多采用串励直流电动机的主要原因。

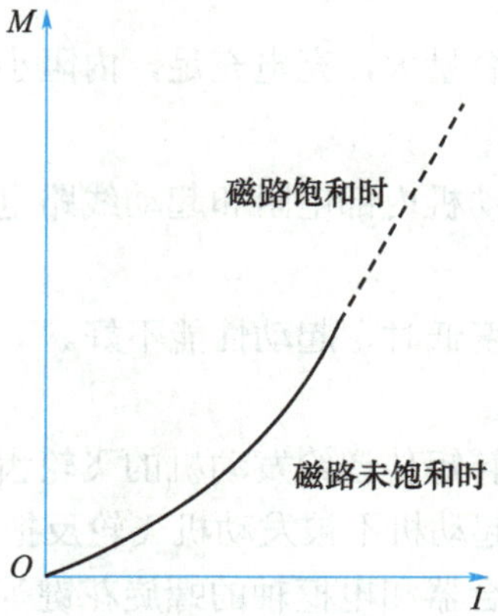

图 3-13　转矩特性检测

b）转速特性。

重载时，输出转矩大，转速低，可保证起动安全可靠。轻载时，输出转矩小，转速高，应防止飞车。由式（2-1）可得

$$n = \frac{U - I_a (R_f + R_a)}{C_m \Phi} \tag{2-2}$$

c）功率特性。

起动机的输出功率 P 由输出转矩 M 和转速 n 确定。从特性曲线可以看出，在完全制动状态（n=0）和空载（M=0）时，起动机的功率等于零；当电枢电流接近制动电流的一半时，电动机输出功率最大。由于起动机起动时间很短，起动机可以最大功率运转，因此将其最大功率作为额定功率。

$$P = \frac{Mn}{9\,550} \tag{2-3}$$

d）电动机工作特性的影响因素。

电动机工作特性曲线如图 3-14 所示。

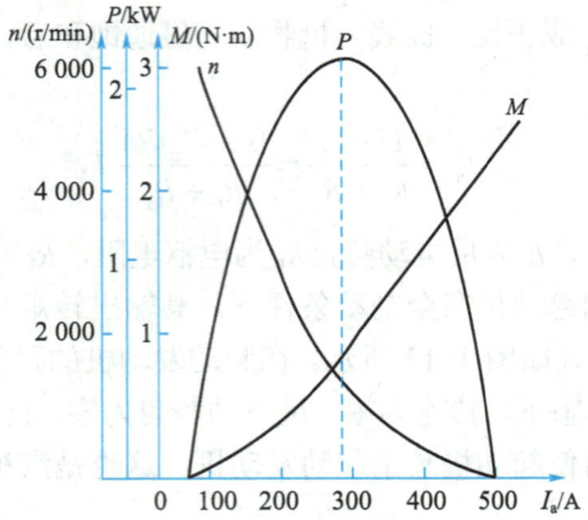

图 3–14　电动机工作特性曲线

蓄电池的容量和充电情况：容量大，充电充足，内阻小，供给电动机电流大，电动机的功率、转速、电枢力矩都大。

电动机电路的电阻影响：电动机内部电阻和起动线路电阻越大，电动机的输出功率、转速、电枢力矩均会降低。

环境温度的影响：当环境温度低时，起动性能不好。

（2）传动机构。

在起动发电机时将电动机的转矩传递给发动机的飞轮齿圈，使发动机迅速起动。发动机起动完成后又能自动打滑，防止起动机不被发动机飞轮反拖，保护起动机不致“飞散”损坏。起动机的传动机构主要由单向离合器和电枢轴的螺旋花键等组成，对于减速起动机，传动机构还包括减速装置。

① 滚柱式单向离合器。

滚柱式单向离合器利用滚柱在两个零件之间的楔形槽内的楔紧和放松作用，通过滚柱实现转矩传递和打滑，如图 3–15 所示。

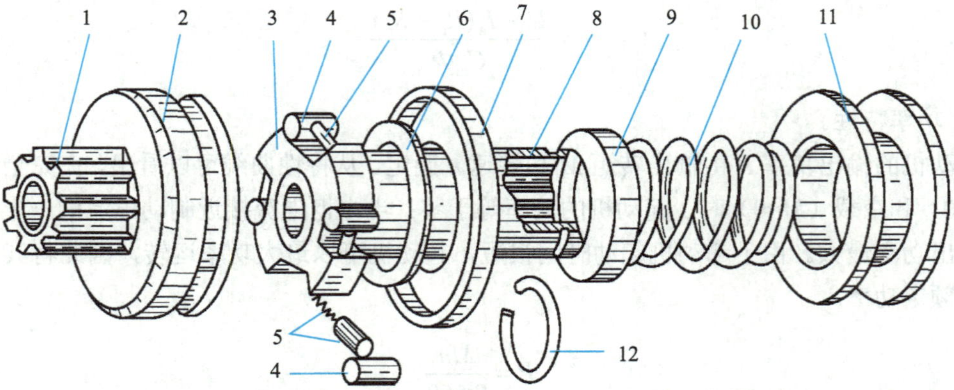

1—起动机驱动齿轮；2—外壳；3—十字块套筒；4—滚柱；5—压帽与弹簧；6—垫圈；
7—护盖；8—花键套筒；9—弹簧座；10—缓冲弹簧；11—移动衬套；12—卡簧。

图 3–15　滚柱式单向离合器

起动时，当起动机电枢轴带动十字块套筒转动时，滚柱向楔形槽的窄槽部分移动，滚柱将十字块套筒与驱动齿轮及套筒挤紧，此时电动机电枢轴通过十字块套筒带动驱动齿轮转动，驱动齿轮带动飞轮转动，使发动机起动。起动后，飞轮带动起动机驱动齿轮转动，此时滚柱向楔形槽的宽槽部分移动，驱动齿轮不能带动起动机的电枢轴转动。

发动机起动后，曲轴转速升高，飞轮变成主动件，带动驱动齿轮和外壳旋转，使外壳转速高于十字块套筒转速，滚柱在摩擦力作用下滚入楔形槽的宽端而失去传递转矩的作用，即打滑，如图 3-16 所示，这样发动机的转矩就不能从驱动齿轮传给电枢，从而防止了电枢超速“飞散”的危险。滚柱式单向离合器结构简单，体积小，工作可靠，不需调整，但在传递大转矩时滚柱易变形而卡死失效，使传递的转矩受到限制。

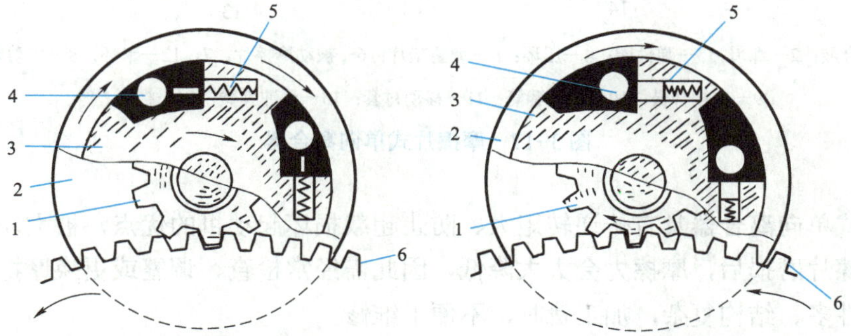

（a）发动机起动时　　（b）发动机起动后

1—驱动齿轮；2—外壳；3—十字块套筒；4—滚柱；5—弹簧；6—飞轮齿圈。

图 3-16　滚柱式单向离合器工作原理

② 摩擦片式单向离合器。

摩擦片式单向离合器利用分别与两个零件关联的主动摩擦片及被动摩擦片之间的接触和分离，通过摩擦片实现转矩传递和打滑。摩擦片式单向离合器多用于柴油发动机使用的功率较大的起动机上。

摩擦片式单向离合器如图 3-17 所示，外接合鼓固定在起动机电枢轴上，两个弹性圈和压环依次沿起动机轴装进外接合鼓中，铜制的主动摩擦片以其外凸齿装入外接合鼓的轴向切槽中，钢制的从动摩擦片以其内凸齿插入内接合鼓的轴向切槽中。内接合鼓具有螺旋线孔，并拧在起动机驱动齿轮柄的三线外螺纹上，齿轮柄则自由地套在起动机轴上，内垫有减振弹簧，并用螺母锁紧以免轴向脱出。内接合鼓上有两个小弹簧，轻压摩擦片，以保证它们彼此接触。

该离合器的工作原理是：当起动机带动曲轴旋转时，内接合鼓沿螺旋线向右移动，将主、从动摩擦片压紧，利用摩擦力将电枢的转矩传给飞轮；发动机起动后，起动机驱动齿轮被飞轮带着转动，当飞轮转速超过电枢转速时，内接合鼓则沿螺旋线向左退出，主、从动摩擦片松开而打滑，这时仅驱动齿轮随飞轮高速旋转，但不驱动起动机电枢，从而避免了电枢超速“飞散”的危险。

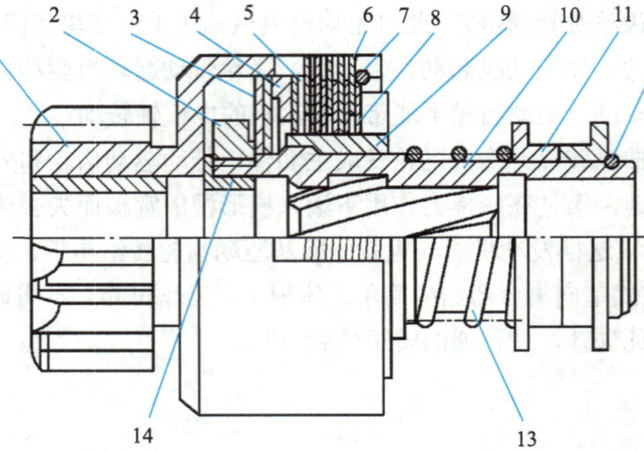

1—外接合鼓；2—螺母；3—弹性圈；4—压环；5—调整垫片；6—被动摩擦片；7、12—卡环；8—主动摩擦片；

9—内接合鼓；10—花键套筒；11—移动衬套；13—缓冲弹簧；14—挡圈。

图 3-17　摩擦片式单向离合器

摩擦片式单向离合器具有传递转矩大、防止超载损坏起动机的优点，被大功率起动机所采用。但摩擦片磨损后，摩擦力会大大降低，因此需经常检查、调整或更换摩擦片，此外该离合器零部件多、结构复杂，加工费时，不便于维修。

③ 弹簧式单向离合器。

弹簧式单向离合器（见图 3-18）利用与两个零件关联的扭力弹簧的粗细变化，通过扭力弹簧实现转矩传递和打滑。

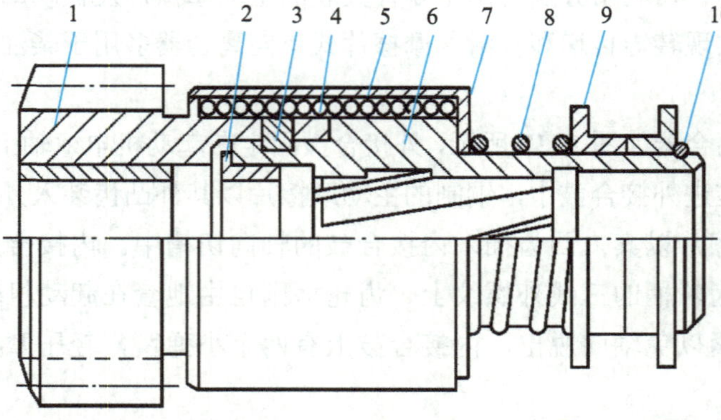

1—驱动齿轮；2—挡圈；3—半圆键；4—扭力弹簧；5—护套；6—花键套筒；

7—垫圈；8—缓冲弹簧；9—移动衬套；10—卡簧。

图 3-18　弹簧式单向离合器

起动机工作时，电枢轴带动花键套筒旋转，当花键套筒的转速高于驱动齿轮的转速时，齿轮柄和花键套筒作用于扭力弹簧的总摩擦力与扭力弹簧的旋向相同，使扭力弹簧变细，扭力弹簧各圈全部箍紧在齿轮柄和花键套筒上，将齿轮柄和花键套筒抱紧。电枢的电磁转矩经花键套筒依靠摩擦力传递给扭力弹簧，再利用扭力弹簧和驱动齿轮柄之间的摩擦力传递给驱动齿轮，通过飞轮使发动机起动。

发动机起动后，飞轮齿圈带动驱动齿轮加速旋转，当驱动齿轮的转速高于花键套筒转速时，齿轮柄和花键套筒作用于扭力弹簧的总摩擦力与扭力弹簧的旋向相反，使扭力弹簧变粗，扭力弹簧各圈对齿轮柄和花键套筒的箍紧作用消失，即扭力弹簧松开而打滑，使驱动齿轮无法通过扭力弹簧将转矩反向传递给花键套筒，从而防止电枢“飞散”，保护起动机。

（3）控制装置。

控制装置（或称为操纵机构）主要由起动机电磁开关（见图 3-19）、拨叉、拨环等组成，其作用有：① 控制起动机主电路的通断；② 在主电路接通之前使驱动齿轮与飞轮齿圈啮合。

起动机电磁开关控制方式有两种：一种是由点火开关直接控制；另一种是由点火开关通过起动继电器控制。

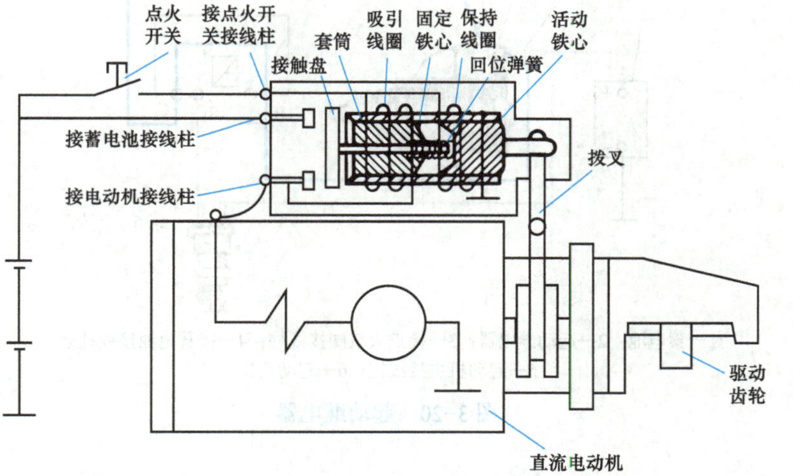

图 3-19 电磁开关连线图

① 点火开关直接控制。

电磁开关用来控制起动机主电路导通或截止，并操纵传动机构，主要包括吸引线圈、保持线圈、起动开关、活动铁心、拨叉及接触盘等。

起动时接通起动开关，起动机的吸引线圈与保持线圈通电，两个线圈产生两个同向的磁力吸引活动铁心向左移动，并带动拨叉绕着拨叉中部的销旋转，从而顺着电枢轴向右移动，推动驱动小齿轮与飞轮齿圈啮合。同时，吸引线圈中的电流流过电动机的磁场绕组、电枢绕组后搭铁，电枢开始旋转，小齿轮在旋转中继续向右滑出，减少其与飞轮齿圈的冲撞。而且，此时的电流较小，电枢轴的移动速度缓慢，能够使两个齿轮的接触更加柔和。

在吸引线圈和保持线圈磁力的作用下，铁心向左移动到使接线柱（接电动机接线柱、接蓄电池接线柱）接通，起动机开始起动发动机。此时由于吸引线圈被短路，不再发挥作用，而保持线圈仍然通电使铁心保持在最左端（即接电动机接线柱、接蓄电池接线柱）相通，使蓄电池电流能够持续地直接传递给磁场绕组而不必经过吸引线圈，因此，起动机内电流增大，磁场增强，从而使起动机对外输出功率增大。

当起动机起动以后，松开起动开关，保持线圈断电，没有电磁吸力的作用，铁心在复位弹簧的作用下向右移动到原位，蓄电池与起动机断开连接，起动机停止工作。与此同时拨叉在铁心的带动下向左移动，脱离与飞轮的啮合。

② 起动继电器控制。

当起动机工作时，电流很大，电磁开关的电流也达到了 20 A 以上，如果通过点火开关起动档来控制的话，很容易将点火开关损坏，于是加装了继电器，如图 3-20 所示。接通点火开关，起动继电器通电，将常开触点吸合，蓄电池的电流通过常开触点进入电磁开关，从而避免了起动机电流直接通过点火开关，保护了点火开关。

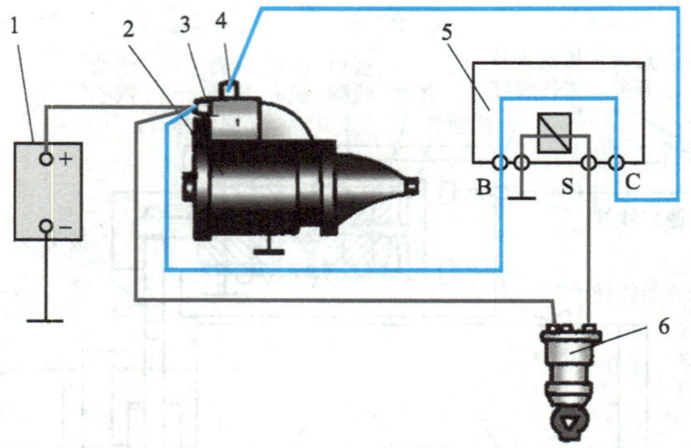

1—蓄电池；2—起动继电器；3—接点火线圈接线柱；4—接蓄电池接线柱；
5—起动机主接线柱；6—起动机。

图 3-20　起动继电器

此外，有些起动机还装配了有起动保护功能的保护继电器，保证发动机起动后，起动机立刻停止工作或者发动机工作时，即使点火开关误打到起动档，也不能接通起动机，以免将驱动齿轮和飞轮齿圈撞击。

有些起动机还将起动机保护继电器和起动继电器合在一起，组成复合式继电器使用。如图 3-21 所示，当点火开关转到起动档时，电流流通路径为：蓄电池正极—电流表—点火开关 SW—接线柱 W—线圈 L_1—K_2 磁轭—搭铁—蓄电池负极；另外一条流通路径为：蓄电池正极—电流表—点火开关 SW—充电指示灯—接线柱 L—K_2 磁轭—搭铁—蓄电池负极。线圈 L_1 通电产生电磁吸力，K_1 闭合，起动机开始通电正常工作，同时充电指示灯被点亮。

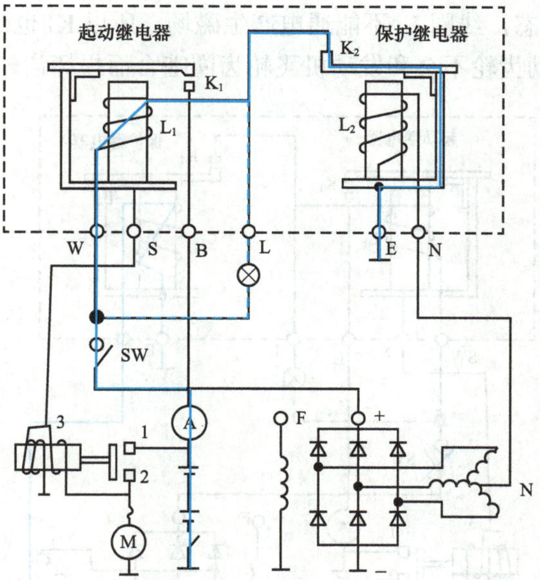

1—接蓄电池接线柱；2—接电动机接线柱；3—电磁开关。

图 3-21　复合式继电器连接线路图（一）

发动机起动以后，如图 3-22 所示，如果驾驶员没有及时松开点火开关，随着发动机转速的升高，发电机转速随之升高，当电压达到 5 V 时，线圈 L_2 的电磁吸力将 K_2 吸开，切断充电指示灯的电路，充电指示灯熄灭，同时又将 L_1 的电路切断，K_1 打开，起动机电磁开关断电，起动机停止工作。

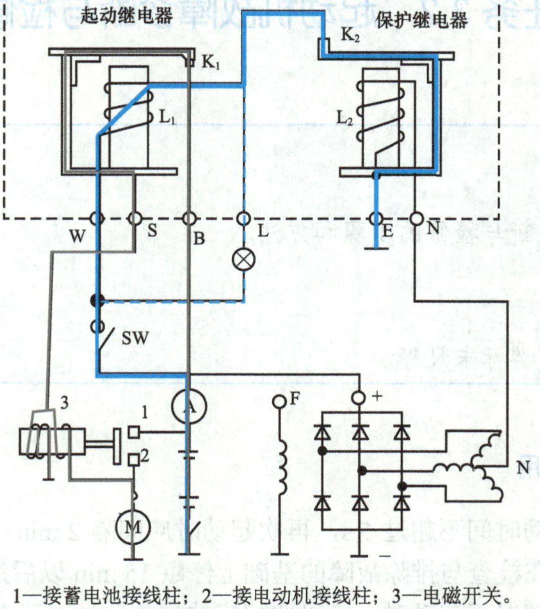

1—接蓄电池接线柱；2—接电动机接线柱；3—电磁开关。

图 3-22　复合式继电器连接线路图（二）

如图 3-23 所示，在发动机工作过程中，即使点火开关误转到起动档，由于发电机的中性点电压使 K_2 保持断开状态，线圈 L_1 不能通电产生磁场，所以 K_1 也断开，起动机无法工作，从而保证了起动机的驱动齿轮不会和发动机飞轮齿圈啮合而损坏齿轮。

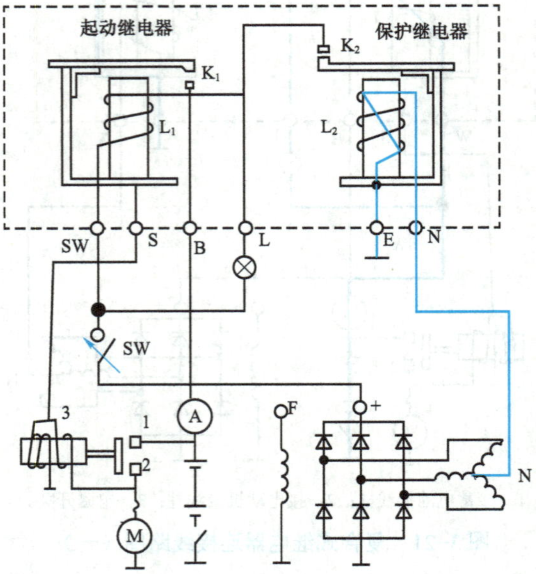

1—接蓄电池接线柱；2—接电动机接线柱；3—电磁开关。

图 3-23　复合式继电器连接线路图（三）

任务 3.2　起动机故障诊断与检修

目标

掌握起动机故障诊断与检修的步骤和方法。

仪器与工具

百分表、万用表、游标卡尺等。

1. 起动机的正确使用

（1）起动机每次起动时间不超过 5 s，再次起动时应间隔 2 min，使蓄电池得以恢复。如果连续第三次起动，应在检查与排除故障的基础上停歇 15 min 以后进行。

（2）在冬季或低温情况下起动时，应采取相应的措施，如对蓄电池进行保温处理，确保蓄电池有充足的起动容量，对手摇发动机要进行预润滑处理等。

（3）发动机起动后，必须立即切断起动机控制电路，使起动机停止工作。

2. 起动机故障诊断

起动机不能起动的故障有很多，涉及起动系统、点火系统、燃油供给系统等多个方面。

1）起动机不转

起动机不转，是指当点火开关打到起动档时，起动机不能运转，原因如下。

（1）蓄电池严重亏电，能量不足导致起动机不转。

（2）导线连接处接触不良、接头松动或者接线柱氧化污损。

（3）起动机电磁开关触点烧蚀或调整不当，不能闭合。

（4）磁场绕组或电枢绕组断路、短路或者搭铁。

（5）起动继电器的触点不能闭合，或触点烧蚀，保护继电器触点烧蚀或者不能闭合。

（6）电刷、换向器、弹簧、搭铁等出现问题。

2）起动机运转无力

接通起动开关，如果起动机能运转，说明控制电路的工作正常，而运转无力，则可能是输出功率下降，原因如下。

（1）蓄电池亏电、内阻增大、短路故障使其供电能力下降。

（2）电动机主电路接触电阻增大使起动机主电路电流过小（如电刷接触不良等）。

（3）磁场绕组或电枢绕组局部短路或者搭铁，使输出功率下降。

（4）温度过低或者装配过紧，导致机械阻力增大。

3）起动机空转

起动机空转的原因是单向离合器打滑。

4）驱动齿轮周期性地发出“嗒嗒”声

驱动齿轮周期性地发出“嗒嗒”声，原因如下。

（1）保持线圈断路、短路或者搭铁。

若遇驱动齿轮周期性地发出“嗒嗒”声，诊断方法是：检测蓄电池电压，如果正常，再接通起动机，检测起动机电压，蓄电池端电压不得小于96 V，起动机的工作电压不得小于9 V。

（2）蓄电池亏电。

5）驱动齿轮与飞轮齿圈因不能啮合而发出撞击声

起动发动机时，起动机驱动齿轮与发动机飞轮齿圈发出打齿的声音，原因如下。

（1）驱动齿轮或飞轮齿圈磨损过度或者损坏。

（2）开关闭合过早，起动机驱动齿轮还没进入啮合就开始起动发动机了。

3. 起动机实验

起动机实验的目的在于检验其技术状况是否良好，进行实验时必须采用良好的全充电蓄电池。蓄电池规格应适用于被实验的起动机，容量要足够大。起动机与蓄电池的连接导线电阻要小，其线路的电压降低不允许超过 0.21～0.3 V。为了检查起动机的技术状况，通常只进行空载实验和全制动实验。

1）空载实验

通过测量空载转速和空载电流来判断起动机是否有故障。如图 3–24 所示，将起动机夹紧在实验台上，连接好线路，蓄电池正极经过起动按钮连在电磁开关吸引线圈的接线柱上，在蓄电池正极和起动机磁场绕组接线柱间串联一个 100 A 的电流表，并在蓄电池两端并联一个量程 15 V 的电压表。接通电源，起动机应匀速转动，无振动和机械摩擦声且电刷和换向片无火花。分别从电流表、电压表上读出此时的电流值和电压值，同时用转速表测出转速。和常见起动机的规格和性能相比，如果电流不大于标准值而转速不低于规定值，则说明空载性能良好；如果转速和电流都低于标准值，说明电路中有接触不良的地方；如果电流大而转速低，说明存在机械故障或绕组短路、搭铁等故障。要注意每次实验不能超过 1 min，以免起动机过热。

2）全制动实验

全制动实验即扭力实验，通过测量全制动时的电流和扭矩来判断起动机主电路是否有故障，单向离合器是否打滑。按图 3–25 所示，连接实验电路，与空载实验的电路连接基本相同，用制动器连杆的夹块夹紧驱动齿轮，另一端挂在弹簧秤上。接通电路，此时的起动机虽然通电，但是不能运转，呈制动状态。观察单向离合器是否打滑，并读出电流表、电压表和弹簧秤的读数。扭矩大小等于弹簧秤的读数和杠杆长度（l）的乘积。如果扭矩小于规定值而电流大于规定值，说明电枢绕组或者磁场绕组搭铁或者短路；如果扭矩和电流都小，说明电路中接触电阻过大；如果驱动齿轮已经完全制动，而电枢轴缓慢转动，说明离合器有打滑现象。每次进行全制动实验的时间不能超过 5 s，以免损坏蓄电池和起动机。

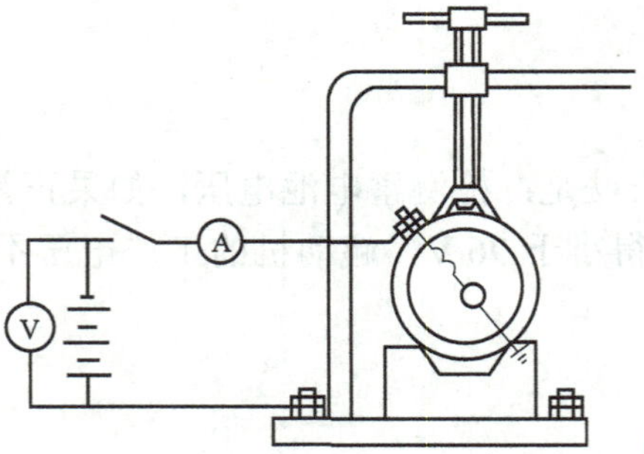

图 3–24　空载实验

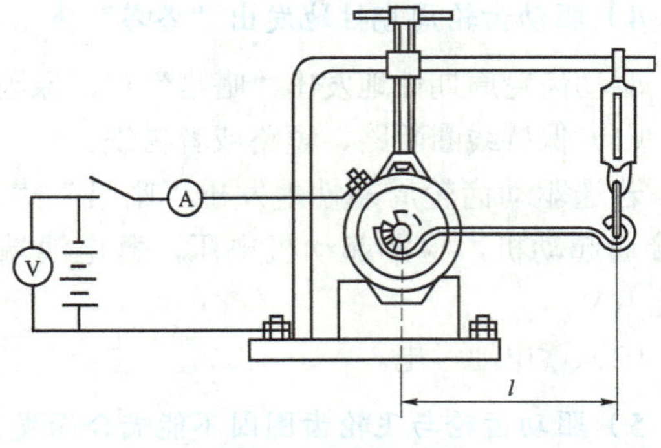

图 3–25　全制动实验

4. 起动机检修

从车上拆卸起动机前，如果有故障诊断系统，应首先读取和记录故障诊断系统的故障码，然后切断点火开关，拆下蓄电池搭铁电缆；拆下起动机后，应将从起动机上拆下的导线做好标记。由于各种起动机的具体结构不同，解体的先后顺序略有差异，各总成是否需要进一步分解，应视具体情况而定。

对所有的绝缘零部件，只能用干净布蘸少量汽油擦拭，其余机械零件应用汽油或柴油洗刷干净。起动机解体后，应对各部分进行仔细检查，必要时进行修理或更换。

1）换向器的检查

目测外观，换向器表面不应烧蚀、脏污。脏污或轻微烧蚀可用细砂纸打磨，严重时应车削。如图 3-26 所示，通过电枢轴两端轴颈将电枢架在两块 V 形铁上，使轴线水平，转动电枢轴，用百分表测量换向器径向圆跳动，应不超过 0.05 mm，否则，应在车床上修整。换向片间切槽深度应为 0.7～0.9 mm，若槽深小于规定值，可用锯条刮削。用游标卡尺检查换向器外径，应不小于出厂规定的极限值，否则，应更换换向器。

2）电枢轴的检查

如图 3-27 所示，用百分表检查电枢轴及电枢铁心外圆表面对电枢轴线的径向圆跳动，应不大于 0.15 mm，否则应予校正。

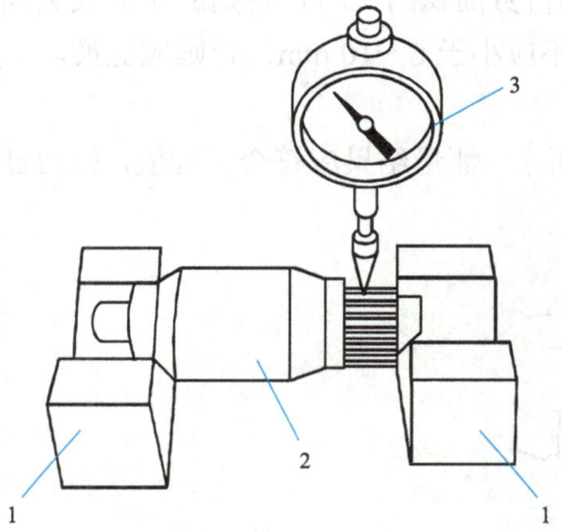

1—V 形铁；2—电枢；3—百分表。

图 3-26　换向器径向圆跳动的检查

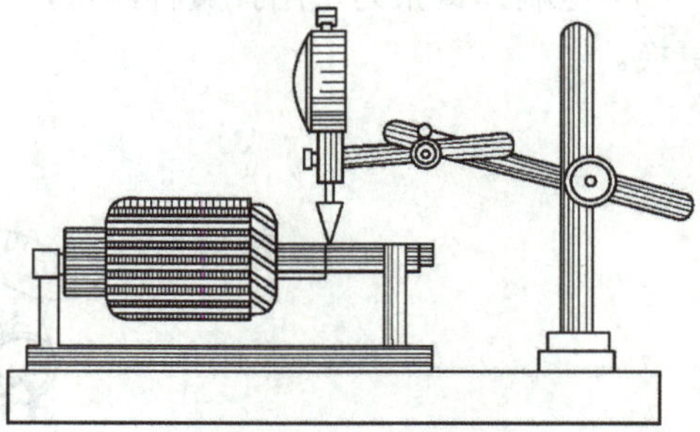

图 3-27　电枢轴径向圆跳动的检查

3）电枢绕组的检查

用万用表检查电枢绕组断路的故障，将万用表置于欧姆档，测量换向器换向片间的电阻。若电阻值为无限大，说明绕组断路，应修理或更换。

（1）电枢绕组短路的检查。

由于电枢绕组电阻值很小，无法用万用表测量电阻的方法进行短路检查，而只能采用目测或电枢感应仪进行检查。将电枢放在电枢感应仪上，接通电源，缓慢转动电枢，并始终将锯片平行放在电枢最上面的绕组槽上。若锯片振动，表明电枢绕组短路，应修理或更换。

（2）磁场绕组的断路和搭铁故障。

可以用万用表欧姆档检查磁场绕组的断路和搭铁情况，分别如图 3-28 和图 3-29 所示。若磁场绕组电阻无穷大，说明磁场绕组断路；若磁场绕组与壳体间的电阻不是无穷大，说明磁场绕组搭铁。

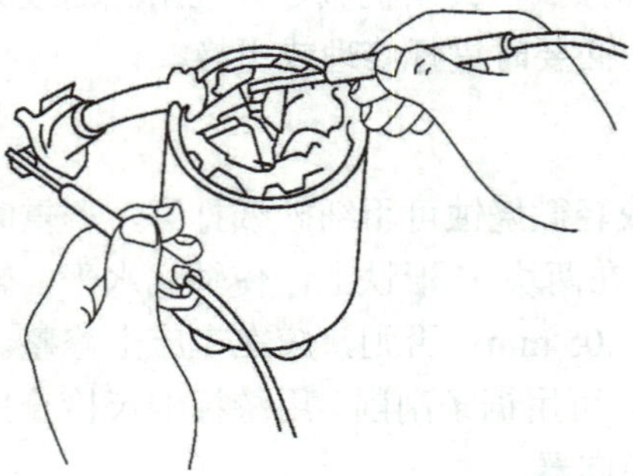

图 3-28　磁场绕组断路的检查

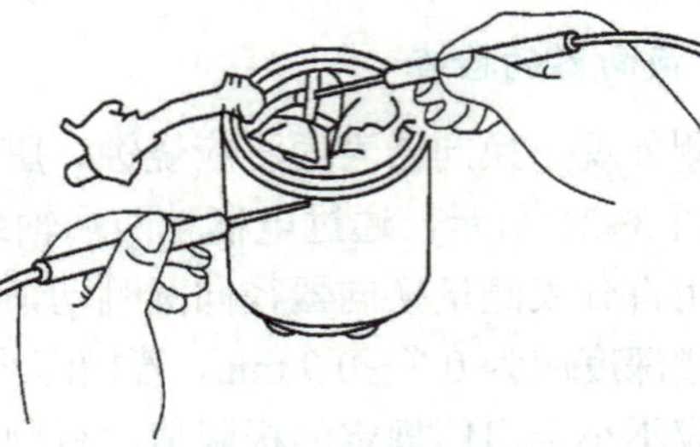

图 3-29　磁场绕组搭铁的检查

4）电刷、电刷弹簧及电刷架的检查

（1）电刷在刷架中应活动自如，不应有卡滞现象，否则应调整或更换。

（2）电刷与换向器的实际接触面积不应低于电刷自身面积的 75%，否则应研配或更换。

（3）电刷长度应不短于新电刷长度的 2/3，一般不应小于 6～10 mm，否则应更换。

（4）电刷架无歪斜、松旷现象，否则应更换。

（5）电刷弹簧张力可用弹簧秤测量，如图 3-30 所示。测量结果应符合标准值，张力过小应更换。

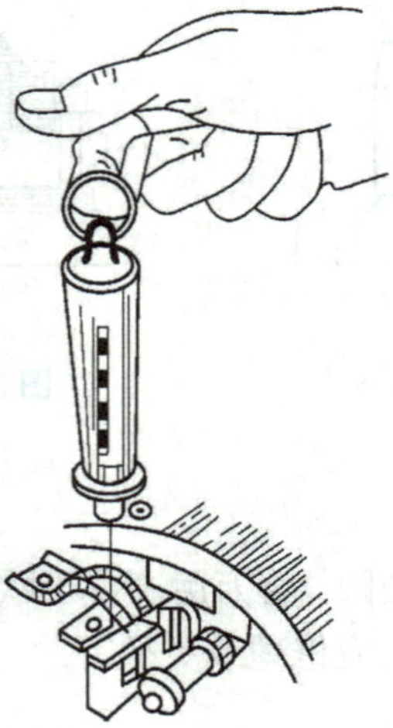

图 3-30　电刷弹簧张力的测量

5）单向离合器的检查

如图 3-31 所示，用游标卡尺或齿轮量具测量驱动齿轮的齿厚度和齿长，测量结果应符合规定值，如果不符合或有缺损、裂痕，应更换。具体检查方法是，一手握住单向离合器花键套筒，另一只手转动驱动齿轮，齿轮应在一个方向可以自由转动，另一个方向不能转动，如果两个方向都能转动，表明单向离合器损坏，应更换。

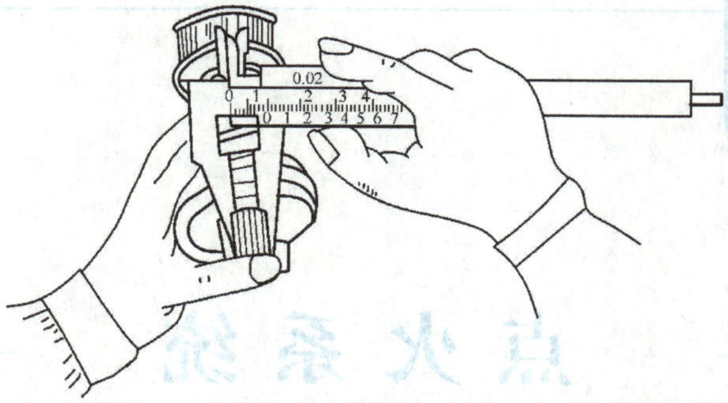

图 3-31 测量起动机驱动齿轮

6）电磁开关的检查

吸引线圈的检查如图 3-32 所示。从起动机电磁开关接起动机接线柱 2 上，拆下接电动机的导线，并将接线柱 2 和起动机外壳接蓄电池负极，电磁开关接起动开关接线柱 3，再接蓄电池正极。电路接通时，驱动齿轮被迅速推到工作位置，表明吸引线圈正常，否则为吸引线圈故障，应更换或重绕。

保持线圈的检查如图 3-33 所示。拆下接线柱 2 上的蓄电池负极接线，驱动齿轮保持推出后的位置，表明保持线圈正常，否则保持线圈有故障，应更换或重绕。

当吸引线圈和保持线圈发生短路故障或内部发生断路或搭铁故障时，一般应更换电磁开关。在图 3-33 所示的情况下，断开接线柱 3 时，电磁开关回位弹簧应能保证驱动齿轮及时迅速退回，否则应予更换。

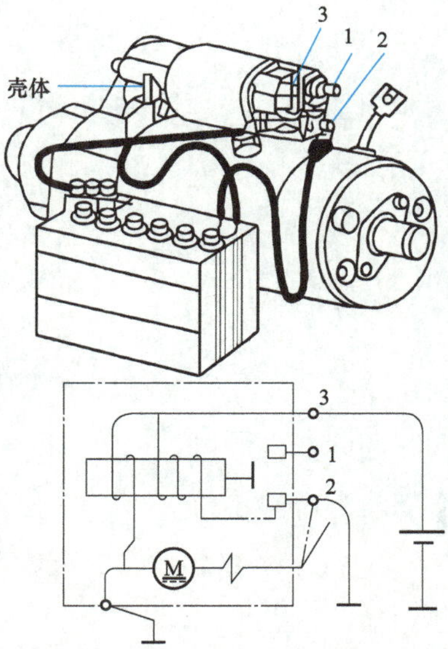

1—接蓄电池接线柱；2—接起动机接线柱；
3—接起动开关接线柱。

图 3-32 吸引线圈的检查

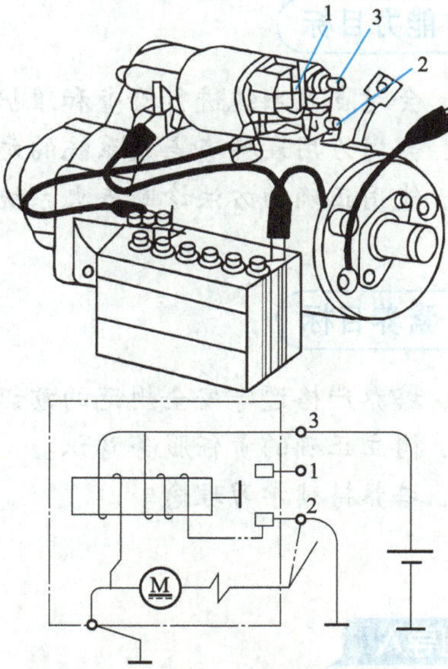

1—接蓄电池接线柱；2—接起动机接线柱；
3—接起动开关接线柱。

图 3-33 保持线圈的检查

项目 4

点火系统

知识目标

1. 了解点火系统的发展概况。
2. 掌握汽油机点火系统的作用、要求。
3. 理解点火系统的影响因素。
4. 掌握点火系统元件性能检测方法。

能力目标

1. 会对点火系统进行检查和维护。
2. 会用万用表检查点火系统的元件。
3. 能用正确的方法诊断点火系统常见故障。

素养目标

1. 培养严格遵守安全规范的意识。
2. 树立正确的责任服务意识。
3. 培养持续学习理念。

案例导入

一辆大众速腾汽车在使用过程中出现发动机抖动、怠速不稳定现象，同时发动机故障指示灯点亮。初步判断发动机一个气缸出现工作不良，可能是点火系统工作异常所致，需对点火系统进行检测和维修。

学习导航

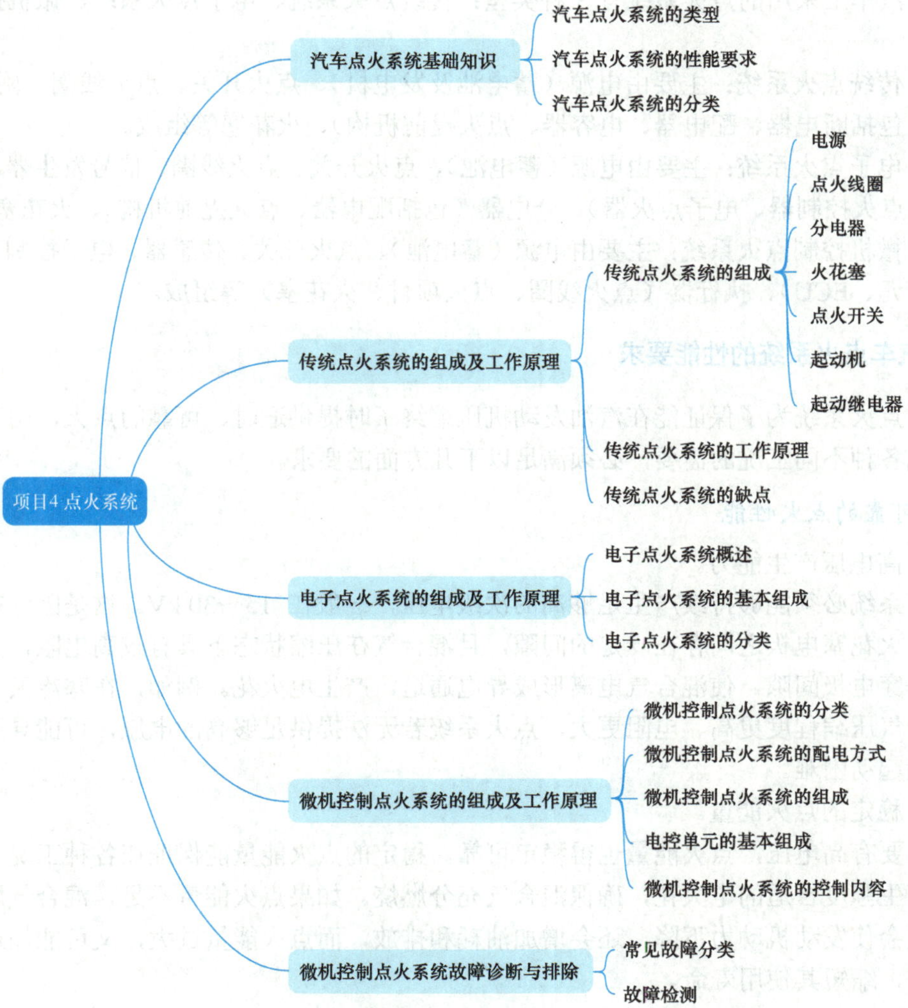

任务 4.1　汽车点火系统基础知识

汽车点火系统作为汽车发动机起动的关键系统，其发展历程与汽车工业的进步紧密相连。自汽车诞生以来，点火系统历经了多次重大变革，从最初的简单机械结构逐步演变为如今高度智能化、电子化的精密系统，每一次的技术突破都为汽车性能的提升注入了强大动力，满足了人们对汽车动力性、经济性、环保性等多方面日益增长的需求。

点火系统的功用是适时地为汽油发动机气缸内已压缩的可燃混合气提供足够能量的电火花，同时满足可燃混合气充分燃烧及发动机工作稳定的性能要求，使发动机能及时、迅速地做功，实现从热能到机械能的转变。

1. 汽车点火系统的类型

目前汽车上采用的点火系统有 3 种类型：传统点火系统、电子点火系统、微机控制点火系统。

（1）传统点火系统：主要由电源（蓄电池及发电机）、点火开关、点火线圈、附加电阻、分电器（包括断电器、配电器、电容器、点火提前机构）、火花塞等组成。

（2）电子点火系统：主要由电源（蓄电池）、点火开关、点火线圈、信号发生器、点火项目（或称点火控制器、电子点火器）、分电器（包括配电器、点火提前机构）、火花塞等组成。

（3）微机控制点火系统：主要由电源（蓄电池）、点火开关、传感器、电子控制单元（或称电控单元、ECU）、执行器（点火线圈、点火项目、火花塞）等组成。

2. 汽车点火系统的性能要求

汽车点火系统为了保证能在汽油发动机压缩终了时提供适时、可靠的点火，同时又能满足发动机各种不同工况的需要，必须满足以下几方面的要求。

1）可靠的点火性能

（1）高电压产生能力。

点火系统必须能够持续产生足够高的次级电压，一般在 15～30 kV。这是因为在发动机气缸内，火花塞电极之间存在一定的间隙，且混合气在压缩状态下具有较高电阻，只有高电压才能击穿电极间隙，使混合气电离形成导电通道，产生电火花。例如，在寒冷天气下，气缸内混合气压缩程度更高、电阻更大，点火系统若无法提供足够高的电压，可能导致点火失败，车辆起动困难。

（2）稳定的点火能量。

除了要有高电压，点火能量也得稳定可靠。稳定的点火能量能保证在各种工况下，火花塞都能产生强度合适的电火花，确保混合气充分燃烧。如果点火能量不足，混合气燃烧不充分，不仅会使发动机动力下降，还会增加油耗和排放，而点火能量过大，又可能加速火花塞电极磨损，缩短其使用寿命。

2）精准的点火时机控制

发动机在怠速、低速行驶、高速行驶、急加速、急刹车等不同工况下，对点火提前角有着截然不同的需求。点火系统需要实时感知发动机的运行状态，通过各种传感器收集转速、负荷、温度、进气量等信息，然后迅速且精准地调整点火提前角。如果点火过早，混合气燃烧完全在压缩行程中进行，气缸内燃气膨胀，压力迅速上升，给正在上行的活塞阻力越来越大，曲轴的机械损耗增大，油耗增加，发动机输出功率下降。若活塞尚未过上止点而缸内燃气压力就达到最大值，将可能引起气缸末端混合气爆燃，压力和温度急剧增加，其结果将导致缸体振动，发动机运转不平稳，甚至出现气门烧蚀、活塞环粘连、轴承损坏等严重后果。

如果点火过迟，在活塞到达上止点时才点火，则混合气边燃烧、活塞边下行，即燃烧过程完全在气缸容积增大的情况下进行，炽热气体与缸壁接触的面积增大，热传导损失增加，使燃气转换的有效热能减小，其结果使最大功率点降低，发动机输出功率下降，油耗增加。

发动机获得最佳的点火提前角是发动机开发研制工作者的追求。但由于最佳的点火提前角不仅与发动机的机型有关，而且同一机型在不同的工况和使用条件下，其最佳点火提前角也不相同。下面将讨论点火提前角的影响因素。

（1）转速。

最佳的点火提前角随发动机转速的升高而相应地加大。理论上，在同一时间内如转速增大，活塞移动距离则加大，曲轴的转角也就相应加大。如果混合气燃烧速率不变，最佳点火提前角与转速是线性关系。但实际上，由于转速上升时混合气的压力和温度的提高及燃烧室内气体的扰流能力加强，会使混合气的燃烧速度加快，因此，最佳的点火提前角虽然随发动机的转速升高而增大，但却不是线性关系。

（2）负荷。

负荷对最佳点火提前角的影响是以进气歧管的绝对压力对点火提前角的影响来体现的。歧管压力大，表明真空度小、节气门开度大，即负荷大；歧管压力小，表明真空度大、节气门开度小，即负荷小。负荷增大则最佳点火提前角减小；负荷减小则最佳点火提前角增大。与转速影响最佳点火提前角一样，负荷的变化与最佳点火提前角的变化也不是线性关系，微机控制点火系统采用 ESA 控制系统，基本上可以使因负荷变化而影响的点火提前角被控制在接近于理想的最佳点火提前角状态。

（3）辛烷值。

燃油标号以辛烷值来划分，辛烷值的大小标志着燃油的抗爆性能。辛烷值大的燃油，其抗爆性能好，不易产生爆燃。目前国内汽车采用的汽油标号有 92 号、95 号和 98 号。由于辛烷值大的汽油抗爆性能好，故可以增大点火提前角，提高发动机的功率。反之使用辛烷值小的汽油，则必须减小点火提前角，否则发动机将产生爆燃而不能正常工作。传统的汽车点火系统通常在分电器上装有辛烷值选择器；而微机控制点火系统为了适应不同辛烷值燃油的需要，有的发动机在 ECU 中存储了两张点火定时图，在实际使用中，可根据不同的燃油品种进行选择。

（4）压缩比和燃烧室形状。

若压缩比增大，则最佳点火提前角相应减小。因为若压缩比增大，压缩终了时的压力也增大且温度升高，导致燃烧的速度相对加快，故要求最佳点火提前角要有所减小。影响混合气燃烧速度的因素是多方面的，比如不同形状的燃烧室会导致压缩时混合气的扰流能力的改变，从而影响燃烧速度。同样，燃烧室的温度也会对燃烧速度产生影响，从而波及最佳点火提前角的大小。

3. 汽车点火系统的分类

1）按点火能量来源分类

（1）蓄电池点火系统。

蓄电池点火系统的点火能量由蓄电池或发电机供给，通过其他元件将蓄电池或发电机的低压电转变为高压电来实现点火。由于其结构简单、工作可靠、技术成熟且成本较低，在汽车上被广泛使用。

（2）磁电机点火系统。

磁电机点火系统的点火能量由磁电机供给，是早期的点火技术。其结构复杂，低速点火性能较差，主要用于摩托车等的小型发动机上。

2）按点火能量储存方式分类

（1）电感储能放电式点火系统。

电感储能放电式点火系统是指将点火系统点火的能量以磁场能的形式储存在点火线圈中来完成点火工作的点火系统。这种装置技术成熟，结构简单，除了对火花塞严重积炭较为敏感，基本上能够满足现代汽车技术上的要求，因此该系统目前被广泛使用。

（2）电容储能放电式点火系统。

电容储能放电式点火系统是指将点火系统点火的能量以电场能的形式储存在储能电容器中来完成点火工作的点火系统。该点火系统结构复杂，点火持续时间短，使用时会产生严重的电磁干扰。虽然它可以在较高的转速下能保证点火的正常，并且还能克服积炭对点火的干扰，但仍没有普及使用，目前只应用于赛车等转速较高的发动机上。

3）按点火信号种类分类

（1）触电式点火系统。

在触电式点火系统中，给点火系统提供工作信号的是一种俗称“白金”的机械触电装置，该装置的开闭由凸轮控制，在早期的汽车上，这种装置被广泛使用。触电式点火系统故障多、寿命短、允许通过的电流小，导致点火能量低和对火花塞污染敏感等，在 20 世纪 70 年代就逐渐被电子信号发生器所取代。

（2）磁感应式、霍尔效应式、光电式和电磁振荡式点火系统。

这几种点火系统是在电子技术发展之后为取代触电式点火系统而研制开发的产品。光电式和电磁振荡式点火系统到目前为止虽然还没有被淘汰，但因其没有独特的优点且有致命的缺点而未被广泛使用。光电式点火系统的缺点是脏污后灵敏度下降或影响使用，这一缺点在汽车上是致命的，故仅有少数公司对其进行了开发和生产。电磁振荡式点火系统的结构不十分复杂，但电路较为复杂，没有特殊的优点，故应用也不广泛。磁感应式点火系统和霍尔效应式点火系统是目前应用最多的电子点火装置。磁感应式点火系统结构简单、工作可靠，是开发较早的一种电子点火装置，在日本的车型里应用较多。而霍尔效应式点火系统信号准确、性能更理想，在欧洲车型里应用广泛，是电子点火系统的主流形式。

任务 4.2　传统点火系统的组成及工作原理

点火系统的作用是将汽车电源系统的 10～15 V 低压电转换成 20～30 kV 高压电，并按发动机工作顺序适时地将高压电引入气缸形成电火花点燃混合气，从而使发动机正常工作。

1. 传统点火系统的组成

传统点火系统主要由电源、点火开关、点火线圈、附加电阻、分电器（包括断电器、配电器、电容器、点火提前机构）、火花塞等组成，如图 4-1 所示。

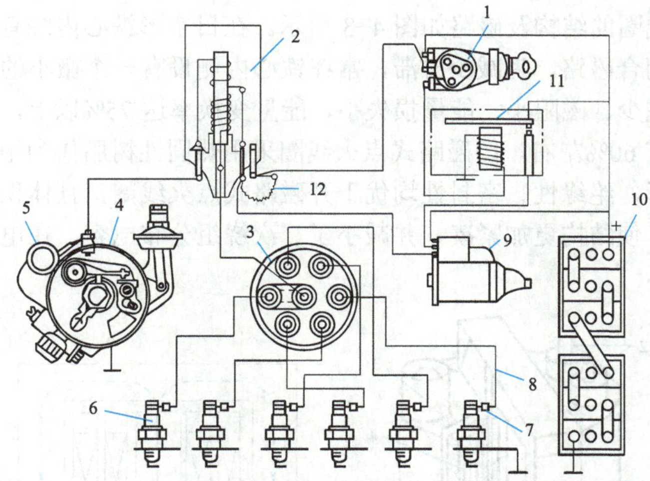

1—点火开关；2—点火线圈；3—配电器；4—断电器；5—电容器；6—火花塞；7—阻尼电阻；
8—高压线；9—起动机；10—蓄电池；11—起动继电器；12—附加电阻。

图 4-1 传统点火系统的组成

1）电源

传统点火系统的电源为蓄电池和发电机，标称电压为 12 V，其作用是供给点火系统所需的电能。

2）点火线圈

（1）点火线圈的结构。

点火线圈的作用是将低压电转变为高压电。点火线圈由一次绕组、二次绕组、铁心等组成，其构造和原理与自耦变压器相似。点火线圈按磁路的结构形式不同，可分为开磁路式和闭磁路式两种。传统点火系统中广泛使用的是开磁路式点火线圈。传统开磁路式点火线圈的结构如图 4-2 所示。

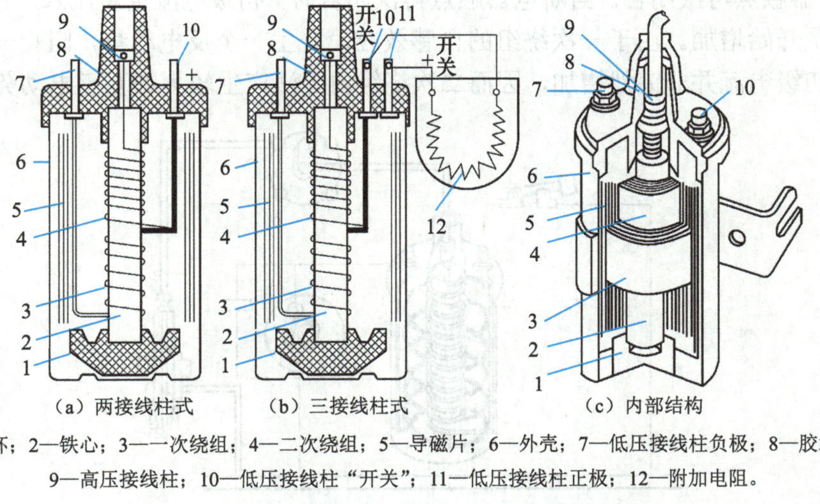

1—瓷杯；2—铁心；3—一次绕组；4—二次绕组；5—导磁片；6—外壳；7—低压接线柱负极；8—胶木盖；
9—高压接线柱；10—低压接线柱“开关”；11—低压接线柱正极；12—附加电阻。

图 4-2 传统开磁路式点火线圈的结构

闭磁路式点火线圈的结构及磁路如图 4-3 所示。在日字形铁心内绕有一次和二次绕组，磁力线经铁心构成闭合磁路。为减少磁滞，常在铁心内侧设有一个微小的间隙。闭磁路式点火线圈的优点是漏磁少、磁阻小、能量损失小，能量变换率达 75%以上，而开磁路式点火线圈的能量变换率仅有 60%左右。闭磁路式点火线圈采用热固性树脂作为绝缘填充物，外壳以热熔性塑料注射成形，绝缘性、密封性均优于开磁路式点火线圈，且体积日益小型化，可直接装在分电器盖上，使结构更加紧凑，并减小了二次绕组分布电容，在电子点火系统中已被广泛采用。

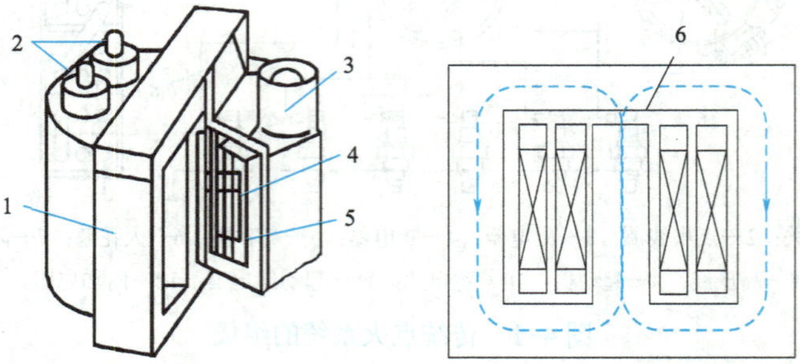

1—日字形铁心；2—一次绕组接线柱；3—高压接线柱；4—一次绕组；5—二次绕组；6—空气间隙。

图 4-3　闭磁路式点火线圈的结构及磁路

（2）点火线圈的工作过程。

① 断电器触点闭合。初级电流由蓄电池正极流经一次绕组的正极端子、负极端子、断电器触点至接地返回蓄电池负极，如图 4-4、图 4-5 所示，使线圈周围产生磁力线。

② 断电器触点分开。当曲轴带动凸轮旋转时，分电器断电凸轮使触点分开，于是流经一次绕组的电流被突然中断。在一次绕组内产生的磁通量开始减弱，由于一次绕组的自感效应和二次绕组的互感效应，使两绕组内均产生感应电动势，以阻止磁通量的减弱。自感电动势升至 200～300 V，互感电动势则升至 15～20 kV，火花塞便产生火花放电。随着电流中断时间变短，磁通量变化增加，结果是每个单位时间内都产生非常高的点火电压。

③ 断电器触点再次闭合。当断电器触点再次闭合时，初级电流重新流入一次绕组，一次绕组的磁通量开始增加。由于一次绕组的自感效应，产生一个反电动势，阻止一次绕组内的电流增加，初级电流并非突然增加，因而二次绕组内无法产生较大的互感电动势。

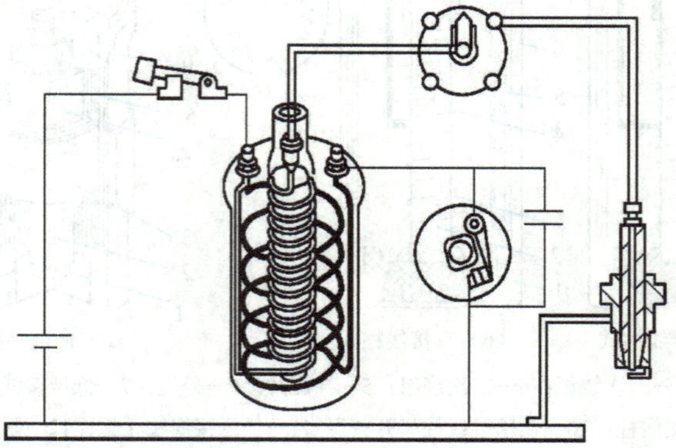

图 4-4　点火线圈工作电路示意图

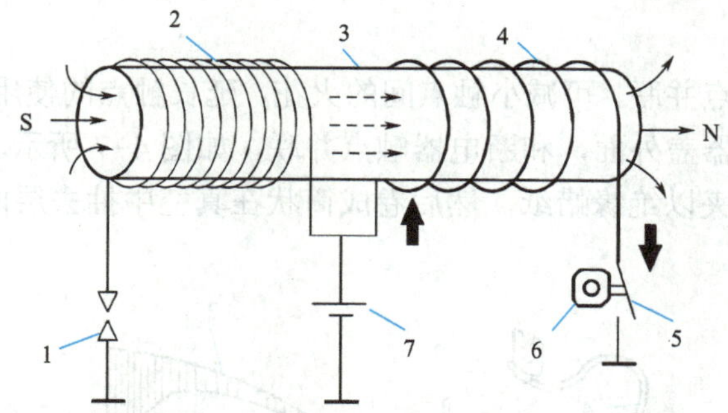

1—火花塞；2—二次绕组；3—铁心；4—一次绕组；5—断电器；6—凸轮；7—蓄电池。

图 4–5 点火线圈工作结构示意图

3）分电器

分电器由断电器、配电器、电容器和点火提前机构等组成，如图 4–6 所示。

（1）断电器。

断电器由触点臂和凸轮组成（凸轮的凸角数与气缸数相等），其功用是接通或断开初级电路。

（2）配电器。

配电器由分电器盖和分火头组成。配电器的作用是按发动机点火顺序，将点火线圈二次绕组产生的高压电送到每个气缸。

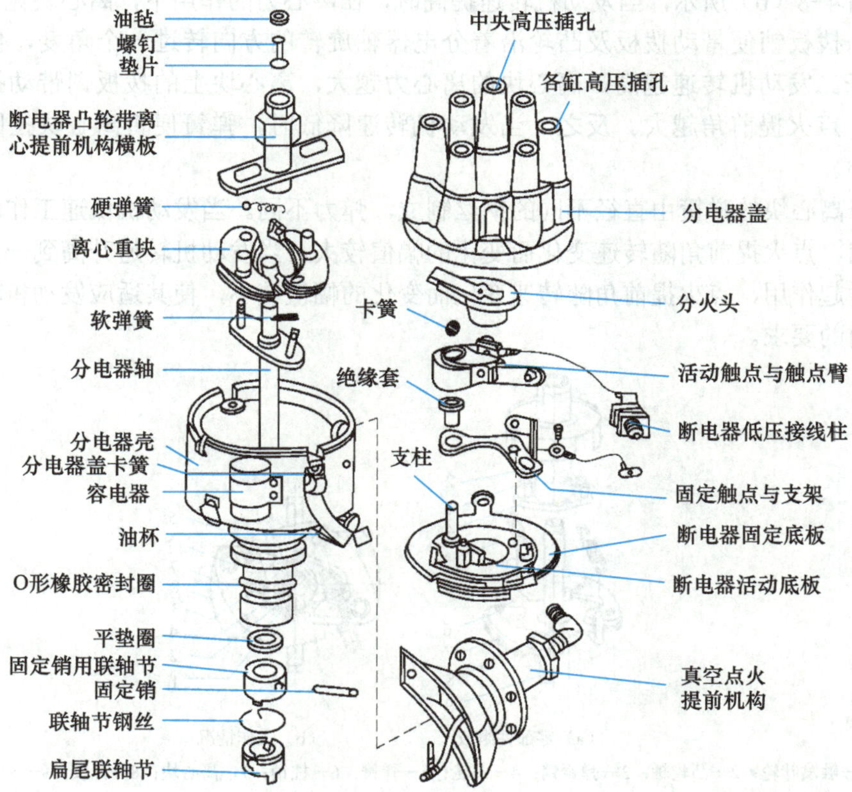

图 4–6 分电器结构图

（3）电容器。

电容器与断电器触点并联，可减小触点间的火花，延长触点的使用寿命，提高二次电压。电容器一般安装在分电器盖外面，和断电器触点并联，如图 4-7 所示。它由两条铝箔或锡箔组成，在两条箔带之间夹以绝缘蜡纸，然后卷成筒状在真空中抽去层间的空气，再经浸蜡处理后装在金属外壳 3 中。

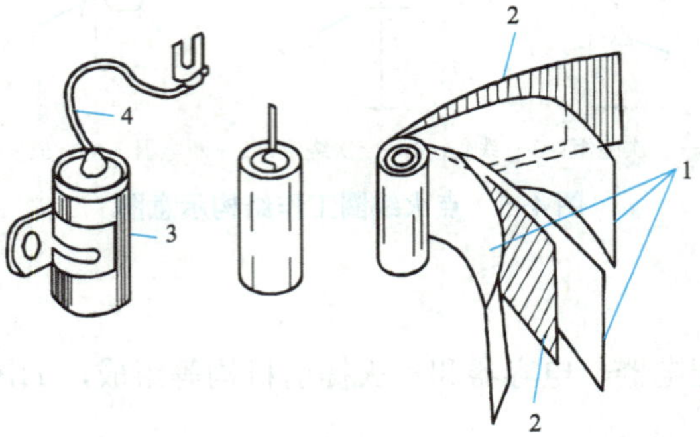

1—绝缘蜡纸；2—铝箔；3—金属外壳；4—引出导线。

图 4-7　电容器

（4）点火提前机构。

点火提前机构根据发动机转速、混合气的浓度及混合质量、燃油标号，使点火提前角改变，主要由凸轮、离心块、弹簧和托板组成，如图 4-8（a）所示。

如图 4-8（b）所示，当发动机转速提高时，在离心力的作用下，离心块克服弹簧拉力向外甩出，拨板销便带动拨板及凸轮沿着分电器轴旋转的方向转过一个角度，使凸轮提前将触点顶开。发动机转速越高，离心块的离心力越大，离心块上的拨板销带动拨板转动的角度越大，点火提前角越大。反之，当发动机转速降低时，弹簧便将离心块拉回，使点火提前角减小。

两个离心块的弹簧由直径不同的钢丝制成，弹力不同。当发动机低速工作时，只有细弹簧起作用，点火提前角随转速变化而变化的幅值较大。当发动机转速升高到一定值后，两根弹簧同时起作用，点火提前角随转速变化而变化的幅值较小，使其适应发动机转速变化对点火提前角的要求。

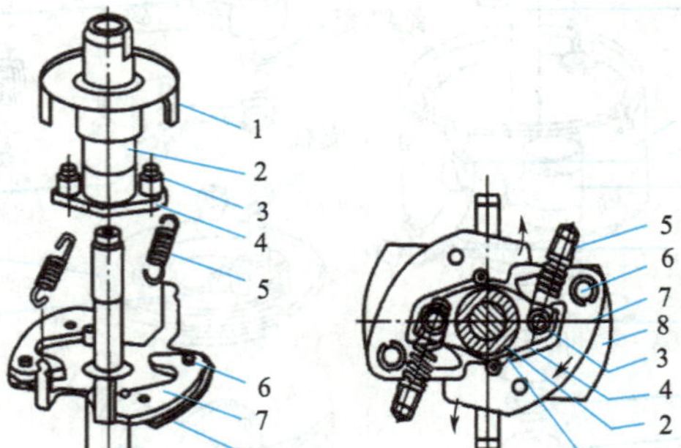

（a）零部件组成　　（b）工作情况

1—触发叶轮；2—凸轮轴；3—弹簧销；4—凸轮；5—弹簧；6—柱销；7—离心块；8—托板；9—分电器轴。

图 4-8　点火提前机构

4）火花塞

（1）火花塞的作用。

火花塞的作用是将点火线圈产生的高压电引入燃烧室，并在其电极间产生电火花，点燃混合气。附加电阻的作用是改善点火特性和起动性能。火花塞主要由中心电极、侧电极、钢壳、绝缘体等组成。由于火花塞工作时受到高温、高压和燃烧物的强烈腐蚀，即火花塞的工作条件极其恶劣，因此，火花塞必须符合以下要求：

① 要有足够的绝缘强度。一般要求火花塞应承受 3 000 V 以上的高压。

② 要有适当的热特性。火花塞工作时应能在进气时的 50～60 ℃和排气时的 1 500～2 000 ℃的环境下，保证其裙部的温度维持在自净温度 500～600 ℃范围内，以使火花塞不产生积炭。火花塞裙部的温度过高会产生早燃，而温度过低则不易点火且火花塞容易形成积炭。其温度的大小取决于气缸的压缩比和火花塞裙部的长度。

③ 要有足够的机械强度。一般要求火花塞的裙部应能承受 4.88～6.86 MPa 以上的冲击压力。

④ 要有足够的抗氧化和耐腐蚀能力。由于火花塞裙部工作时的温度很高，又处于多种活性物质（如氧、碳氧化合物、氮氧化合物和硫化物等）之中，因而要求火花塞的电极必须用难熔、耐腐蚀的材料制成。

（2）火花塞的结构。

如图 4–9 所示，在钢质壳体的内部用可以导热的铜质密封圈固定高氧化铝陶瓷绝缘体，同时中心孔上部装有带螺母的金属杆，下部装有中心电极，金属杆和中心电极之间填充有导

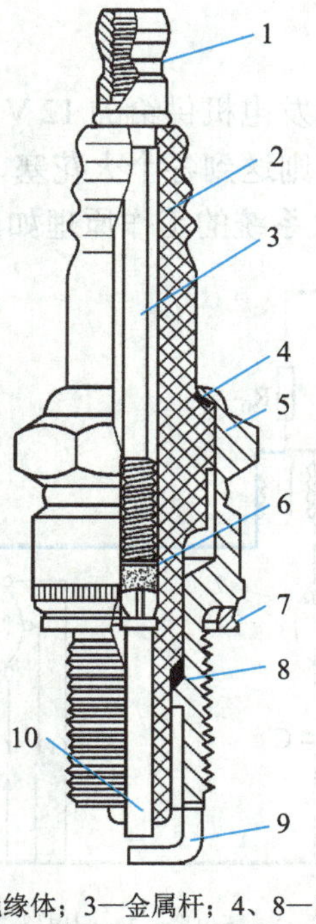

1—接线螺母；2—绝缘体；3—金属杆；4、8—内垫圈；5—壳体；
6—导体玻璃；7—多层密封垫圈；9—侧电极；10—中心电极。

图 4–9 火花塞的结构

体玻璃。导体玻璃可以导电、密封和吸收热变形能。壳体的下部有安装螺纹和弯曲的侧电极。传统的点火装置中，火花塞电极之间的间隙一般在 0.6～0.7 mm 之间，而现代汽车的点火装置中，火花塞电极之间的间隙已增大到 1.0～1.2 mm。为了适应不同车型的需要，火花塞又分为标准型、突出型、细电极型、多极型、沿面跳火型等。还可以根据发动机不同的压缩比，将火花塞分为热型和冷型。热型火花塞的裙部较长，散热困难，因而裙部的温度高，一般用于压缩比低、转速低、功率小的发动机上，而冷型火花塞与热型火花塞则正好相反。

5）点火开关

点火开关用来控制仪表电路、点火系统初级电路及起动机继电器电路等的通断。常用的点火开关有三接线柱式和四接线柱式。三接线柱式点火开关具有 0、Ⅰ、Ⅱ档位。“0”档时钥匙可自由插入或拔出，顺时针旋转 40° 至Ⅰ档，继续再旋转 40° 至Ⅱ档，外力消除后能自动复位到Ⅰ档。处于Ⅰ档位时，点火系统电源和车辆电路接通；处于Ⅱ档位时，起动电源和点火电路接通。

6）起动机

起动机的作用是使发动机由静止状态进入旋转状态，使发动机完成进气、压缩、做功、排气的过程，随即进入正常工作状态。

7）起动继电器

起动继电器的作用是在起动发动机时接通起动机电磁开关线圈的电路，为电磁开关提供足够强的电流，减少通过点火开关的起动电流，起到保护点火开关的作用。

2. 传统点火系统的工作原理

在传统点火系统中，由蓄电池或发电机供给的 12 V 低压电，通过断电器和点火线圈转变为高压电，再通过配电器按一定的规则送到各个火花塞，使其在火花塞电极之间产生电火花，来实现发动机点火的目的。传统点火系统的工作原理如图 4-10 所示。

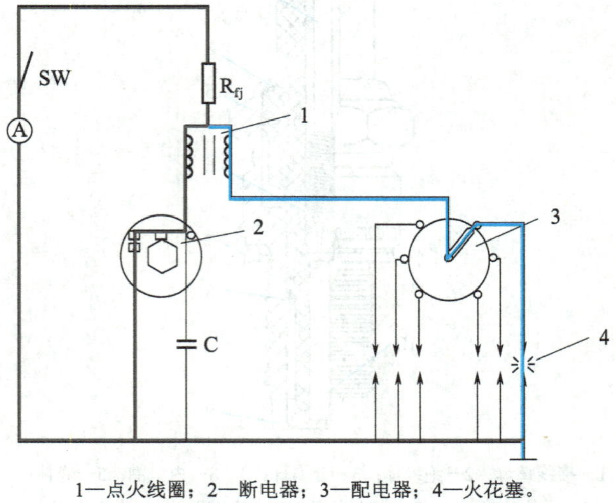

1—点火线圈；2—断电器；3—配电器；4—火花塞。

图 4-10　传统点火系统的工作原理

发动机工作时，发动机曲轴通过凸轮轴和分电器轴带动断电器凸轮旋转，不断地将电器触点闭合和打开。在点火开关（SW）接通的情况下，当触点闭合时，一次绕组被接通，形成初级电流，其回路为：蓄电池正极—电流表—点火开关（SW）—点火线圈“+开关”接线柱—附加电阻—二次绕组“开关”接线柱—点火线圈一次绕组—断电器触点—搭铁—蓄电池负极。初级电流在线圈的铁心中形成的磁场点火能量以磁场能的形式储存起来。经过一段时间后，凸轮的旋转将触点打开时，初级电路被切断，初级电流瞬间消失，由初级电流所形成的磁场也随之迅速发生变化，在两个绕组中都感应出自感电动势。由于二次绕组的匝数多，因此在二次绕组中所形成的感应电动势高达 15 000～20 000 V 以上，它足以使火花塞间的气体被击穿而电离，产生电火花点燃混合气。

高压电流回路为：二次绕组“开关”接线柱—附加电阻—点火线圈“+开关”接线柱—点火开关（SW）—电流表—蓄电池—搭铁—火花塞旁电极、中心电极—分高压线—配电器旁电极—分火头—中央高压线—二次绕组。曲轴每转两圈，分电器转一圈，按点火顺序给每缸各点火一次。只要这样的过程周而复始地进行，发动机就可以不停地工作。只要断开点火开关，点火系统即终止工作，发动机也即刻熄火。

在传统的点火系统中存在两个电路：初级电路，也叫低压电路、一次电路，流经初级电路的电流也叫初级电流、低压电流或一次电流。次级电路，又称高压电路和二次电路，流经次级电路的电流也叫次级电流、高压电流或一次电流。

电容器在这种点火装置中有着重要的作用。一方面，因为在触点打开形成次级高压的同时，一次绕组也同样产生自感电动势，这个电动势的大小为 200～300 V，若无此电容器，该电动势会通过触点形成回路，在触点之间形成电火花。由于初级电路的电流较大，所以这个电火花的能量也相对较大，触点会被烧蚀而损坏。

另一方面，初级电路形成的自感电动势的方向与原来初级电流的方向相同，使得初级电路内的电流不能迅速中断，磁场的消失也相应变慢，即磁通的变化率增大，导致二次绕组中的感应电动势大大降低，影响点火系统的正常工作。为了避免上述不良后果，在触点之间并联一个电容器，当触点打开时，初级电路产生的自感电动势向电容器充电，与一次绕组一起共同形成一个振荡回路，消耗部分能量，使得触点之间不再产生或产生很小的火花，延长了触点的使用寿命，同时也加速了一次绕组磁场的消失，使次级电压显著提高。

3. 传统点火系统的缺点

（1）发动机转速改变时，点火特性偏离规定要求。这是由触点顶块、凸轮、分电器轴磨损和触点表面蚀损造成的，也是高速时触点跳振和触点顶块跟不上凸轮高速转动的结果。

（2）闭合角变化时，因闭合时间改变而影响到一次线圈的电流，特别在高速时会严重影响点火。

（3）需要经常性的维护（特别是触点）。根据许多国家的排放要求，迫使生产厂家研制替代机械式断电器的新系统，即电子点火系统。

（4）触点极易烧蚀，还有点火能量低、性能差、对火花塞积炭敏感等一系列无法克服的缺点，因而不能胜任现代高转速、高压缩比的发动机对点火装置的要求。

任务 4.3　电子点火系统的组成及工作原理

随着科学技术的迅猛发展，电子点火系统日益得到广泛应用。

1. 电子点火系统概述

1）电子点火系统的优点

（1）消除了触点给点火装置带来的弊端。电子点火系统利用信号发生器取代了传统点火系统中断电器触点的存在，这样就从根本上解决了因触点的脏污、氧化、烧蚀和各摩擦副的磨损等带来的传统点火系统的整体性能指标下降、寿命短、零件更换周期快等缺点。

（2）提高了次级电压和点火能量。由于初级电路的控制用大功率三极管取代了触点，同时采用了低电阻、低电感一次绕组的专用高能点火线圈，因而增大了初级电流，提高初级电流的上升率，进而提高了次级电压的最大值，增大了点火能量。

（3）改善了点火系统的稳定性能。电子点火系统中利用闭合角控制电路、限流控制电路等，使得在传统点火系统中因发动机转速过高、过低，电源电压幅值变化等而导致的点火系统的次级电压、点火能量不稳定的现象得到了充分改善。

（4）增大了点火正时的准确性。虽然在电子点火系统中还不能控制气压、温度等因素对点火正时的影响，但通过电子点火器中的点火正时控制电路，将转速、负荷对点火正时的影响调整得更准确，提高了点火性能。

2）电子点火系统与传统点火系统相比

（1）用晶体管控制点火线圈初级电流，使其数值不受触点面积限制，适当增大初级电流后，可配以高能点火线圈，提高点火性能。

（2）晶体管的开关速度快，高压电形成迅速，火花能量大，点火可靠。

（3）减小了火花塞积炭的影响，即使火花塞严重积炭，如积炭阻值小到 100 kΩ，也能产生足够的二次电压，实现可靠点火。

2. 电子点火系统的基本组成

点火系统的作用是适时地为汽油发动机气缸内已压缩的可燃混合气提供足够能量的电火花，同时满足可燃混合气充分燃烧及发动机工作稳定的性能要求，使发动机能及时、迅速地做功，实现从热能到机械能的转变。电子点火系统也称半导体点火系统或晶体管点火系统，它在传统点火系统的基础上增加了点火电子组件和信号发生器。电子点火系统的基本组成如图 4-11 所示，它主要由信号发生器、电子点火器、点火线圈、分电器、火花塞点等组成。

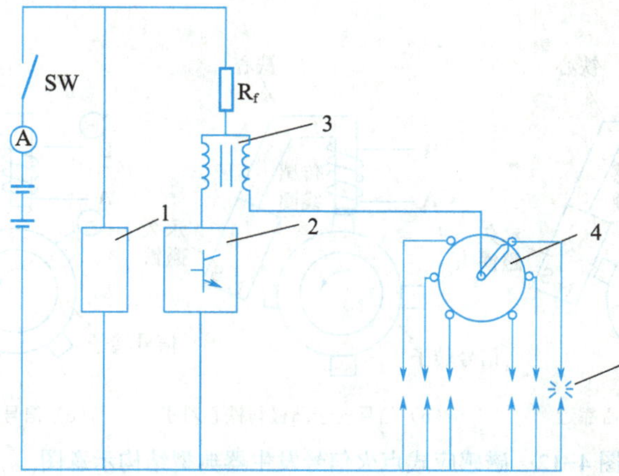

1—信号发生器；2—电子点火器；3—点火线圈；4—分电器；5—火花塞点。

图 4-11 电子点火系统的基本组成

3. 电子点火系统的分类

1）按储能的方式分

电子点火系统按储能的方式可分为电感储能式点火系统和电容储能式点火系统。电容储能式点火系统可以使发动机在很高的转速中获得和低转速时相同的点火能量，同时可以有效地克服积炭对点火系统的影响，但同时也有很多缺点，所以至今没有得到普及使用。电感储能式点火系统在汽车上广泛应用。

2）按点火系统是否有触点分

电子点火系统按点火系统是否有触点可分为有触点电子点火系统和无触点电子点火系统。有触点电子点火系统又称半导体辅助点火系统或半晶体管点火系统，它在传统点火系统的基础上增加了电子点火器，虽然性能有所提高，但仍然存在传统点火系统的高速断火和点火正时易变等缺点，是技术发展过程中的过渡产品，现在已基本不使用。无触点电子点火系统又称全晶体管点火系统，它利用电子信号发生器代替触点，大大改善了传统点火系统的缺点，是目前广泛使用的电子点火系统。

3）按信号发生器的种类分

电子点火系统按信号发生器的种类可分为触点式、磁感应式、霍尔效应式、光电式和电磁振荡式。光电式和电磁振荡式电子点火系统因其自身有难以克服的缺点，现在已很少使用。磁感应式电子点火系统因其结构简单、性能可靠，在日系和韩系车型上有大量应用。霍尔效应式电子点火系统的结构较磁感应式电子点火系统复杂一点，但其性能优越，在欧洲车型和部分美国车型中有一定的应用。

（1）磁感应式电子点火系统。

磁感应式电子点火系统也称磁脉冲式电子点火系统，因其点火信号发生器是采用电磁感应原理制成的，故而得名。磁感应式点火信号发生器主要由永久磁铁、信号转子、铁心、传感线圈等组成，其典型结构如图 4-12 所示。

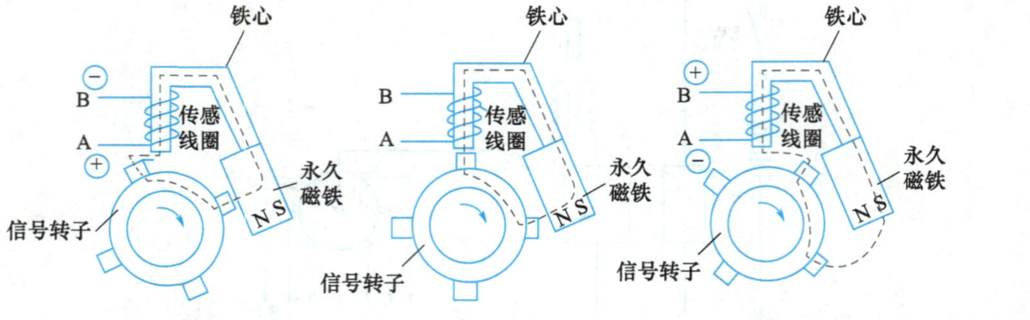

图 4-12　磁感应式点火信号发生器典型结构示意图

如图 4-12 所示，信号转子安装在分电器轴上，传感线圈和永久磁铁等安装在分电器底板上，传感线圈与永久磁铁连成一体，永久磁铁的磁力线经信号转子的凸极（也称为凸齿）及铁心构成回路。发动机工作时，信号转子随分电器轴旋转，其凸极与线圈之间的间隙不断变化，使线圈铁心中的磁通量不断地变化，在传感线圈中感应出交变电压信号。分电器轴每转一周产生脉冲的数目与发动机气缸数相等。

下面分 3 种情况来说明磁感应式点火信号发生器的工作原理。这 3 种情况下的磁通回路为永久磁铁的 N 极—空气隙—信号转子—空气隙—永久磁铁的 S 极。

① 信号转子向铁心靠近。当信号转子顺时针方向转动，其凸极向铁心方向靠近至如图 4-12（a）所示位置时，转子凸极与传感线圈铁心间的空气隙越来越小，即磁阻逐渐变化，通过传感线圈的磁通量逐渐增多，传感线圈中产生出感应电动势。根据楞次定律，其感应电动势的方向总是阻碍磁通量的增加，其大小与磁通量的变化率成正比。故此过程中磁通量和感应电动势的变化情况可用图 4-13（a）中 0° ～45° 之间的波形来表示。

从图 4-13（a）可以看出，当信号转子转到铁心位于信号转子两个凸极之间的某一位置“Ⅰ”处时，磁通量的变化率最大，所对应的感应电动势也最大，具有正的最大值，使传感线圈输出端 A 为正，B 端为负。

② 信号转子凸极离开铁心对正位置。当信号转子凸极从与铁心对正位置离开时，如图 4-12（c）所示，信号转子凸极与铁心间的空气隙越来越大，磁通量变化减小。当信号转子凸极转至某一位置“Ⅱ”时，如图 4-13（a）所示，其减小的变化率为最大，传感线圈中的感应电动势最高，呈负的最大值。此后，由于磁通量减小的速率变慢，故传感线圈中的感应电动势呈负值减小。在此期间，传感线圈输出端 A 为负，B 端为正。

由此可见，在该传感器中，当信号转子每旋转一周，可产生出 4 个如图 4-13（b）所示的交变电动势波形，并将 4 个正脉冲或负脉冲输出后加到电子点火控制器的信号输入端，以便准确控制四缸发动机的点火。

（2）霍尔效应式电子点火系统。

霍尔效应式电子点火系统的点火信号发生器是以霍尔效应原理制成的，主要由内装霍尔式传感器的分电器、点火控制器、点火线圈、火花塞和高压线等组成。图 4-14 为霍尔效应式电子点火系统接线原理图。

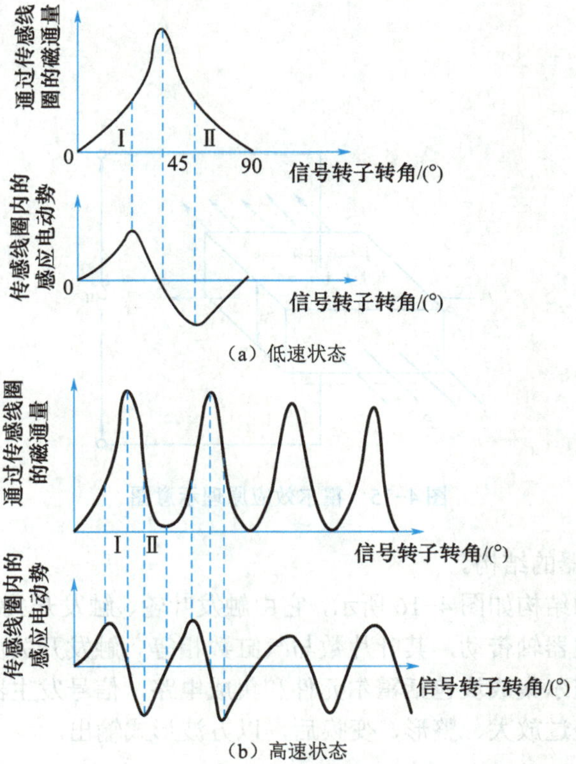

（a）低速状态

（b）高速状态

图 4-13　信号转子波形变化情况

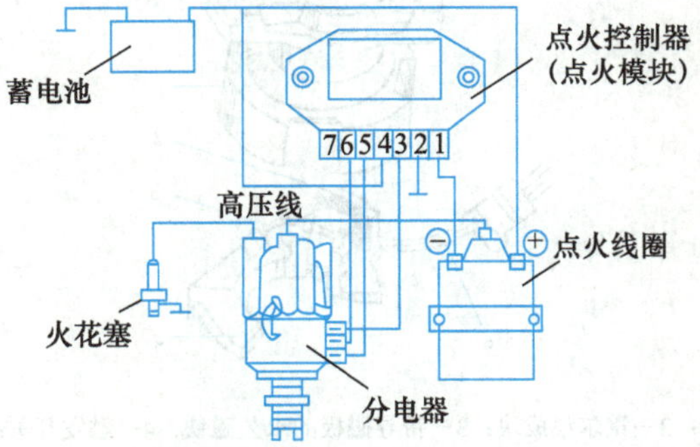

图 4-14　霍尔效应式电子点火系统接线原理图

霍尔效应是由美国科学家爱德华 • 霍尔发现的。霍尔效应原理示意图如图 4-15 所示。当电流 I 垂直于外磁场通过半导体时，载流子发生偏转，垂直于电流和磁场的方向会产生一附加电场，从而在半导体的两端产生电势差，这个现象就是霍尔效应，该电势差也被称为霍尔电压 U_H，可用下式表示：

$$U_H=\frac{R_H}{d}IB$$

式中：U_H——霍尔电压；

R_H——霍尔系数；

d——半导体基片厚度；

I——电流强度；

B——磁通密度。

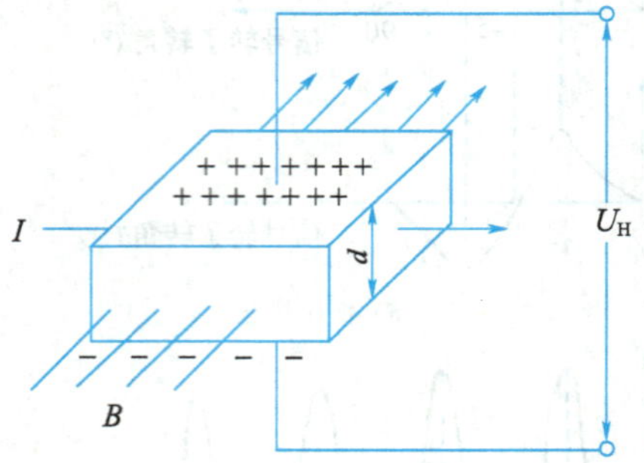

图 4-15　霍尔效应原理示意图

① 霍尔信号发生器的结构。

霍尔信号发生器的结构如图 4-16 所示，它由触发叶轮、触发开关等组成。触发叶轮与分火头制成一体，由分电器轴带动，其叶片数与气缸数相等。触发开关由霍尔集成块和带导磁极的永久磁铁组成。霍尔集成块包括霍尔元件和集成电路，信号发生器工作时，霍尔元件产生的霍尔电压信号，经过放大、整形、变换后，以方波形式输出。

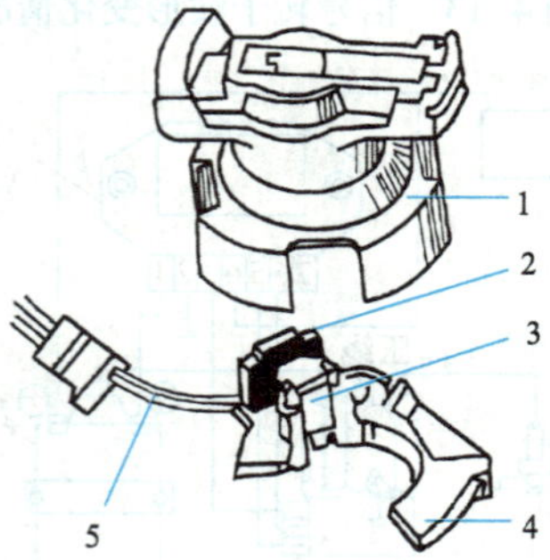

1—触发叶轮；2—霍尔集成块；3—带导磁极的永久磁铁；4—触发开关；5—插座。

图 4-16　霍尔信号发生器结构示意图

② 霍尔信号发生器的工作原理。

霍尔信号发生器工作原理示意图如图 4-17 所示。当触发叶轮转动至金属叶片进入永久磁铁与霍尔集成块之间的空气隙时，磁场被触发叶轮的金属叶片所旁路，霍尔元件不产生霍尔电压，集成电路输出极的晶体管处于截止状态，信号发生器输出高电位。当触发叶轮的金属叶片离开空气隙时，永久磁铁的磁通量通过导磁极作用于霍尔元件上。

霍尔元件产生霍尔电压，集成电路输出极的晶体管处于导通状态，信号发生器输出低电位。因而，霍尔集成电路又称反向器。在一个点火周期内，霍尔信号发生器输出点火信号的高电平和低电平的时间可以用信号转子的叶片和豁槽的分配角来确定。霍尔信号发生器具有精度高、耐久性好、信号电压稳定等优点，因而在汽车上被广为使用。

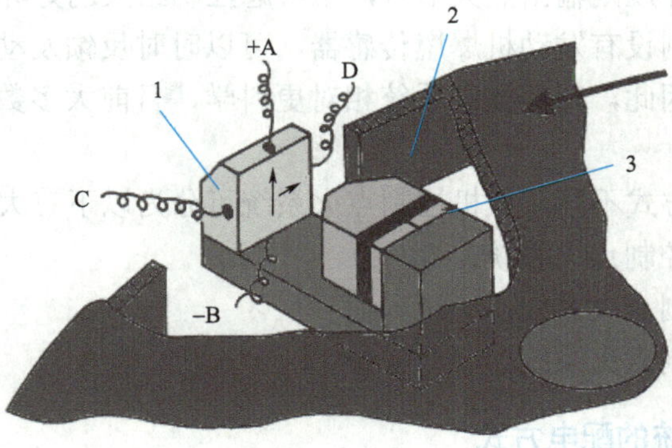

1—霍耳集成块；2—金属叶片；3—永久磁铁。

图 4-17　霍尔信号发生器工作原理示意图

任务 4.4　微机控制点火系统的组成及工作原理

微机控制点火系统也称微电脑控制点火系统，是目前汽车上广泛使用的一种点火方式。所谓微机控制点火系统，是指以各类传感器为信息来源、全方位考虑发动机工作性能，以微机为命令中枢来控制点火正时的点火系统。

随着微机工作可靠性的提高和成本的大幅度下降，在中高档轿车上纷纷引入微机控制技术，并由单独控制系统发展成为现代的集中控制系统。引入微机控制点火系统后，点火时刻的控制、通电时间的控制及爆燃防止的控制等，均能达到比较理想的控制精度。汽油机点火控制（energy control ignition，ECI）系统由微机控制点火系统和爆燃控制系统两个子系统组成，这两个子系统相互配合，能将点火提前角控制在最佳值，使可燃混合气燃烧后产生的温度和压力达到最大值，在显著提高汽油机动力性的同时，还能提高燃油经济性和减少有害气体的排放量。

由于融入大量的先进技术，与其他类型的点火系统相比较，微机控制点火系统有很多优点。

（1）点火实现了非线性控制，保证了最佳的近似于理想的点火状态。

（2）几乎所有影响点火性能的因素都能对点火系统提供调整信息，同时对发动机燃烧的状态进行即时反馈，保证发动机在任何状态下都能处于最佳的点火状态。

（3）精简部分元件，如取消了分电器盖、分火头等部分元件，降低了能量损耗和点火装置的故障率、减少了电子污染，同时也延长了各元件的使用寿命。

（4）增加了点火线圈的数量，从而保证发动机在高速状态下工作的稳定性。

1. 微机控制点火系统的分类

微机控制点火系统按是否有反馈控制分为开环控制系统和闭环控制系统。

（1）对于开环控制系统，点火系统无爆燃反馈控制电路，电子点火器只是根据各个传感器所提供的信息，按设计规则输出点火信号，不考虑控制结果的好坏。

（2）闭环控制系统则设有发动机爆燃传感器，可以时时反馈发动机的燃烧情况，对点火提前角进行适时修正。因此，闭环控制系统相对更科学，目前大多数微机控制点火系统都采用闭环控制方式。

按触发信号的产生方式不同，微机控制点火系统可分为以下三大类：

（1）磁脉冲式微机控制点火系统；

（2）霍尔式微机控制点火系统；

（3）光电式微机控制点火系统。

2. 微机控制点火系统的配电方式

1）有分电器微机控制点火系统

非直接点火系统的点火线圈的高压电是经配电器进行分配的，即由分火头和分电器盖组成的配电器，依照点火顺序适时地将高压电分配至各气缸，使各缸火花塞依次点火，它存在以下弊端。

（1）点火能量损失大。高压电通过分火头与侧电极之间的间隙、中央高压导线，经由高压导线后再到火花塞，传递路线长，传递电阻大，有较大的电压降，会造成一定的点火能量损失。

（2）高速、多缸时不能保证点火能量。因为若干气缸共用一个点火线圈，其一次绕组的通电时间受制于发动机转速和分电器的闭合角，而闭合角又取决于分火头的分火角，最大闭合角必小于分火角，因此，通过最大化闭合角的方法以提高一次回路电流的措施受到限制，在转速超过一定值以后，一次电流仍会下降。

（3）点火提前角的调节范围受分电器几何学上的限制。当提前角过大或过小时，分火头会对应到另外一个侧电极，造成点火正时的机械误差，甚至点火失效。

（4）存在无线电干扰。分火头与旁电极之间的间隙在分火时会产生火花，既有能量损失，又会因为分电器盖屏蔽不严而造成无线电干扰。

（5）容易导致绝缘击穿。当各部分的绝缘效果下降时，易造成漏电，严重时还可以造成局部击穿及局部烧蚀现象。

2）无分电器微机控制点火系统

无分电器微机控制点火系统中点火线圈上的高压线直接与火花塞相连，或称为与点火线圈一体式火花塞，工作时，由微机根据各传感器输入的信息，依照发动机的点火顺序，适时地控制各个点火线圈在需要时产生高压，而点火线圈产生的高压电直接被送到火花塞，使之跳火，点燃混合气。

（1）单独点火。

每缸一个点火线圈，即点火线圈的数量与气缸数相等。由于每缸都有点火线圈，即使发动机转速很高，点火线圈也有较长的通电时间，可提供足够高的点火能量。这种点火方式特别适合在四气门发动机上使用，火花塞可安装在双凸轮轴中间，在每一缸火花塞上直接压装一个点火线圈，充分利用安装空间，这对V形多缸发动机舱的合理紧凑布置具有重要的实用意义。

（2）双缸同时点火。

此类点火系统中，点火线圈的数量等于气缸数的一半。当两同步缸同时到达上止点时，火花塞跳火，其中一缸接近压缩行程上止点，为有效点火；而另一缸接近排气行程上止点，为无效点火。

（3）二极管配电点火。

二极管配电点火是利用二极管的单向导通特性，对点火线圈产生的高压电进行分配的同时点火方式。二极管配电点火方式的主要特点是一个点火线圈组件为 4 个火花塞提供高压电，因此特别适宜于四缸或八缸发动机。

3. 微机控制点火系统的组成

无论是单缸独立点火还是双缸同时点火，微机控制点火系统的结构组成基本相同，主要由传感器、点火控制单元、末级功率放大器、点火线圈、高压线、火花塞组成，如图 4-18 所示。

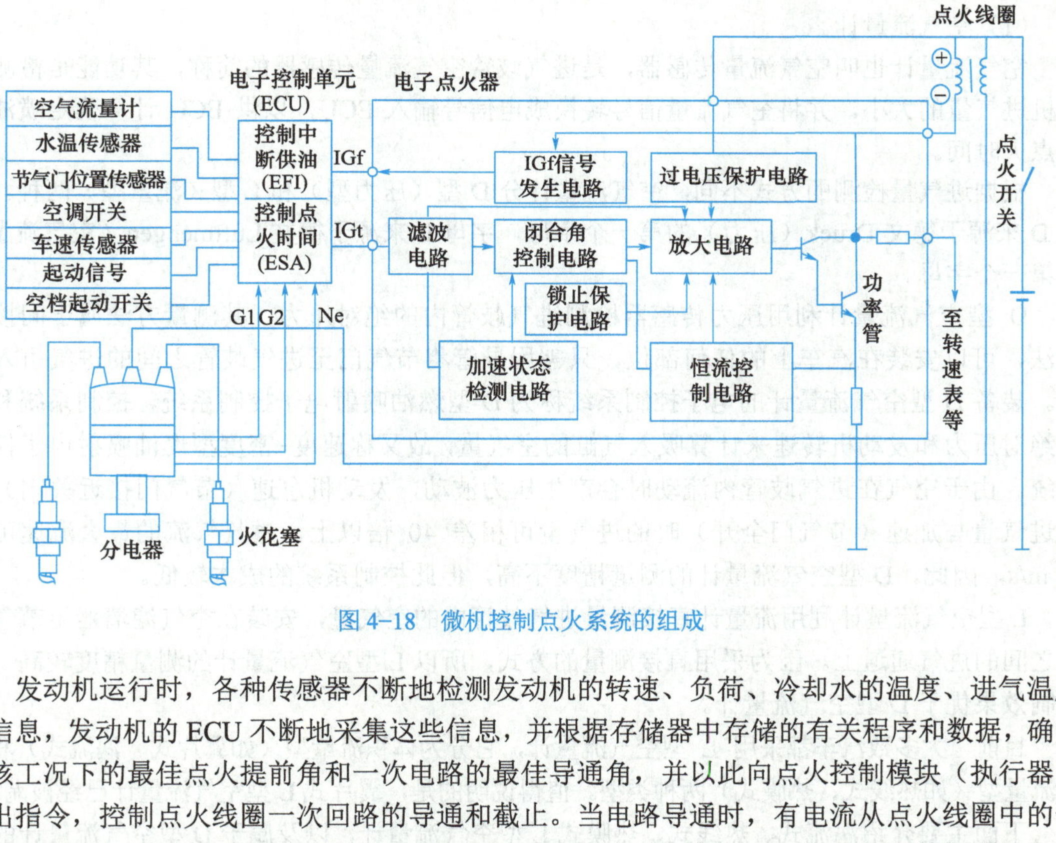

图 4-18 微机控制点火系统的组成

发动机运行时，各种传感器不断地检测发动机的转速、负荷、冷却水的温度、进气温度等信息，发动机的 ECU 不断地采集这些信息，并根据存储器中存储的有关程序和数据，确定出该工况下的最佳点火提前角和一次电路的最佳导通角，并以此向点火控制模块（执行器）发出指令，控制点火线圈一次回路的导通和截止。当电路导通时，有电流从点火线圈中的一次绕组通过，点火线圈此时将点火能量以磁场的形式储存起来。当一次绕组中的电流被切断时，在二次绕组中将产生很高的感应电动势，经分电器送至工作气缸的火花塞，点火能量被瞬间释放，点燃气缸内的混合气，发动机完成做功过程。在无分电器微机控制点火系统中，ECU 直接控制每个气缸点火线圈（或两缸共用一个点火线圈）一次回路的通与断。

此外，在带有爆燃传感器的点火提前角闭环控制系统中，ECU 还可根据爆燃传感器的输入信号来判断发动机的爆燃程度，并将点火提前角控制在轻微爆燃的范围内，使发动机能获得较高的燃烧效率。

1）传感器

现代汽车电子控制中，传感器广泛应用于发动机、底盘和车身各个系统中。传感器在这些系统中担负着信息采集和传输的任务，由 ECU 对这些信息进行处理，然后向执行装置发出指令，实现电子控制。

传感器在电子控制和自我诊断系统中是非常重要的装置，它能及时识别外界的变化和系统本身的变化，再根据信息的变化去控制系统的工作。各个控制系统正是依靠传感器进行信息反馈，从而实现自动控制工作的。

ECU 不断地检测各个传感器的信号，一旦检测出某个信号不正常，就将错误的信号存入存储器内，需要时可以通过专用诊断仪读取故障信息，维修人员再根据故障码内容进行维修。

传感器按能量关系分为主动型和被动型两大类。汽车上使用的传感器大多是被动型的，被动型传感器需要外加电源才能产生电信号。

（1）空气流量计。

空气流量计也叫空气流量传感器，是进气歧管空气流量传感器的简称，其功能是检测发动机进气量的大小，并将空气流量信号转换成电信号输入 ECU，以供 ECU 计算确定喷油量和点火时间。

根据进气量检测的方式不同，空气流量计分 D 型（压力型）和 L 型（流量型）两种。字母 D 来源于德文 Druck（压力）的第一个字母，字母 L 来源于德文 Luftmengen（空气流量）的第一个字母。

D 型空气流量计利用压力传感器检测进气歧管内的绝对压力，其测量方法属于间接测量法，可以安装在汽车上的任何部位，只需用导管将节气门至进气歧管之间的进气引入即可。装备 D 型空气流量计的电子控制系统称为 D 型燃油喷射电子控制系统，控制系统利用该绝对压力和发动机转速来计算吸入气缸的空气量，故又称速度–密度型燃油喷射电子控制系统。由于空气在进气歧管内流动时会产生压力波动，发动机怠速（节气门接近关闭）时的进气量与加速（节气门全开）时的进气量可相差 40 倍以上，进气气流的最大流速可达 80 m/s，因此，D 型空气流量计的测量精度不高，但此控制系统的成本较低。

L 型空气流量计利用流量计直接测量进气歧管内的空气量，安装在空气滤清器至节气门体之间的进气通道上。因为采用直接测量的方式，所以 L 型空气流量计的测量精度较高，其控制效果优于 D 型空气流量计。

目前，大多数汽车都采用 L 型空气流量计，它分为体积流量型（如翼片式、涡流式）和质量流量型（如热线式、热膜式）两种类型。值得说明的是，翼片式 L 型空气流量计已经被淘汰。

下面主要介绍涡流式、热线式、热膜式 L 型空气流量计，以及属于 D 型空气流量计的进气歧管压力传感器的结构及工作原理。

① 卡尔曼涡流式空气流量计。

卡尔曼涡流式空气流量计的组成如图 4–19 所示。涡流发生器的前面为三角形，后面为梯形，能周期性地产生稳定的卡尔曼涡流。在涡流发生器上设有一个稳流槽和两个压力导向孔。稳流槽使涡流发生器下游产生稳定的涡流，压力导向孔将涡流发生器两侧的压力引导到导压腔中。反光镜采用反光能力较强的金属箔片制成，并用细薄的张紧带张紧在导压腔的外表面上，镜面上部设有一只发光二极管（LED）和一只光敏晶体管，发光二极管发出的光束由反光镜反射到光敏晶体管上。涡流频率检测的任务由发光二极管、反光镜和光敏晶体管完成，传感器内部的集成信号处理电路将频率信号变换成方波信号（周期信号）后，再输入到 ECU 中进行运算处理。卡尔曼涡流式空气流量计检测的是进气气流的体积流量，为了避免环境温度变化给流量检测带来误差，因此采用了进气温度传感器进行修正。

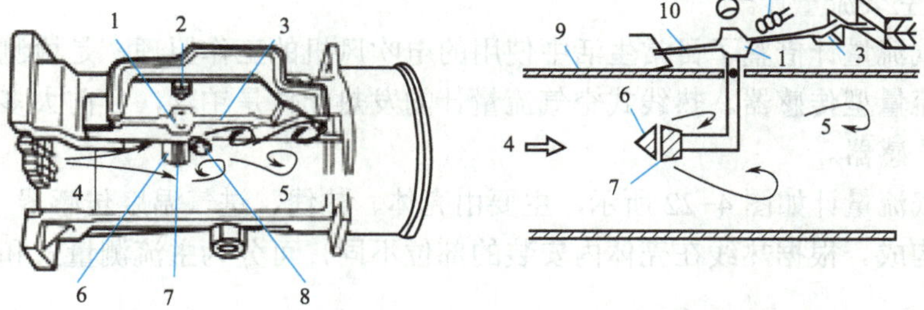

1—反光镜；2—发光二极管；3—钢板弹簧；4—空气流；5—卡尔曼涡流；6—涡流发生器；7—压力导向孔；8—光敏晶体管；9—进气管路；10—支撑板。

图 4-19　卡尔曼涡流式空气流量计的组成

卡尔曼涡流式空气流量计将涡流发生器两侧的压力变化，通过压力导向孔引向由薄金属制成的反光镜表面，使反光镜产生振动，反光镜一边振动，一边将发光二极管射来的光反射给光敏晶体管，这样，涡流的频率在压力作用下转换成镜面的振动频率，镜面的振动频率通过光耦合器转换成脉冲信号。进气量越大，脉冲信号的频率越高；反之，进气量越少，脉冲信号的频率越低。ECU 根据脉冲信号的频率检测进气量。

② 超声波涡流式空气流量计。

超声波涡流式空气流量计结构示意图如图 4-20 所示，主要由涡流发生器、超声波发生器、超声波接收器、集成控制电路、进气温度传感器和大气压力传感器等组成。

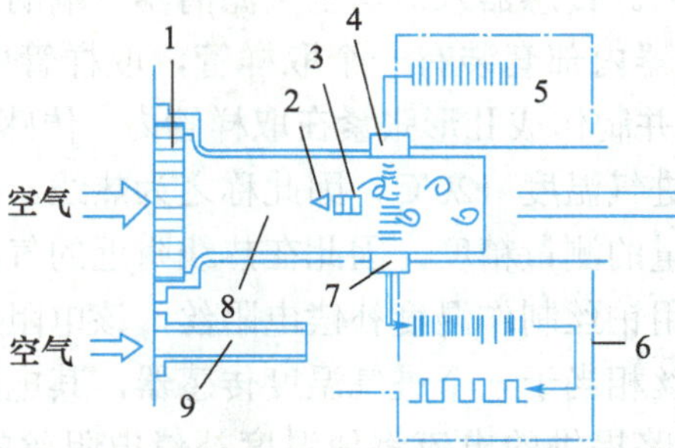

1—整流网栅；2—涡流发生器；3—旋涡稳定板；4—信号发生器；5—超声波发生器；6—整形放大器；7—超声波接收器；8—主空气道；9—旁通空气道。

图 4-20　超声波涡流式空气流量计结构示意图

超声波涡流式空气流量计设有两个空气道，涡流发生器设在主空气道上。设置旁通空气道的目的是调节主空气道的流量，因此，对于排气量不同的发动机，通过改变旁通空气道截面积大小，可使用同一规格的流量计来满足流量检测的要求。在涡流发生器的两侧设有超声波发生器和超声波接收器，超声波发生器用于产生和发射超声波信号，超声波接收器用于接收超声波信号。在主空气道的内壁上，粘贴有吸声材料，防止超声波出现不规则反射现象而影响正常检测。在主空气入口设有整流网栅，其作用是使吸入的空气在涡流发生器上游形成稳定的气流，从而保证产生稳定的涡流。集成控制电路对信号进行整形处理后向 ECU 输入方波信号，以便 ECU 计算处理。进气温度传感器和大气压力传感器信号用于修正进气量。

③ 热线式空气流量计。

热线式空气流量计借鉴了日常生活中使用的电吹风机的工作原理，是检测吸入发动机空气流量的质量流量型传感器。热线式空气流量计的发热元件是铂丝，目前大多数中高档轿车都采用该类型传感器。

热线式空气流量计如图 4–22 所示，主要由壳体、热线、进气温度传感器、控制电路板、金属防护网等构成。根据热线在壳体内安装的部位不同，可分为主流测量式和旁通测量式两种结构形式。

（a）实体图

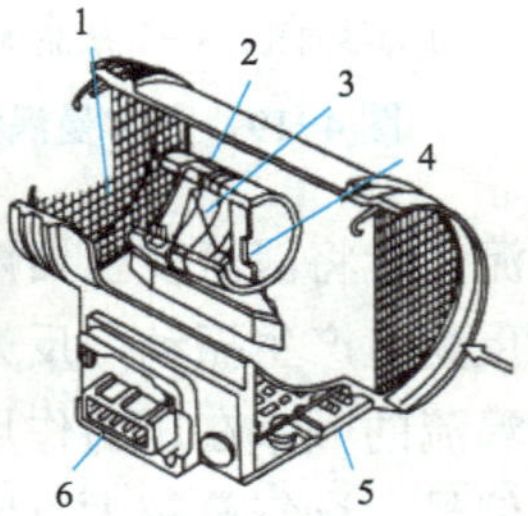

（b）示意图

1—金属防护网；2—取样管；3—热线；4—温度补偿电阻丝；5—控制电路板；6—插接器。

图 4–21　热线式空气流量计

传感器壳体两端设置有与进气道相连接的圆形连接接头，空气入口和出口都设有防止传感器遭受机械损伤的金属防护网。传感器入口与空气滤清器一端的进气管连接，出口与节流阀体一端的进气管连接。传感器内部套装有一个取样管，取样管中设有一根直径很小（约 70 μm）的铂丝作为发热元件，并制作成Ⅱ形张紧在取样管内。传感器工作时，铂丝将被由控制电路提供的电流加热到高于进气温度 120℃，因此称之为热线。由于进气温度变化会使热线的温度发生变化而影响进气量的测量精度，因此在热线附近的气流上游设有温度补偿电阻丝。早期制作的流量传感器采用铂丝制作温度补偿电阻丝，该电阻丝靠近进气口一侧，因此称之为冷线。该温度补偿电阻丝相当于一个进气温度传感器，其电阻值随进气温度变化而变化。当传感器工作时，控制电路提供的电流将使温度补偿电阻丝的温度始终低于发热元件 120℃。这样，温度补偿电阻的温度起到一个参照标准的作用，使进气温度的变化不致影响发热元件测量进气量的精度。

如图 4–22 所示，热线式空气流量计是利用热线与空气之间的热传递现象进行空气流量测量的，将热线温度与吸入空气温度之差保持在 100℃，热线温度由混合集成电路控制。当空气流量增加时，由于空气带走的热量增多，为保持热线温度，混合集成电路使热线电阻 R_H 通过的电流增大；反之则减小。这样，通过热线电阻 R_H 的电流是空气流量的单一函数，即热线电流随空气流量增大而增大，随空气流量减小而减小。热线电流在50～120 mA之间变化，它取决于空气的流量。热线电流给出的输出信号电压，即为通过单臂电桥电路中精密电阻 R_A 上的电压降。在单臂电桥的另一臂上设有温度补偿电阻 R_K 和电桥电阻 R_B，为了减少电损耗，其电阻值较高，通过这个臂的电流仅有几毫安。

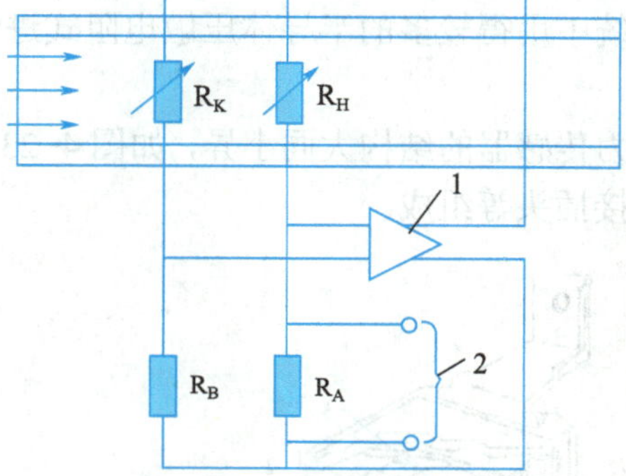

1—混合集成电路；2—输出信号；

R_H—热线电阻；R_K—温度补偿电阻；R_A—精密电阻；R_B—电桥电阻。

图4-22 热线式空气流量计工作原理示意图

热线式空气流量计在使用一段时间后，由于热线表面受空气尘埃沾污，其热辐射能力降低，将会影响传感器的测量精度。一种解决办法是通过在控制电路中设"自洁电路"来实现自洁功能，每当ECU接收到发动机熄火的信号时，ECU将控制"自洁电路"接通，将热线加热到1 000 ℃，并持续1 s，使黏附在热线上的尘埃烧掉；另一种解决办法是，提高热线的保持温度，一般将保持温度设定在200℃以上，以便烧掉黏附的尘埃。

④ 热膜式空气流量计。

热膜式空气流量计是热线式空气流量计的改进产品，其发热元件采用平面形铂金属膜电阻器，故称为热膜电阻。该传感器属于质量流量型，铂发热元件的响应速度很快，能在几毫秒内反映出空气流量的变化，因此，其测量精度不受进气气流脉动的影响。

在传感器内部的进气通道上设有一个矩形护套（相当于热线式空气流量计的取样管），热膜电阻设在护套中。为了防止污物沉积到热膜电阻上而影响测量精度，在护套的空气入口一侧设有滤网，用以过滤空气中的污物。为了防止进气温度变化使测量精度受到影响，在热膜电阻附近的气流上游设有铂金属膜式温度补偿电阻。该温度补偿电阻和热膜电阻与传感器内部控制电路连接，控制电路与线束连接器插座连接，线束插座设在传感器壳体中部。与热线式空气流量计相比，热膜电阻的阻值较大，所以消耗电流较小，使用寿命较长。但是，由于其发热元件表面制作有一层绝缘保护薄膜，存在辐射热传导作用，因此响应性稍差。

热膜式空气流量计的工作原理与热线式空气流量计的工作原理基本相同，只是将发热体由热线改为热膜。这种结构可使发热体不直接承受空气流所产生的压力，增加了发热体的强度，提高了空气流量计的可靠性。

热膜式空气流量计内没有运动部件，因此没有流动阻力，且使用寿命远远长于热线式空气流量计。例如，奥迪A6L、奔驰C200采用了热膜式空气流量计，安装在空气滤清器与进气软管之间。

⑤ 进气歧管压力传感器。

进气歧管压力传感器又称压感式空气流量计，可根据发动机的负荷状态测出进气歧管内绝对压力的变化，并转换成电压信号与转速信号一起输送给 ECU，作为确定喷油器基本喷油量的依据。

进气歧管压力传感器种类较多，就其信号产生原理可分为半导体压敏电阻式和电容式。下面以电子控制燃油喷射系统中用得较多的半导体压敏电阻式进气歧管压力传感器为例，介绍其结构与工作原理。

各类汽车用进气歧管压力传感器的结构大同小异，如图 4-23 所示，主要由硅膜片、真空室、混合集成电路、线束连接插头等组成。

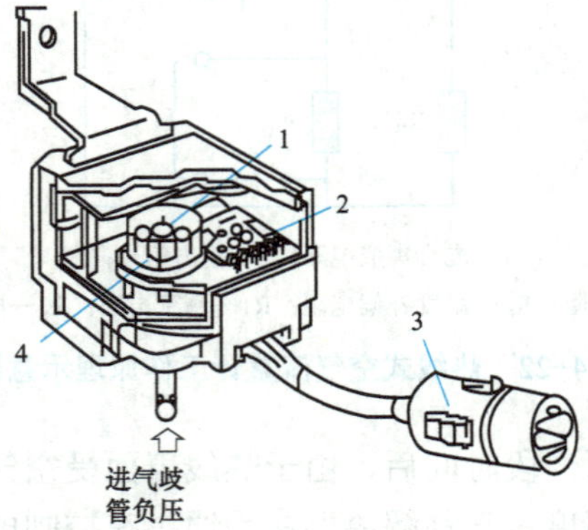

1—硅膜片；2—混合集成电路；3—线束连接插头；4—真空室。

图 4-23 进气歧管压力传感器的结构

进气歧管压力传感器的主要元件是一片很薄的硅膜片，外围较厚，中间最薄，硅膜片上下两面各有一层 0.03 mm 厚的二氧化硅膜。在膜层中，沿硅膜片四边，有 4 个（上下一对看成一个）应变电阻。在硅膜片四角各有一个金属块，通过导线与电阻相连。硅膜片底面粘接了一块硼硅酸玻璃片，使硅膜片中部形成一个真空室以传感压力。硅膜片结构图和桥形电路图如图 4-24 所示。

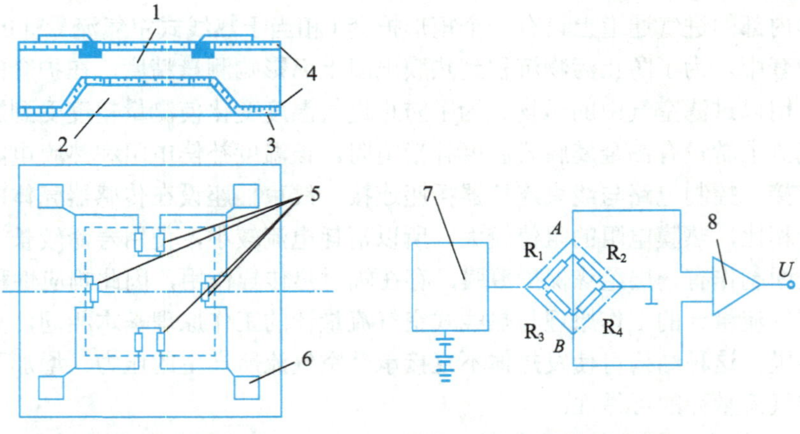

（a）硅膜片结构图　　（b）硅膜片桥形电路图

1—硅膜片；2—真空室；3—硼硅酸玻璃片；4—二氧化硅膜；5—应变电阻；6—金属块；7—稳压电源；8—差动器。

图 4-24 硅膜片结构图和桥形电路图

传感器通常用一根橡胶管和需要测量压力的部位相连。硅膜片中的 4 个电阻连接成单臂电桥形式，由稳定电源供电，电桥应在硅膜片无变形时调到平衡状态。

当空气压力增加时，硅膜片弯曲，引起电阻值的变化，其中 R_1 和 R_4 的电阻值增大，而 R_2、R_3 的电阻值则等量减少。这使电桥失去平衡而在 A、B 两端形成电势差，从而输出与空气压力成正比的电压信号。

（2）转速与曲轴位置传感器。

发动机转速与曲轴位置传感器是发动机电控系统中最重要的传感器之一，是控制点火正时和喷油时刻不可缺少的信号源。发动机转速传感器用于检测发动机转速，曲轴位置传感器用于检测活塞上止点及曲轴转角，它们一般制成一体，安装在曲轴前端、凸轮轴前端或飞轮上，主要有电磁感应式、霍尔感应式和光电感应式等类型，其中，电磁感应式广泛应用在现代汽车发动机上。

例如，奥迪 A6L、奔驰 C200 轿车的发动机转速与曲轴位置传感器采用的是电磁感应式，安装在曲轴箱内靠近离合器一侧的缸体上。如图 4-25 所示，电磁感应式转速与曲轴位置传感器主要由信号发生器和信号转子组成。

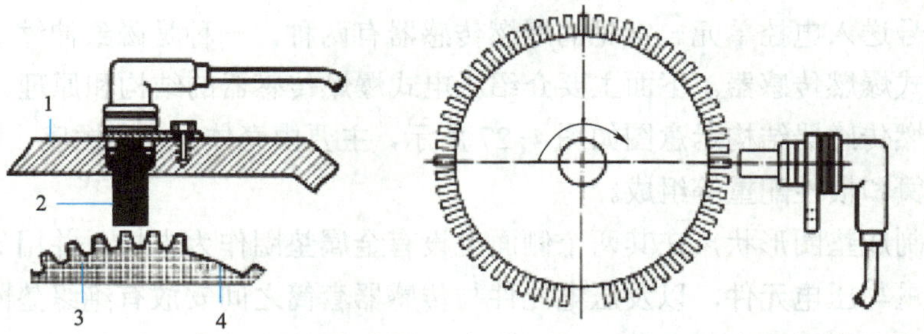

1—缸体；2—传感器磁头；3—信号转子；4—大齿缺（输出曲轴位置基准信号）。

图 4-25　电磁感应式转速与曲轴位置传感器结构示意图

① 信号发生器。

信号发生器用螺钉固定在发动机机体上，由永久磁铁、传感线圈和线束组成。传感线圈也称信号线圈，永久磁铁上带一个磁头，磁头正对安装在曲轴上的齿盘式信号转子，磁头与导磁轭（导磁板）连接构成导磁回路。

② 信号转子。

信号转子为齿盘式，其圆周上间隔均匀地制作有 58 个凸齿、57 个小齿缺和 1 个大齿缺。大齿缺输出基准信号，对应于发动机 1 缸或 4 缸压缩行程上止点前一定角度，大齿缺所占的弧度相当于 2 个凸齿和 3 个小齿缺所占的弧度。信号转子随曲轴一同旋转，曲轴旋转一圈，信号转子也旋转一周，信号转子圆周上的凸齿和齿缺所占的曲轴转角也是 360°。因此，每个凸齿和小齿缺所占的曲轴转角为 3°，大齿缺所占的曲轴转角为 15°。

当转速与曲轴位置传感器随曲轴旋转时，信号转子每转过一个凸齿，传感线圈中就会产生一个周期的交变电动势（电动势出现一次最大值和一次最小值），传感线圈相应地输出一个电压信号。例如，奥迪 A6L、奔驰 C200 轿车的电磁感应式转速与曲轴位置传感器的信号转子上设计有一个产生基准信号的大齿缺，当大齿缺转过磁头时，其输出信号所占时间较长，即输出信号为一宽脉冲信号，该信号对应 1 缸或 4 缸上止点前一定角度。传感器产生的信号电压将通过线束直接输入 ECU，经过整形电路处理后的信号电压波形如图 4–26 所示。

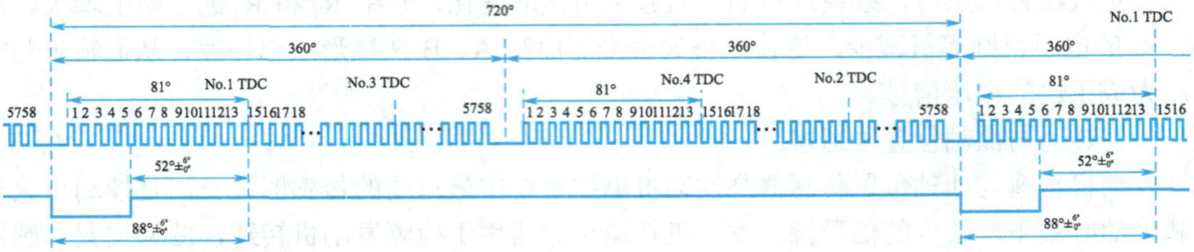

图 4–26　经过整形电路处理后的信号电压波形

当 ECU 接收到大齿缺信号（宽脉冲）时，只能知道 1 缸或 4 缸活塞即将到达上止点位置，至于即将达到上止点的是 1 缸或 4 缸，是压缩上止点，还是排气上止点，还要根据凸轮轴位置传感器输出的气缸识别信号进行判断。

（3）爆燃传感器。

爆燃传感器是发动机电控系统中必不可少的重要部件，它的作用是检测发动机有无爆燃现象，并将信号送入电控单元。常见的爆燃传感器有两种，一种是磁致伸缩式爆燃传感器，另一种是压电式爆燃传感器。下面主要介绍压电式爆燃传感器的结构和原理。

压电式爆燃传感器结构示意图如图 4–27 所示，主要由壳体、线束插座、压电元件、绝缘垫圈、盘形弹簧和惯性配重等组成。

压电元件制成垫圈形状，在其两个侧面上设有金属垫圈作为电极，并用导线引到线束插座上。惯性配重与压电元件，以及压电元件与传感器套筒之间安放有绝缘垫圈，套筒中心制作有螺孔，传感器用螺栓安装在发动机缸体上，调整螺栓的拧紧力矩便可以调整传感器的输出电压（传感器的输出特性出厂时已经调好，使用中拧紧力矩不得随意调整）。

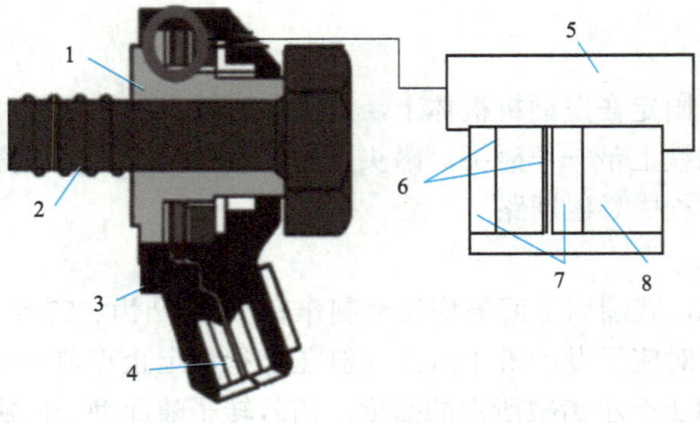

1—底座；2—螺栓；3—壳体；4—线束插座；5—压电元件；6—绝缘垫圈；7—盘形弹簧；8—惯性配重。

图 4–27　压电式爆燃传感器结构示意图

惯性配重用来传递发动机振动产生的惯性力，惯性配重与塑料壳体之间安装有盘形弹簧，借弹簧张力将惯性配重、压电元件和垫圈等部件压紧在一起。传感器插座上有三根引线，其中两根为信号线，一根为屏蔽线。

压电式爆燃传感器利用晶体或陶瓷多晶体的压电效应工作，晶体受到压力而产生的电荷量与外力大小成正比。

当发动机缸体产生振动时，传感器套筒底座及惯性配重随之产生振动，一旦套筒底座和配重的振动作用在压电元件上，压电元件的信号输出端就会输出与振动频率、振动强度有关的交变电压信号。实验证明，发动机爆燃频率一般在 6～9 kHz 之间，其振动强度较大，所以信号电压较高。发动机转速越高，信号电压值越大。

例如，本田 CR-V 型轿车采用了一个爆燃传感器，安装在缸体右侧 2、3 缸之间；别克英朗轿车采用了两个爆燃传感器，一个用于检测 1、2 缸爆燃信号，另一个用于检测 3、4 缸爆燃信号，安装在发动机缸体的进气道一侧。

（4）氧传感器。

氧传感器也称气体浓度传感器，是发动机控制系统中一个非常重要的传感器，其功能是通过监测排气中氧离子的含量来获得混合气的空燃比信号，并将空燃比信号转变为电子信号输入发动机 ECU。ECU 根据氧传感器信号对喷油时间进行修正，实现空燃比反馈控制，从而将空燃比控制在 14.7 左右（过量空气系数约为 0.98～1.02），使发动机得到最佳浓度混合气，从而达到降低有害气体的排放和节油的目的。

目前，汽车发动机采用的氧传感器分为氧化锆型氧传感器和氧化钛型氧传感器两种。氧化锆型氧传感器又分为加热型和非加热型两种，氧化钛型氧传感器一般都为加热型传感器。由于氧化钛型氧传感器价格便宜，且不易受到硅离子的腐蚀，因此大多汽车采用氧化钛型氧传感器。

① 氧化锆型氧传感器。

氧化锆型氧传感器结构示意图如图 4-28 所示，主要由钢质护管、钢质壳体、锆管、加热元件、电极引线、防水护套和线束插头等组成。

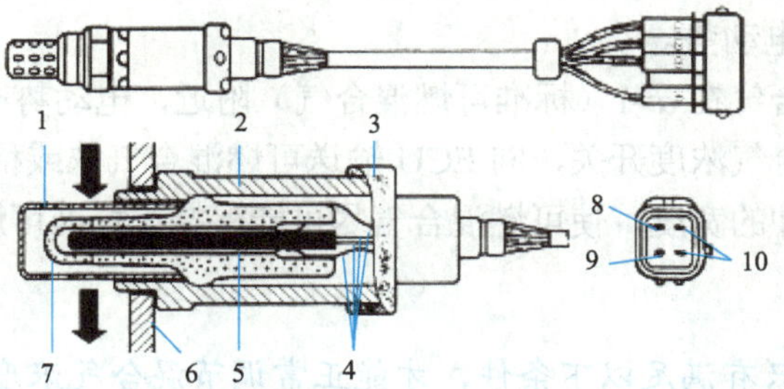

1—钢质护管；2—钢质壳体；3—防水护套；4—电极引线；5—加热元件；6—排气管；
7—锆管；8—加热元件电源端子；9—加热元件搭铁端子；10—信号输出端子。

图 4-28 氧化锆型氧传感器结构示意图

锆管是在二氧化锆（ZrO_2）固体粉末中添加电解质，经过加压成形，再烧结而成的，其加工工艺与火花塞绝缘体的加工工艺完全相同。锆管制作成试管形状，以便氧离子能均匀扩散与渗透。锆管的内表面通进气，外表面通排气。

锆管强度很低，而且安装在排气管上承受排气冲击，为了防止锆管受排气压力冲击而造成陶瓷破碎，将锆管装在钢质护管内。钢质护管上制作有若干个小孔，以便排气流通。在钢质壳体上制作有六角螺边和螺纹，以便安装和拆卸。

多数轿车采用非加热型氧传感器，其线束插头只有 1 个或 2 个接线端子；中高档轿车采用加热型氧传感器，其线束插头有 3 个或 4 个接线端子。加热元件采用陶瓷制成，设在锆管内侧，由汽车电源通入电流进行加热。氧化锆型氧传感器只有在 300℃以上环境时，才能输出稳定信号电压，因此加热的目的是保证低温（排气温度在 150～200℃以下）时传感器就能投入工作，从而减少有害气体的排放量。

氧化锆型氧传感器的工作原理与干电池相似，传感器中的氧化锆物质起类似电解液的作用，锆管表面的铂电极起催化剂的作用，如图 4–29 所示。

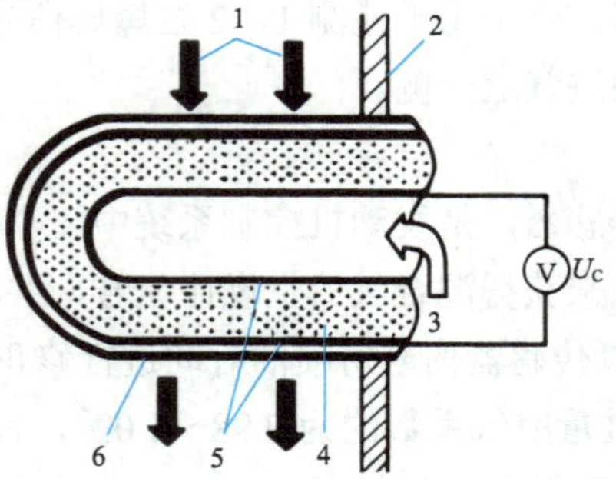

1—排气；2—排气管；3—大气；4—固体 ZrO_2；5—铂电极；6—保护层。

图 4–29　氧化锆型氧传感器工作原理示意图

发动机工作时，若供给的是稀混合气（过量空气系数 $\alpha>1$），废气中氧的浓度高，CO 浓度低，即使 CO 与 O_2 发生反应，仍有多余的 O_2 存在，使氧传感器内、外表面的氧浓度差小，几乎不产生电动势（约 0 V）；若供给的是浓混合气（$\alpha<1$），可燃混合气燃烧后的废气中也有一定量剩余的氧气，废气与铂电极接触，在铂的催化作用下使残存的低浓度氧与废气中的 CO、HC 发生反应，使铂金属表面的氧浓度趋于零，氧传感器内、外表面的氧浓度差很大，在电极间产生约 1 V 的电动势。

综上所述，可燃混合气在 α=1（标准可燃混合气）附近，电动势产生突变。这样，氧传感器即相当于一个可燃混合气浓度开关，向 ECU 输送可燃混合气浓或稀的信号，ECU 可根据该信号控制喷油器喷油脉冲的宽度，使可燃混合气尽可能保持在标准可燃混合气（α=1）状态。

注意

氧化锆型氧传感器只有满足以下条件，才能正常调节混合气浓度：

（1）发动机温度高于 60 ℃；

（2）氧传感器自身温度高于 300 ℃；

（3）发动机工作在怠速工况和部分负荷工况下。

目前大部分汽车上使用的是加热型氧化锆氧传感器，即在传感器内设置一个加热器，并引出两个电极直接由汽车电源（12～14 V）通电，在发动机起动后 20～30 s 内迅速将氧传感器加热到 300℃以上工作温度。

② 氧化钛型氧传感器。

氧化钛型氧传感器利用二氧化钛（TiO_2）作为敏感元件，TiO_2 属于 N 型半导体材料，其阻值取决于材料温度及周围环境中氧离子的浓度，因此可以用来检测排气中的氧离子浓度。

氧化钛型氧传感器的结构与氧化锆型氧传感器相似，如图 4–30 所示，主要由二氧化钛传感元件、钢质壳体、加热元件和传感器引线等组成。

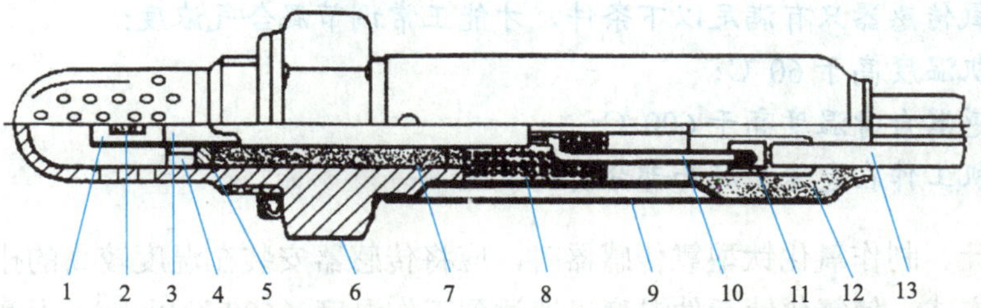

1—加热元件；2—二氧化钛传感元件；3—基片；4—垫圈；5—密封圈；6—钢质壳体；7—滑石粉填料；
8—密封釉；9—护套；10—电极引线；11—连接焊点；12—密封衬垫；13—传感器引线。

图 4-30 氧化钛型氧传感器结构示意图

钢质壳体上制有螺纹，以便传感器安装。与氧化锆型氧传感器不同的是，氧化钛型氧传感器不需要与大气进行氧气浓度比较，因此传感元件的密封与防水十分简单，利用玻璃或滑石粉等材料即可达到使用要求。此外，在电极引线与护套之间设置一个硅橡胶密封衬垫，可以防止水汽浸入传感器内部而腐蚀电极。

加热元件用钨丝或陶瓷材料制成，加热的目的是使二氧化钛核心温度保持恒定，使输出特性不受温度的影响。二氧化钛是一种多孔性的陶瓷材料，可以利用热传导方式对芯片或厚膜直接加热，达到规定温度（600 ℃以上）的加热时间短，对降低发动机刚刚起动后 HC 的排放十分有利。

二氧化钛半导体材料的电阻具有随氧离子浓度的变化而变化的特性，因此，氧化钛型氧传感器的信号源相当于一个可变电阻。氧化钛型氧传感器的工作特性图如图 4-31 所示。

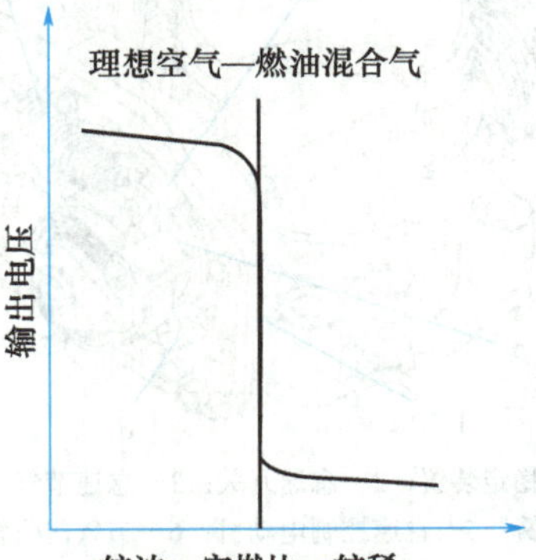

图 4-31 氧化钛型氧传感器的工作特性图

当可燃混合气浓时（$\alpha<1$）：燃烧不完全，排气中有氧剩余很少，传感元件周围的氧离子浓度较小，二氧化钛呈高阻状态，输出高电平。与此同时，在铂的催化作用下，使剩余氧离子与排气中的一氧化碳产生化学反应，生成二氧化碳，将排气中的氧离子进一步消耗掉，从而大大提高传感器的灵敏度。

当可燃混合气稀时（$\alpha>1$）：排气中氧离子较多，传感元件周围的氧离子浓度较大，二氧化钛呈低阻状态，输出低电平。

可见，氧化钛型氧传感器的电阻将在混合气的 $\alpha\approx1$ 时产生突变。当给氧传感器施加稳定的电压时，在其输出端便可得到一个交替变化的信号。该稳定电压一般由 ECU 内部的稳压电源提供。

注意

氧化钛型氧传感器只有满足以下条件，才能正常调节混合气浓度：

（1）发动机温度高于 60 ℃；

（2）氧传感器自身温度高于 600 ℃；

（3）发动机工作在怠速工况和部分负荷工况下。

因此，设计、制作氧化钛型氧传感器时，应将传感器安装在温度较高的排气管上，同时采用直接加热方式，使氧化钛元件温度迅速达到工作温度（600 ℃以上），从而投入工作。

（5）节气门体。

节气门体的主要作用是通过改变节气门开度的大小，来改变进气通道截面积，控制发动机运转工况，并通过节气门位置传感器检测发动机负荷。节气门体安装在进气总管，其主要类型有机械式节气门体和电子节气门体。

① 机械式节气门体。

传统节气门体采用刚性连接，即采用通过节气门拉索连接加速踏板的机械连接方式，因此，节气门体开度完全取决于加速踏板的行程，即驾驶员的操作。从动力性和经济性角度来看，发动机并不总是完全处于最佳运行工况，而且驾驶员的误操作也给汽车的安全性带来隐患。

目前大众速腾轿车怠速控制采用节气门直动式，取消了通向节气门的旁通空气道，由节气门控制组件对发动机的怠速进行综合控制。机械式气门控制组件结构示意图如图 4–32 所示。

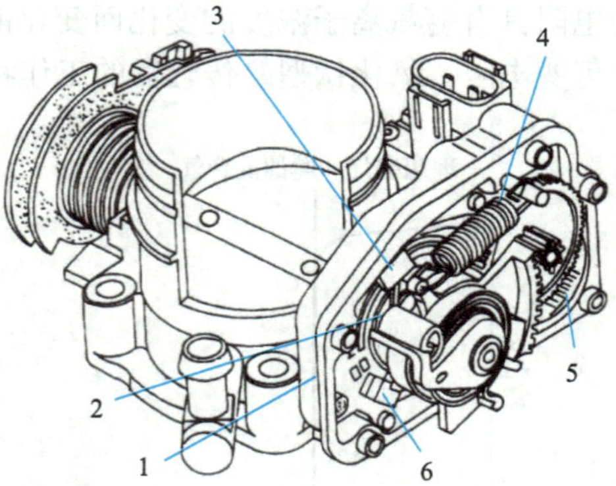

1—整体式怠速稳定装置；2—怠速开关；3—怠速节气门位置传感器；
4—应急弹簧；5—怠速控制电动机；6—节气门位置传感器。

图 4–32　机械式气门控制组件结构示意图

a）节气门位置传感器。

节气门位置传感器直接连接在节气门轴上，与驾驶员操纵的加速踏板联动。通过安装在节门轴一端的滑臂在电位计上滑动，将节气门开度转换为电信号送给 ECU，在发动机工作转速范围内，向 ECU 提供当时的节气门位置信号，作为 ECU 判断发动机运转工况的依据。如果 ECU 没有接收到节气门传感器传输的信号，那么，ECU 将根据发动机转速信号和空气流量计信号计算确定一个代替值。

b）怠速节气门位置传感器。

怠速节气门位置传感器安装在节气门体内，与怠速控制电动机连接在一起，可将节气门的开度、怠速控制电动机的位置信号输送给 ECU。当怠速节气门位置传感器到达调节范围极限时，节气门仍可继续开启。

c）怠速开关。

怠速开关与节气门位置传感器一起安装在节气门轴上，向 ECU 提供怠速状态信息。当节气门关闭时，怠速开关触点闭合，ECU 判断发动机处于怠速状态，从而按怠速工况要求控制喷油量；当节气门打开时，怠速开关触点断开，ECU 根据该信号控制从怠速到小负荷的过渡工况的喷油量。怠速开关信号还可作为 ECU 判断是否进行怠速自动控制和急减速断油控制的依据。当怠速开关信号中断时，ECU 将节气门位置传感器信号与怠速节气门位置传感器信号进行比较，判断节气门的怠速位置。

d）怠速控制电动机。

怠速控制电动机通过齿轮传动结构来操纵节气门，使其开度增大或减小。当发动机怠速工作时，怠速节气门位置传感器将其阻值变化转换为电信号输入 ECU，ECU 接到该信号后，根据信号电压高低确定节气门的开度，再控制怠速电动机，通过怠速控制电动机微量调节节气门开度来调节发动机的怠速运转。

e）应急弹簧。

当怠速控制电动机发生故障或 ECU 对怠速控制电动机的控制失灵时，应急弹簧将节气门拉到一个特定的应急位置，使怠速处于应急状态运转，转速将升高。

② 电子节气门体。

电子节气门体在整个调整范围内都由一个电动机控制。驾驶员根据需要踏下加速踏板，传感器记录下加速踏板的位置并将该信号传递给发动机电控单元，ECU 将对应输入的信号，传递给节气门定位器，定位器将节气门转动到相应的角度。

电子节气门体主要由加速踏板模块、ECU、节气门控制单元和故障指示灯等组成，如图 4-33 所示。

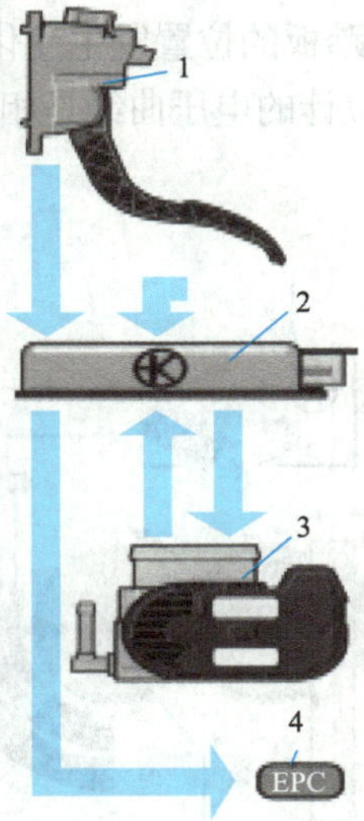

1—加速踏板模块；2—ECU；3—节气门控制单元；4—故障指示灯。

图 4-33　电子节气门体组成示意图

为保证安全性，在加速踏板模块设置的两个传感器是滑动触点电位计，即加速踏板装置传感器，它们被安装在一根公共轴上。滑动触点电位计的电阻和传送到ECU的电压随着加速踏板位置的变化而变化。

a）节气门控制单元。

节气门控制单元用于保证向发动机提供足够的空气流量，安装于进气歧管上。开启或关闭节气门时，ECU激活节气门驱动装置的电动机，两个角度传感器向ECU提供当前节气门位置的反馈信号。如图4–34所示，节气门控制单元主要由节气门体、节气门、节气门驱动装置、节气门角度传感器等组成。

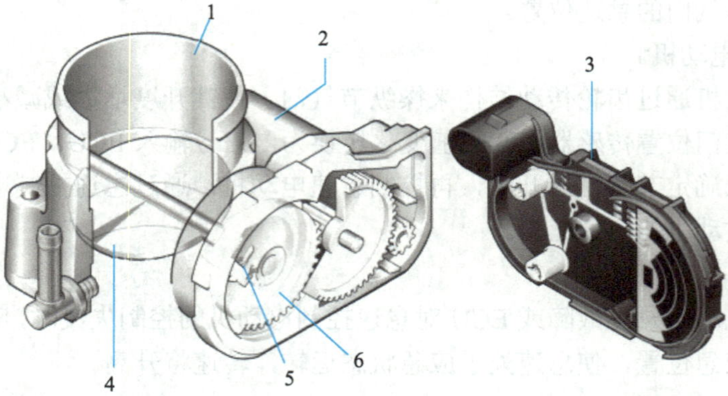

1—节气门体；2—节气门驱动装置；3—带集成电路的罩盖；4—节气门；
5—节气门角度传感器；6—带弹簧回位系统的齿轮。

图4–34　节气门控制单元的结构

b）节气门驱动装置。

节气门驱动装置是一个电动机，由ECU控制，通过一个小齿轮驱动节气门，节气门可以在怠速位置和节气门全开位置之间无极定位。两个节气门角度传感器都是滑动触点电位计，安装在节气门轴上的齿轮上。当加速踏板的位置发生变化时，电位计的电阻发生变化，发送到ECU的信号电压也发生变化，两个电位计的电压曲线是相反的，使ECU可以区分两个电位计并执行测试，如图4–35所示。

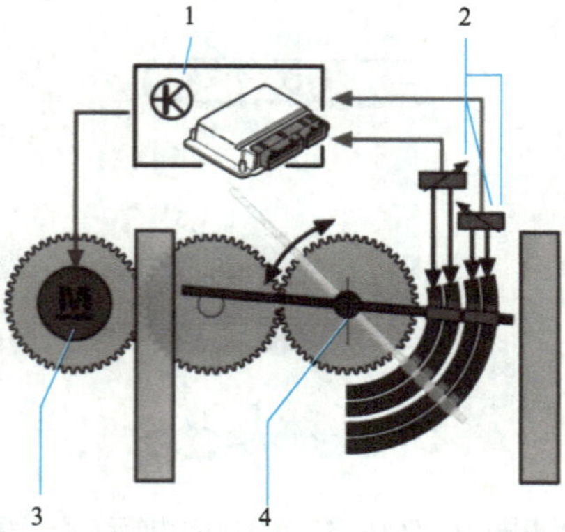

1—ECU；2—节气门角度传感器；3—驱动装置；4—节气门。

图4–35　节气门控制单元工作原理示意图

发动机怠速时，ECU 从加速踏板位置传感器的信号上识别出加速踏板没有被踏下，怠速控制过程正式开始。ECU 激活节气门驱动装置，并通过电动机来定位节气门。节气门根据实际怠速值与规定怠速值的偏差来开启或关闭节气门。节气门驱动装置的两个节气门角度传感器将当前节气门位置信号传递给 ECU。

踏下加速踏板时，ECU 从加速踏板位置传感器的信号上识别出加速踏板被踏下的程度。通过使用该信息，ECU 计算出驾驶员的输入信号，并通过电动机激活节气门驱动装置，将节气门定位。节气门驱动装置的两个节气门角度传感器确定节气门位置并传递相应的信号到 ECU。ECU 在计算节气门开度时，需要附加发动机扭矩等必要因素。

（6）温度传感器。

现代汽车发动机使用温度传感器测量发动机冷却液温度和进气温度，为发动机的燃油喷射、油压控制提供依据。

① 温度传感器按结构不同分为：热敏电阻式、石蜡式、双金属片式，现代汽车使用较多的是热敏电阻式温度传感器。

② 温度传感器按工作不同分为：冷却液温度传感器和进气温度传感器。

a）冷却液温度传感器。

冷却液温度传感器简称水温传感器，大多用负温度系数热敏电阻制成，一般安装在发动机缸体、缸盖的水套或节温器内，并伸入水套中。

冷却液温度传感器结构示意图如图 4-36 所示，它由封闭在金属外壳内的对温度变化非常敏感的负温度系数热敏电阻构成，利用电阻值的变化来检测冷却液的温度。冷却液温度越低，电阻值越大；相反，冷却液温度越高，电阻值越小。

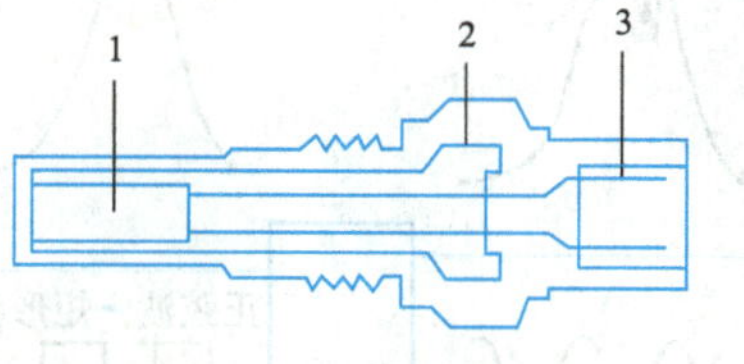

1—热敏电阻；2—外壳；3—电线接头。

图 4-36　冷却液温度传感器结构示意图

在外界环境温度较低的条件下起动发动机时，此时冷却液温度传感器的热敏电阻值较大，ECU 接收到低温信号，给喷油器额外喷油指令，使喷油器多喷油；当发动机冷却液温度逐渐升高时，热敏电阻值逐渐减小，ECU 控制喷油器逐渐减少额外喷油量。如果发动机冷却液温度达到 80℃以上，冷却液温度传感器热敏电阻值约为 0.4 kΩ，此时 ECU 控制喷油器进行正常喷油，不再额外喷油，发动机进入正常工作状态。

b）进气温度传感器。

进气温度传感器可检测发动机吸入空气的温度，将进气温度信号转变为 ECU 能识别的电信号，根据进气温度的高低，控制喷油器的额外喷油。进气温度传感器的内部结构与冷却液温度传感器完全相同，但按照位置不同，一般分为以下 3 种：

（a）在 D 型电控燃油喷射系统中，安装在空气滤清器之后的进气软管上；

(b) 在L型电控燃油喷射系统中，安装在空气流量传感器上；

(c) 将进气温度传感器安装在进气压力传感器内，合二为一。

2）点火控制单元

汽车在运行时，各传感器不断检测汽车运行的工况信息，并将这些信息实时地通过输入接口传送给ECU。ECU接收到信息时，根据内部预先存储的数据和编写好的控制程序，通过数学计算和逻辑判断，进行相应的决策和处理，确定出适应发动机工况的点火正时、喷油时间等参数，并将这些数据转变为电信号，通过输出接口输出控制信号给相应的执行装置，执行装置接收到控制信号后，执行相应的动作，实现预设功能。

在发动机运行过程中，ECU对部分传感器的信号进行监测与鉴别。当发动机某传感器传输信号超过规定的范围时，ECU将判断该传感器或相关线路产生故障，并将故障信息以代码的形式存储在存储器中，以便维修和调用。与此同时，还以一个设定的数据或用其他传感器提供的信息，对发动机实施控制，使发动机进入故障应急运行状态。

4. 电控单元的基本组成

电控单元主要由输入接口、微型计算机、输出接口等组成。

1）输入接口

从传感器来的信号，首先进入输入接口。在输入接口中，对输入信号进行预处理，一般在去除杂波和将正弦波转换为矩形波后，再转换成输入电平，如图4-37所示。

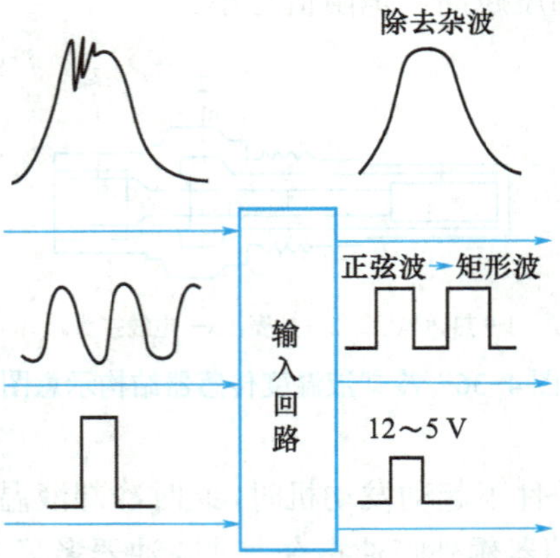

图4-37　输入接口对输入信号进行预处理

传感器的输出信号按特征一般可分为模拟信号、开关量信号和连续脉冲信号等类型，例如，水温信号是模拟信号，怠速信号是开关量信号，发动机转速信号是连续脉冲信号。信号的特征不同，输入ECU后的处理方法也不相同。

由于中央处理器（CPU）只能识别数字信号，当传感器的输出信号为数字信号时，可直接送至CPU，而当传感器的输出信号为模拟信号时，必须通过A/D转换器将模拟信号转换成数字信号后，才能输至CPU中进行运算处理，进而控制各种执行装置的动作。例如，空气流量计的输出信号是随发动机的负荷变化且连续变化的模拟信号，其信号变化范围为0～5 V，将该信号通过 A/D 转换器转换后，即可变成数字信号送至 CPU 进行运算处理。

2）微型计算机

微型计算机是发动机电控单元的神经中枢，它能根据需要将各种传感器送来的信号按内存的程序进行处理，并将处理结果（如喷油器喷射信号、点火正时信号）送往输出接口。微型计算机主要由 CPU、存储器、输入输出装置（I/O 接口）等组成。

（1）CPU。CPU 是运算器与控制器的总称，用于读出命令并执行数据处理任务。

（2）存储器。存储器的功能是记忆、存储程序和数据，一般由只读存储器 ROM 和运行数据存储器 RAM 组成。

只读存储器 ROM：用来存储固定数据信息，即存放各种永久性程序和数据，如电子控制燃油喷射系统中一系列控制程序软件、燃油基本喷射时间三维图数据、点火控制特性脉谱图，以及其他重要特性数据等，这些资料均由汽车制造厂一次性存入，运行中无法改变其内容。电控单元工作时，新的数据不能存入，只能在需要时读出其原始资料。

运行数据存储器 RAM：又称读写存储器和随机存取存储器。由于 ROM 是只读存储器，而在 ECU 中，不但要处理来自外界变化着的复杂信息，还要增加新的信息量，因此，汽车 ECU 必须能暂时存储各传感器输入的信息，暂时存放微机操作时可改变的数据。当这些信息使用过后，应从存储器清除，以便新的信息输入。

注意

RAM 在 ECU 中起暂时存储信息的作用。切断电源时，在 RAM 内存入的全部数据完全消失。因此，为防止发动机运行时，有些需较长时间保存以备后用的信息（如发动机故障代码）不致丢失，一些 RAM 通过专用的后备电源与蓄电池直接连接，使其不受点火开关的控制。

（3）输入输出装置：一般称为 I/O 接口，它是 CPU 与传感器、执行装置间进行信息交流的控制电路。根据 CPU 的命令，以所需要的频率输入信号通过 I/O 接口接收，按发出控制信号的形式和要求输出信号通过 I/O 接口发送，以最佳的速度送出或送入存储器，它是 ECU 与外界进行信息交换的纽带。

3）输出接口

输出接口是 ECU 与执行装置之间建立联系的纽带，它将 ECU 作出的决策指令，转变为控制指令驱动执行装置进行工作，它起着控制信号的生成与放大等作用。例如，输出回路中采用功率晶体管的导通与截止，为喷油器提供一定宽度的脉冲信号来控制喷油器的喷油量。输出接口电路主要包括电磁线圈驱动电路、电动机输出电路、继电器驱动电路和显示装置驱动电路。

5. 微机控制点火系统的控制内容

微机控制点火系统的控制内容包括闭合角控制、点火提前角控制及爆燃控制。

1）闭合角控制

闭合角是指在汽车点火系统中，断电器触点闭合时分电器凸轮转过的角度，也可以理解为点火线圈一次电路通电时间对应的凸轮轴转角。它直接影响点火线圈一次绕组的通电时间，从而对点火能量和点火时刻产生重要影响。

而在微机控制点火系统中，闭合角则是指一次电路接通的时间。点火线圈的二次电压是和一次电路断开时的一次电流成正比的，如果通电时间短，一次电流小，则会使感应出的二次电压偏低，容易造成失火；而一次电流大，虽然对点火有利，但通电时间过长，会使点火线圈发热甚至烧坏，还会使能耗增大。因此要将一次回路的通电时间控制在一个最佳状态。

影响闭合角的因素主要有蓄电池电压和发动机转速。在微机控制点火系统中，将闭合角随发动机转速与蓄电池电压的变化而变化的关系绘制成三维脉谱图，并以数据的形式储存到 ECU 的 ROM 中，以便计算机在控制中随时调用这些数据，并与实时信息对比后发出闭合角的控制指令。

2）点火提前角控制

点火提前角是指从火花塞电极间跳火开始，到活塞运行至上止点为止这一段时间内曲轴所转过的角度。它是发动机点火系统中的一个关键参数，合适的点火提前角可以使混合气在活塞到达上止点附近后刚好完全燃烧，从而使发动机获得最大的动力输出和最佳的燃油经济性。

（1）起动控制。

发动机刚起动时，其转速较低，且进气歧管压力信号或进气量信号不稳定。此时可由 ECU 根据所控制的发动机工作特性预置一个固定的点火提前角，称为初始点火提前角。也就是说，ECU 检测到发动机处于起动期间，就按预置的初始点火提前角控制各缸点火，此时，ECU 检测的控制信号主要是发动机转速信号（Ne）和起动开关信号（STA）。

（2）起动后控制。

发动机起动后为正常运行模式，此时 ECU 根据发动机的转速和负荷信号，在 ECU 存储器中查找这一工况下对应的基本点火提前角，然后 ECU 再根据得到的修正信号对点火提前角进行修正，确定实际的最佳点火提前角。即实际点火提前角=初始点火提前角+基本点火提前角+修正点火提前角。发动机正常运行期间，ECU 要根据实测的有关发动机各种工况信息确定最佳点火提前角。

① 基本点火提前角。

ECU 根据发动机的基本工况，如发动机转速和负荷，预先设定的点火提前角标准值即为基本点火提前角。它是在理想状况下，确保发动机能够高效、稳定运行的点火提前角度数，是点火提前角控制策略中的基础部分。在发动机运行过程中，实际的点火提前角会在基本点火提前角的基础上，根据其他因素（如进气温度、燃油品质等）进行适当的修正。

② 修正点火提前角。发动机正常运行时，最佳点火提前角还与发动机冷却液温度、进气温度、混合气空燃比、爆燃等诸多因素有关，因而 ECU 还要根据实测到的这些信号对点火提前角进行修正。

（a）暖机修正。暖机修正是发动机电控系统中针对发动机温度变化所采取的一种点火提前角调整策略。当发动机处于冷启动或暖机过程中，发动机的温度较低，燃油的蒸发和混合气的形成过程受到影响，燃烧速度变慢。暖机修正的目的是通过调整点火提前角，使发动机在低温状态下也能稳定、高效地运行，减少发动机抖动，提高燃油经济性，并降低有害气体的排放。

（b）过热修正。过热修正是指当发动机温度过高时，ECU 对点火提前角进行的调整，其目的是防止发动机因过热而产生爆燃、功率下降、机件损坏等问题，同时维持发动机在高温环境下的稳定运行，减少有害气体排放。

（c）怠速稳定性修正。发动机在怠速运行期间，由于发动机负荷变化，会引起发动机转速改变而偏离怠速下设定的目标转速。为了保持怠速下发动机的稳定运转，必须相应地修正点火提前角。当检测到的实际转速低于怠速目标转速时，应相应增大点火提前角。相反，当检测到的实际转速高于怠速目标的转速时，应相应减小点火提前角。控制怠速稳定性修正量的主要信号有发动机转速信号、节气门开度信号、车速信号、空调信号等。

（d）空燃比反馈控制。空燃比是指空气质量与燃油质量之比。在理想情况下，汽油发动机的理论空燃比约为 14.7:1，此时汽油可以完全燃烧。空燃比反馈控制是一种发动机控制策略，通过氧传感器监测排气中的氧含量，将信号反馈给 ECU，ECU 根据反馈信号来调整喷油量，使实际的空燃比尽可能接近理论空燃比，以达到提高燃油经济性、降低有害气体排放和优化发动机性能的目的。

当初始点火提前角设定之后，受 ECU 控制的点火提前角只有基本点火提前角和修正点火提前角。

3）爆燃控制

在微机控制点火系统中设置有爆燃控制器，它由爆燃传感器、检测电路、控制电路及校正电路组成。爆燃传感器大多安装在气缸体上，利用压电晶体的压电效应将爆燃传到气缸体上的机械振动转换成电信号输入 ECU 中，ECU 检测传感器送来的信号，分析判断有无爆燃及爆燃的强弱，然后输出相应的指令控制校正电路对发动机的点火提前角做较准确的调整。爆燃强，推迟点火的角度大，爆燃弱，推迟点火的角度小。每次调整都以一个固定的角度递减，直到爆燃消失为止，之后又以一个固定的角度递增。当发动机再次出现爆燃时，ECU 又使点火提前角再次减小，如此不断调整。这是一种“临界控制”方式，它可使发动机接近爆燃区而又不进入爆燃区，此时缸内燃烧的热效率最高。

任务 4.5　微机控制点火系统故障诊断与排除

目标

掌握汽车微机控制点火系统故障诊断与排除的步骤和方法。

仪器与工具

火花塞、电磁感应式曲轴位置传感器、万用表等。

1. 常见故障分类

1）低压电路故障

（1）蓄电池故障：蓄电池电量严重不足或内部故障，无法为点火系统低压电路提供稳定的电源。例如，蓄电池极板硫化会导致其储电能力大幅下降，使得点火系统低压电路供电不稳定。

（2）点火开关故障：点火开关经长期使用后，内部触点磨损、烧蚀，造成接触不良。当点火开关处于接通位置时，却无法正常导通电路，使低压电流无法流向后续部件。

（3）低压线路短路或断路故障：车辆行驶过程中，线路受到振动、磨损，绝缘层破损，可能引发短路，如低压线路与车身金属部件直接接触，导致电流泄漏。而断路可能是由于线路老化、折断或者接头松动、氧化，使电路无法形成完整通路。

（4）点火线圈一次绕组故障：点火线圈一次绕组在长时间通过电流后，可能因过热而烧毁，或者绕组的绝缘层损坏，引发匝间短路，影响初级电流的正常变化。

（5）发动机无法起动：由于低压电路故障，点火线圈无法产生足够的磁场变化，二次绕组不能输出高压电，火花塞无法点火，发动机自然无法起动。

2）高压电路故障

当出现以下故障时，可推测是高压电路故障所致。

① 发动机抖动：高压电路故障会导致部分气缸无法正常点火，发动机各气缸工作不均匀，从而产生明显的抖动。抖动程度会随着故障的严重程度而变化，严重时甚至会使车辆无法正常行驶。

② 动力不足：由于部分气缸点火不良或不点火，发动机的有效功率下降，车辆在加速、爬坡时明显感觉动力不足，行驶速度无法达到正常水平。

③ 油耗增加：发动机不能正常燃烧，燃油无法充分利用，会导致油耗大幅增加。这不仅增加了车主的使用成本，还会对环境造成更大的污染。

④ 排气管冒黑烟：未燃烧的燃油在排气管中被高温废气点燃，会产生大量黑烟，这是高压电路故障导致发动机燃烧不充分的典型表现。

（1）点火线圈二次绕组故障：点火线圈二次绕组负责产生高达上万伏的高压电，以供火花塞点火。长期承受高电压，二次绕组的绝缘性能会逐渐下降，可能出现绝缘层击穿、绕组短路或断路等问题。

（2）火花塞故障：火花塞使用一定里程后，电极会逐渐磨损，间隙变大，导致点火能量不足。同时，火花塞积炭严重，会使电极之间的绝缘性能下降，出现漏电现象，影响正常点火。此外，火花塞的热值与发动机不匹配，也会导致火花塞过热或过冷，影响其工作性能。

（3）分电器故障：分电器的作用是将点火线圈产生的高压电按发动机的点火顺序分配到各个气缸的火花塞上。分电器盖破裂、受潮，会引起高压电漏电；分火头烧蚀、变形，会导致高压电无法准确传递到相应的火花塞。分电器内部的离心点火提前装置和真空点火提前装置故障，会使点火提前角不准确，影响发动机的动力性和经济性。

（4）高压线故障：高压线负责将点火线圈产生的高压电传输到火花塞。高压线经长期使用后，绝缘层老化、开裂，会导致高压电泄漏。同时，高压线的电阻值过大，会使高压电在传输过程中损耗增加，到达火花塞的电压不足，影响点火效果。

无论是低压电路故障还是高压电路故障，都会对汽车的性能和行驶安全产生严重影响。因此，当发现车辆点火系统出现异常时，应及时进行检修，准确判断故障原因，采取有效的修复措施，确保车辆的正常运行。

3）点火系统典型故障

（1）点火系统不工作。

故障现象：打开点火开关，起动发动机，发动机无反应；高压试火，高压线无火花。

（2）点火时间过早。

故障现象：怠速运转不平稳，易熄火；加速时，发动机有严重的爆燃声。

（3）点火过迟。

故障现象：消声器声响沉重、急加速时化油器回火、发动机冷却液温度较高、汽车行驶无力。

（4）火花塞故障。

故障现象：火花塞积炭、油污和过热等。

① 火花塞积炭：绝缘体端部、电极及火花塞壳常覆盖着一层相当厚的黑灰色粉状柔软的积垢。

② 火花塞油污：绝缘体端部、电极及火花塞壳覆盖一层机油。

③ 火花塞过热：中心电极熔化，绝缘体顶部疏松、松软，绝缘体端大部分呈灰白色硬皮。

2. 故障检测

1）火花塞检测

（1）目测火花塞是否有积炭、油污、异常颜色。

（2）检查火花塞间隙，标准值：0.7～1.2 mm。

（3）用万用表 200 MΩ 档测量电极与外壳间的阻值为∞，如图 4-38 所示，说明绝缘良好。

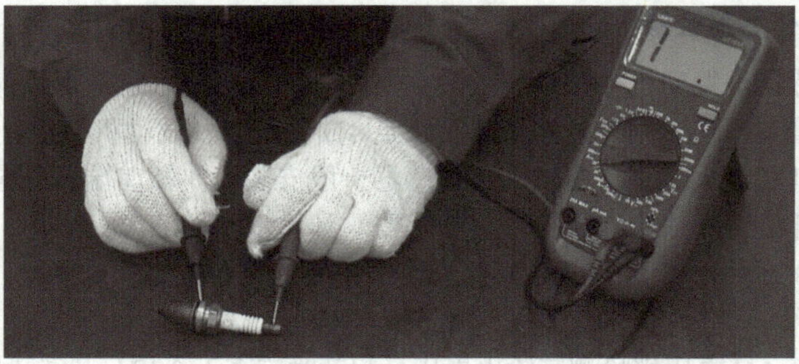

图 4-38　火花塞检测

2）点火线圈检测

（1）测量点火线圈一次线圈的电阻值，标准值：1～4 Ω。

（2）如图 4–39 所示，测量点火线圈二次线圈电阻值，测量结果为 8.94 kΩ，标准值：8 000～16 000 Ω。

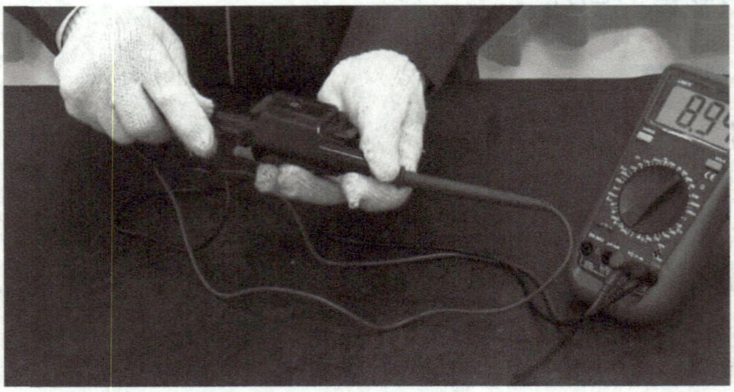

图 4–39 点火线圈检测

3）高压导线检测

（1）目测高压导线是否有老化、裂纹和损坏。

（2）如图 4–40 所示，测量高压导线的电阻值，测量结果为 3.02 kΩ，标准值：5 kΩ 左右。

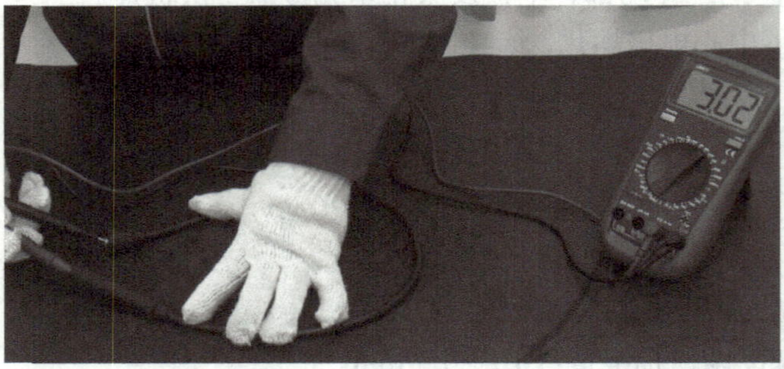

图 4–40 高压导线检测

4）曲轴位置传感器检修

曲轴位置传感器是发动机电控系统中最主要的传感器之一，它提供点火时刻（点火提前角）、确认曲轴位置的信号，用于检测活塞上止点、曲轴转角及发动机转速，并输入控制单元，以便确定喷油时刻和点火时刻。曲轴位置传感器一般安装在曲轴前端、分电器内、正时罩内等处。一般采用开路检测法检修曲轴位置传感器，具体步骤如下。

（1）关闭点火开关，拔下传感器插头，用万用表 R×10 档测量传感器，其电阻值一般在 300～1 500 Ω。

（2）用万用表 AC 电压档检测其输出电压，起动时应高于 0.1 V，运转时应为 0.4～0.8 V。

（3）用频率表检测其工作频率。

（4）用示波器检测其输出信号波形。

（5）如果在传感器上能检测到电压信号，而在 ECU 连接器上检测不到信号，则应检测传感器至 ECU 间的导线及插头。

5）光电感应式曲轴位置传感器检修

（1）拔下传感器插头，接通点火开关，检测插头上电源端子与搭铁端子之间的电压，应为5 V。若无电压，则应该检查传感器至ECU之间的线路和ECU上相应端子的电压。若ECU端子上有电压，则为ECU至传感器之间的导线断路，否则为ECU故障。

（2）插回传感器插头，起动发动机，使其转速保持在2 500 r/min左右，测量传感器输出端子的电压，正常值一般为2～3 V。若电压不对，则是传感器损坏。

（3）用示波器检测有关信号的波形来判断是否有故障。

6）霍尔感应式曲轴位置传感器检修

（1）拔下传感器插头，接通点火开关，检测插头上电源端子与搭铁之间的电压，应为8 V或12 V。若无电压，则检查传感器至ECU之间的线路及ECU端子上的电压。若ECU相应端子上有电压，则传感器至ECU之间的线路断路；若ECU相应端子上无电压，则为ECU故障。

（2）将拔下的传感器插头重新插好，起动发动机，测量霍尔感应式曲轴位置传感器电压，正常值为3～6 V。若无电压，则为传感器问题。

（3）检查传感器输出电压信号波形，确认传感器本身是否有问题。

项目 5 灯光系统

知识目标

1. 熟悉汽车照明系统的组成、结构和工作原理。
2. 掌握汽车照明系统电路故障诊断与排除。
3. 掌握汽车信号系统各灯具的作用、特点、结构及工作原理。
4. 掌握汽车信号系统电路故障的诊断与排除方法。

能力目标

1. 能识读典型汽车照明系统电路图。
2. 能根据维修技术要求对汽车信号系统进行检测和维修。

素养目标

1. 树立绿色节能创新意识，降低系统能耗。
2. 实现技术知识、创新思维、工程实践与职业素养的深度融合。

案例导入

驾驶员驾驶一辆迈腾轿车在夜间行驶，将灯光开关旋至大灯位置时，左前大灯不亮，需对灯光系统进行检测与维修。

学习导航

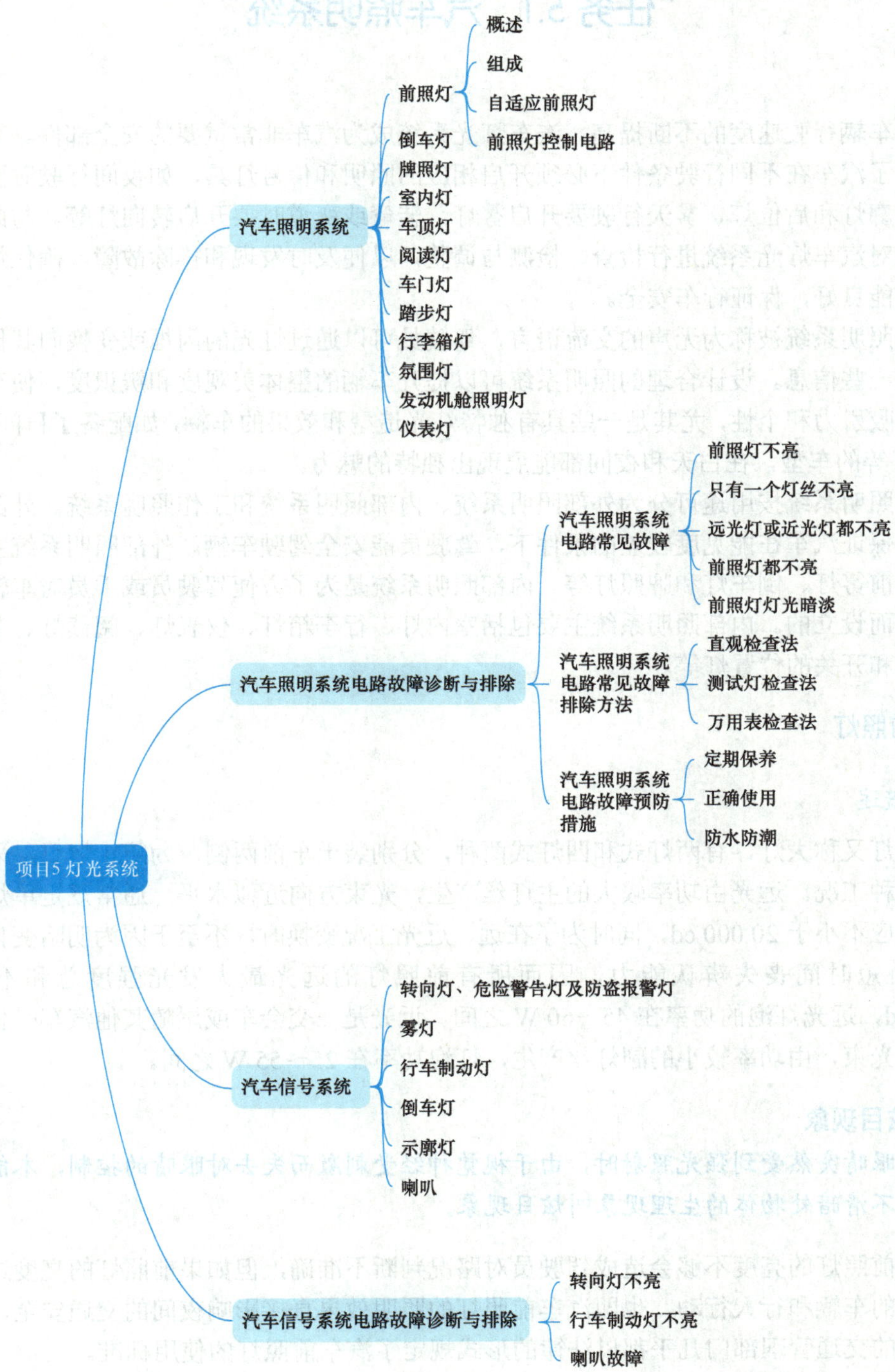
项目5 灯光系统
汽车照明系统
前照灯
概述
组成
自适应前照灯
前照灯控制电路
倒车灯
牌照灯
室内灯
车顶灯
阅读灯
车门灯
踏步灯
行李箱灯
氛围灯
发动机舱照明灯
仪表灯
汽车照明系统电路故障诊断与排除
汽车照明系统电路常见故障
前照灯不亮
只有一个灯丝不亮
远光灯或近光灯都不亮
前照灯都不亮
前照灯灯光暗淡
汽车照明系统电路常见故障排除方法
直观检查法
测试灯检查法
万用表检查法
汽车照明系统电路故障预防措施
定期保养
正确使用
防水防潮
汽车信号系统
转向灯、危险警告灯及防盗报警灯
雾灯
行车制动灯
倒车灯
示廓灯
喇叭
汽车信号系统电路故障诊断与排除
转向灯不亮
行车制动灯不亮
喇叭故障

任务 5.1　汽车照明系统

随着车辆行驶速度的不断提高，汽车灯光系统成为汽车非常重要的安全部件。交通法规明确规定了汽车在不同行驶条件下必须开启相应的照明和信号灯具，如夜间行驶时要开启前照灯、示廓灯和后位灯，雾天行驶要开启雾灯，转弯或变道时要开启转向灯等。与此同时，必须定期对汽车灯光系统进行检查、检测与调整，以便及时发现和排除故障，确保灯光系统的工作性能良好，保证行车安全。

汽车照明系统被称为无声的交流语言，驾驶员可以通过灯光的闪烁或变换向其他车辆和行人传达一些信息。设计合理的照明系统可以提升车辆的整体美观度和辨识度，使车辆在外观上更具吸引力和个性，尤其是一些具有独特灯光造型和效果的车辆，如配备了日间行车灯、LED 尾灯等的车型，在白天和夜间都能展现出独特的魅力。

汽车照明系统按用途可分为外部照明系统、内部照明系统和工作照明系统。外部照明系统是为了保证汽车在能见度较差的条件下，驾驶员能安全驾驶车辆。外部照明系统主要包括前照灯、前雾灯、倒车灯和牌照灯等。内部照明系统是为了方便驾驶员或乘员对车辆内部设置的使用而设立的。内部照明系统主要包括室内灯、行李箱灯、仪表灯、阅读灯、车门灯及各用电器和开关的位置灯等。

1. 前照灯

1）概述

前照灯又称大灯，有两灯式和四灯式两种，分别装于车前两侧，为防止炫目，采用远光和近光两种工况。远光由功率较大的主灯丝产生，光束方向近似水平，通常规定单灯的最大发光强度应不小于 20 000 cd，同时为了在远、近光工况变换时，不至于因为明暗变化悬殊而使驾驶员短时间丧失辨认能力，因而所有前照灯的远光最大发光强度总和不得超过 225 000 cd，远光灯泡的功率在 45～60 W 之间。近光是在交会车或尾随其他汽车时使用的近距离照明光束，由功率较小的副灯丝产生，灯泡功率在 25～55 W 之间。

眩目现象

人的眼睛突然受到强光照射时，由于视觉神经受刺激而失去对眼睛的控制，本能地闭上眼睛或看不清暗处物体的生理现象叫炫目现象。

汽车前照灯的亮度不够会造成驾驶员对路况判断不准确，但如果前照灯的亮度过大又会影响对面的车辆和行人行动，也即汽车前照灯的照明效果直接影响夜间的交通安全，因此，世界各国的交通管理部门几乎都以法律的形式规定了汽车前照灯的使用标准。

（1）在车前一定距离内有均匀、明亮的光照。

我国早先的标准是前照灯的光照强度必须保证驾驶员能看清车前 100 m 距离内的路况信息，但随着车辆性能的提高及高等级公路的建设，汽车行驶的速度不断提高，要求汽车前照灯的照明距离也随之增加，现在根据车辆的不同，这个距离已达到200～250 m。

（2）采用非对称型配光。

这种灯泡的远光灯丝仍位于焦点上，而近光灯丝则位于焦点的前上方，并在其下部装有一个金属配光镜，这样就遮住了灯丝射向反光镜下半部的光线，消除了近光光束投向上方的部分，如图 5-1 所示。这样的配光对防眩目有较大的效果。

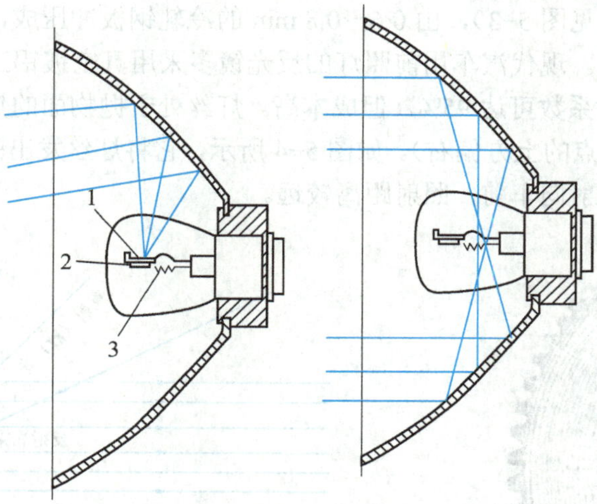

1—近光灯丝；2—配光镜；3—远光灯丝。

图 5-1　非对称型配光前照灯的工作情况

在安装配光镜时，左侧边缘单边倾斜 15°，如图 5-2 所示，产生的非对称近光光形，使本车前方及道路右侧 15° 夹角范围内变为亮区，可照射较远，并照到右方人行道。而左上方则是暗区，这正是对向驾驶员的视线位置，使前照灯近光光线得到了科学的分布。

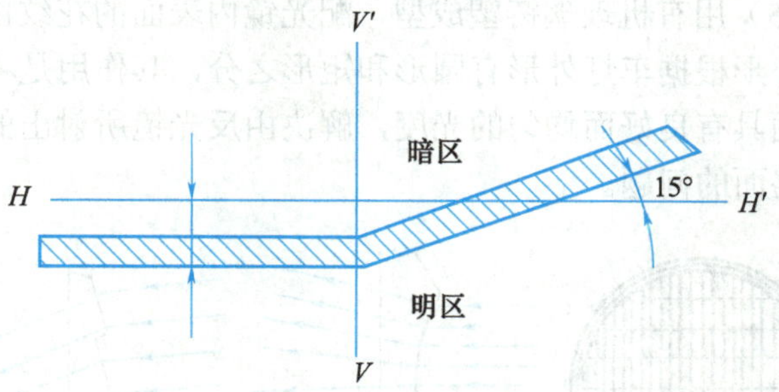

图 5-2　非对称近光光形

（3）采用偏振光前照灯。

光线通过某些结晶体后要偏振化，即结晶体只允许某一方向的光波通过，反向的光波会被吸收。如果被第 1 个结晶体偏振化了的光线通过第 2 个结晶体，只能在第 2 个结晶体的偏振面与第 1 个结晶体的偏振面相平行时光线才能通过，正交时则光线不能通过。根据这一原理可制成偏振光前照灯防眩目装置。

▶ **前照灯的防眩目措施**：采用双丝灯泡、加装配光镜、采用非对称型配光形式（E型、Z型）。

2）组成

（1）反光镜。

反光镜灯泡发出的光亮度有限，并且是四散的，而不是集中在一个方向上。反光镜的形状是一个旋转抛物面（见图5-3），由0.6～0.8 mm的冷轧钢板冲压成，其内表面经研磨后镀铬或镀铝或镀银再抛光。现代汽车用前照灯的反光镜多采用真空镀铝工艺，镀铝反射系数可达94%以上，镀银反射系数可达95%，但成本高。灯丝处于抛物面的焦点上（远光位于反光镜焦点上，近光位于焦点的上方偏右）。如图5-4所示，它将灯丝发出的光线反射、汇聚后形成光度较强的平行光束射向车前，照射距离较远。

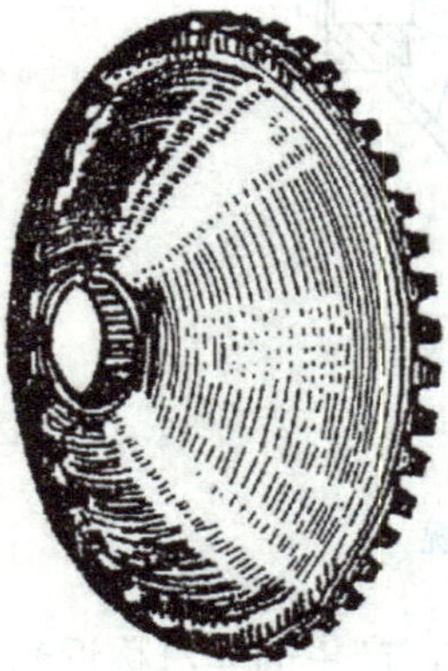

图5-3 半封闭式前照灯的反光镜

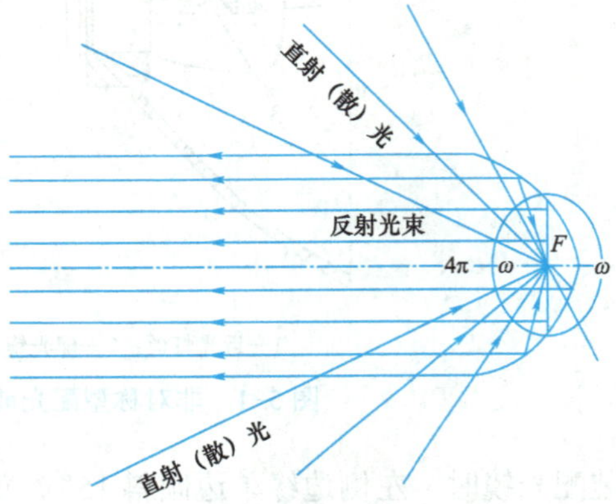

图5-4 反光镜的聚光作用

（2）配光镜（又称配光屏、散光玻璃）。

配光镜（见图5-5）用有机玻璃铸塑成型，配光镜内表面的花纹由很多块特殊的棱镜和透镜组成。配光镜的外形根据车灯外形有圆形和矩形之分，其作用是将反光镜射出的平行光进行折射，使车前路面具有良好而均匀的光度，解决由反光镜所射出的光线面积过小，不能看清楚汽车前方全部路面的问题。

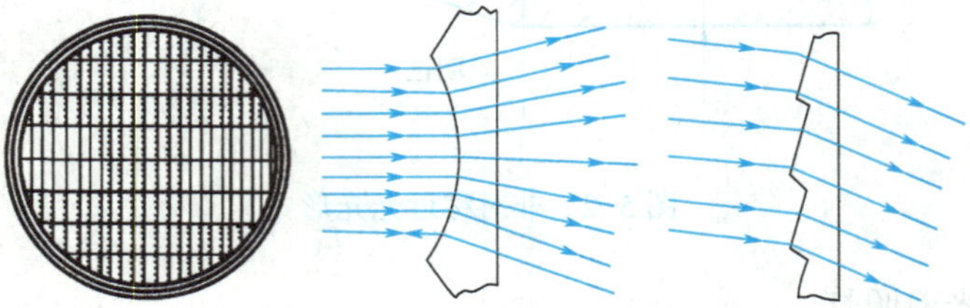

图5-5 配光镜

采用多焦反光镜的前照灯，配光镜光线分布不再依靠配光镜的散射，因而其配光镜被一层均匀散光的塑料材料所取代，主要起到防尘的作用，减少了配光镜在光折射时光能量的损失，使灯的光照强度变得更好，因而近年来被多数汽车厂家所采用。

（3）灯泡。

目前汽车前照灯的灯泡有两种，即充气灯、卤钨灯，部分车型采用氙气灯或 LED 灯，如图 5-6 所示。

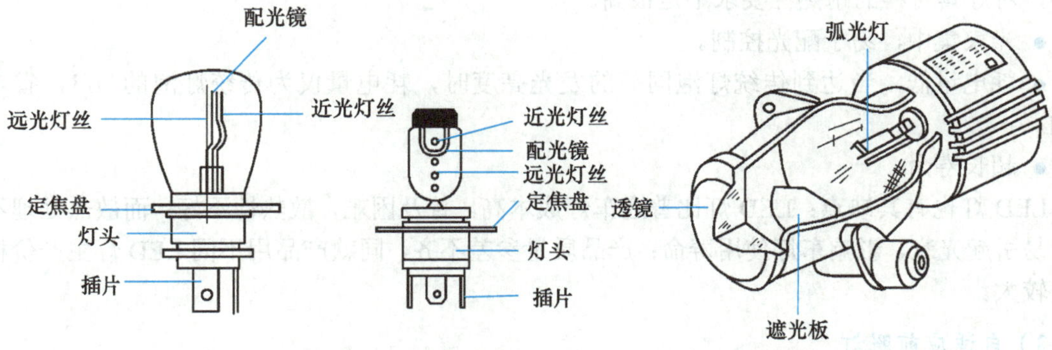

图 5-6　前照灯的灯泡

① 充气灯。

充气灯的灯丝由钨丝制成，钨丝具有熔点高、发光强的特点，但存在受热易蒸发的缺点。为延长其使用寿命，制造时将灯泡内的空气抽出，然后充入氩气（体积分数约为 86%）和氮气（体积分数约为 14%）的混合惰性气体，也可充入氙气或氪气。

② 卤钨灯。

卤钨灯的机械强度较高，可以充入较多的惰性气体，其工作温度较高，因而工作时气压高，可以抑制钨的蒸发，提高其使用寿命。同时它也提高了发光效率，相比一般白炽灯泡，亮度提高了 50%～60%。卤钨灯是一种较为理想的灯泡，曾经是汽车上最为广泛使用的灯泡，现在车辆上也有大量的应用。不允许用手摸卤钨灯，否则会影响灯泡的寿命，甚至对人造成危险。

③ 氙气灯。

氙气灯与卤钨灯的功能一致，但由于发光体采用气体放电式灯泡，所以较之卤钨灯的色温更高，产生的灯光更白，更不易使眼睛疲劳，路标和道路标志反射更佳，耗电更低。氙气前照灯系统的远光灯和近光灯相同，因此人的肉眼更容易适应远光灯和近光灯之间的变换。

在氙气灯的放电管里装有含氙气在内的混合气体，通过在两个钨电极之间放电产生电弧，其实氙气灯产生的就是这种电弧光。与普通前照灯一样，氙气灯在发动机起动时保持关闭，只有在发动机运行时才会亮起。每次点亮氙气灯时，都会做出 3 次时长 1 s 的尝试来点亮氙气灯。因为这种灯没有灯丝，所以对颠簸和振动不敏感。

④ LED 灯。

LED 即发光二极管，是一种固态的半导体器件。当在 LED 的 PN 结上加正向电压时，可使 P 区的空穴注入 N 区，N 区的电子注入 P 区，这样相互注入的空穴与电子相遇后会发生复合，复合时产生的能量大部分以光的形式出现。光的波长（光的颜色）是由形成 PN 结的材料决定的。

与传统灯泡比起来，LED 灯的优越之处在于：

- 点亮速度更快，比传统灯泡快 0.5 s，防止追尾。
- 更强的抗震性能，发光纯度高，无须灯罩滤光，光波长误差在 10 mm 以内，发光热量很小，对灯具材料的耐热性要求不是很高。
- 光束集中，易于配光控制。
- 耗电量低，当达到传统灯泡同等的发光亮度时，耗电量仅为传统灯泡的 1/3，省电节油。
- 超长寿命。

LED 灯也有其缺点：LED 灯比普通车灯成本高，普及困难，散热性不好；而散热处理不好容易引起光衰，影响车灯使用寿命；产品质量参差不齐，同款产品用不同 LED 灯生产价格相差较大。

3）自适应前照灯

自适应前照灯系统（adaptive frontlighting system，AFS）是一种能根据车辆的行驶状态和环境变化，自动调整前照灯照射角度、范围和亮度的照明装置，主要由传感器、ECU、步进电动机等部件组成。传感器负责实时采集汽车速度、转向盘转角、车身高度及雨量等关键信息，并将这些信息准确发送至 ECU。ECU 接收到信号后进行分析处理，然后以电信号的形式驱动步进电动机转动，同时利用位置传感器进行实时反馈，从而实现对前照灯照射方向的精确控制。

AFS 的主要部件如下。

（1）基本前照灯。基本前照灯可以是卤钨灯、氙气灯或 LED 灯。

（2）传感器。传感器包括前桥高度传感器、后桥高度传感器、角度传感器和转速传感器等。传感器将道路情况、行驶速度、转向盘转角、车身高度、车身倾斜度这些参数的变化通过 CAN 总线传输给主 ECU，再传给左、右灯 ECU，ECU 通过收集所有传感器传来的数据控制执行电动机，给出合理的光照强度分布，改善灯光照明。

（3）雾探测器。雾探测器能在恶劣天气尤其是浓雾条件下，给出真实的实际可视距离，并调整照明方式，以适应恶劣天气，提高雾天驾驶的安全性。

（4）光敏传感器。随着周围照明环境的改变，由 ECU 发出信号控制近光灯的开启和关闭。该功能在黎明或在隧道中行驶时能较好地体现出来。

（5）外部灯光识别传感器。外部灯光识别传感器被放置在前照灯内，而合理的光照分布依赖于车辆的密度。如果车辆密度大，就降低照准位置以避免使其他驾驶员眩目；如果车辆密度低，如在夜间驾驶，就提高照准位置给出最优化的可视距离，这允许驾驶员以更高的速度驾驶。

4）前照灯控制电路

（1）灯光开关。

灯光开关目前采用较多的是一体式组合开关，可用于控制前照灯、雾灯、示廓灯等，有拉杆式、旋转式和组合式等多种形式。组合式灯光开关如图 5-7 所示。

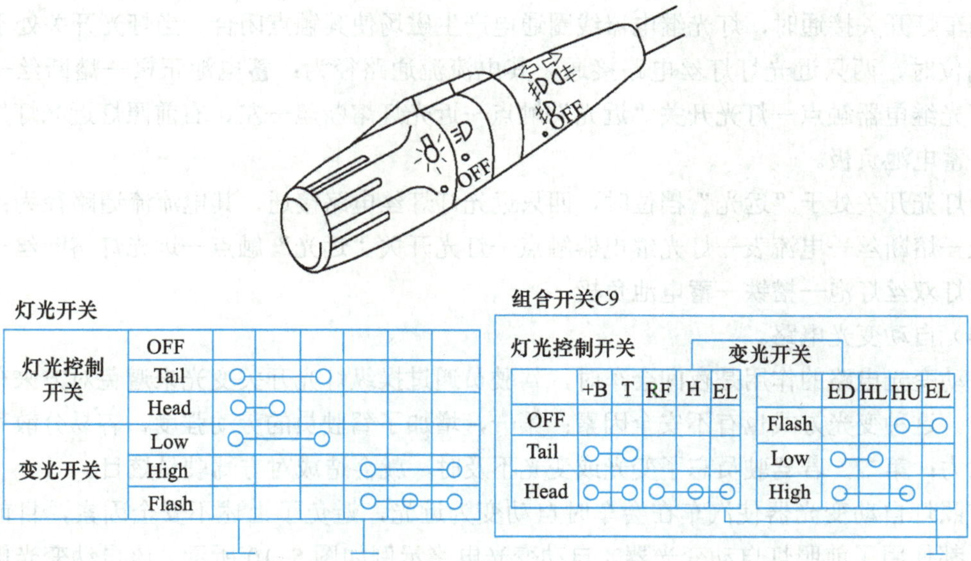

图 5-7　组合式灯光开关

（2）灯光继电器。

前照灯在工作时电流较大，特别是四灯制的汽车，远光灯开启时电流为 15 A 左右，若用车灯开关直接控制前照灯，灯光开关易烧坏，因此在前照灯电路中设有灯光继电器。它由一对触点和一个磁化线圈组成，外形有 4 个引脚，为常开式继电器，如图 5-8 所示。

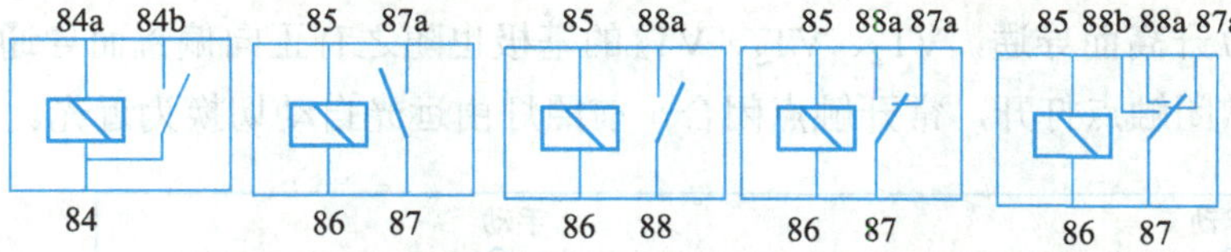

图 5-8　灯光继电器

（3）前照灯控制电路图。

各车型前照灯控制电路图大同小异，如图 5-9 所示。

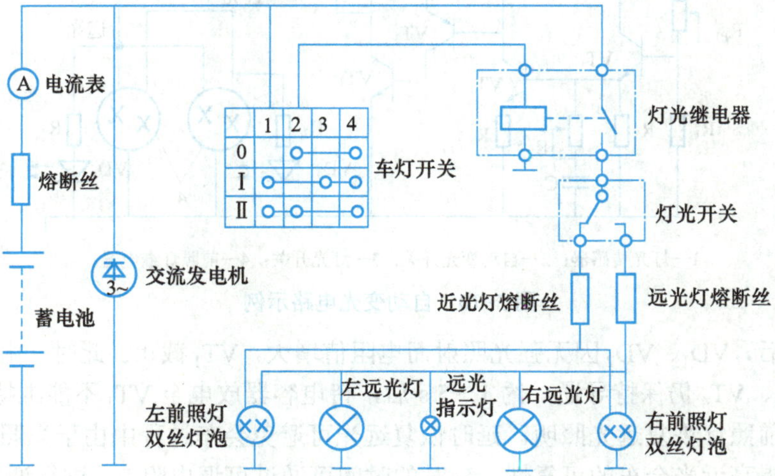

图 5-9　前照灯控制电路图

当车灯开关接通时，灯光继电器线圈通电产生磁场使其触点闭合。当灯光开关处于“近光”档位时，两只近光灯灯丝电路接通，其电流流通路径为：蓄电池正极—熔断丝—电流表—灯光继电器触点—灯光开关“近光”触点—近光灯熔断丝—左、右前照灯近光灯灯丝—搭铁—蓄电池负极。

当灯光开关处于“远光”档位时，四只远光灯灯丝电路接通，其电流流通路径为：蓄电池正极—熔断丝—电流表—灯光继电器触点—灯光开关“远光”触点—远光灯熔断丝—左、右前照灯双丝灯泡—搭铁—蓄电池负极。

（4）自动变光电路。

自动变光电路的作用是夜间会车时，驾驶员通过操纵灯光开关变光来避免对方来车驾驶员炫目。这种变光方式也有不安全因素：第一，增加了驾驶员的劳动强度，容易分散驾驶员的注意力；第二，若驾驶员忘了变光或变光不及时，就会造成对方驾驶员炫目。

前照灯自动变光器使汽车在会车时自动变为近光，避免了上述不安全因素，目前很多汽车上都使用了前照灯自动变光器。自动变光电路示例如图 5-10 所示。该自动变光电路主要由灯光传感器（VD_1、VD_2）、放大电路（VT_1、VT_2、VT_3、VT_4）和继电器等组成。在夜间行车当无迎面灯光照射时，VD_1、VD_2 内阻较大，使得 V_1 因基极没有导通所需的正向电压而截止，于是 VT_2、VT_3、VT_4 基极也都因无正向导通电压而截止，继电器（J）不通电，常闭触点接通远光灯。

当有迎面来车或道路有较好的照明度时，VD_1、VD_2 受迎面灯光照射而使其电阻值下降，使 VT_1 基极电位升高而导通，VT_2、VT_3、VT_4 的基极也随之有正向偏置而导通，于是继电器线圈通电，其常闭触点打开，常开触点闭合，前照灯由远光自动切换为近光。

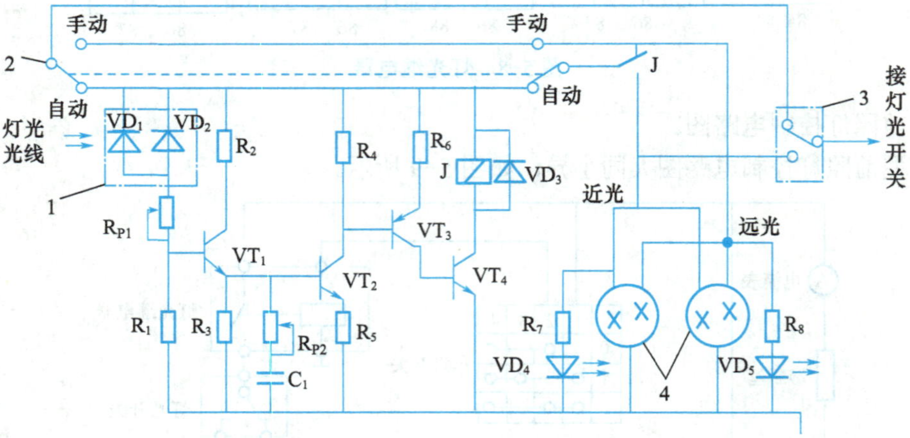

1—灯光传感器；2—自动变光开关；3—灯光开关；4—前照灯继电器。

图 5-10　自动变光电路示例

会车结束后，VD_1、VD_2 因无强光照射而电阻值增大，VT_1 截止。此时，由于电容器的放电，VT_2、VT_3、VT_4 仍保持导通，约 1～5 s 后，待电容器放电至 VT_1 不能维持导通状态时，继电器断电，前照灯恢复远光照明。延时恢复远光可避免会车过程中由于光照突变而引起的频繁变光，以提高近光会车的可靠性。延时的时间可通过可调电阻 R_{P2} 进行调整。

总结： 自动变光电路可使前照灯在 150～200 m 处有迎面来车时，自动地从远光转变为近光，待会车结束后，又自动恢复前照灯远光照明；在市区保持前照灯近光照明。自动手动转换开关可以让驾驶员选择自动或手动变光，在自动变光器失效的情况下，通过此开关仍可以通过人工操纵实现变光。

2. 倒车灯

倒车灯是用于汽车倒车时，照亮车辆后方道路及警告其他车辆和行人注意的装置，有的车辆在倒车时还增加了倒车蜂鸣器。倒车灯一般采用两个白色灯具进行照明。

倒车灯开关通常是一个常开的开关，当车辆挂入倒车档时，变速器上的机械机构会压下开关的触点，使电路闭合。此时，电流能够从电源正极通过闭合的开关流向倒车灯，倒车灯亮起，同时倒车提示音也会响起。当车辆脱离倒车档时，开关触点弹起，倒车灯电路再次断开，倒车灯熄灭。

部分车辆的倒车灯系统在灯泡、反射器和透镜等方面有特殊设计。灯泡通常采用具有较高亮度和清晰白色光线的倒车灯泡，如白炽灯或 LED 灯等。反射器的形状可以将光线聚焦到特定的区域，透镜则在灯泡、反射器之间起到改变光线传播和聚焦的作用，通过折射和反射来调整光线的方向和形状，使得光线能够散射到需要的地方，提供均匀而明亮的照明效果，避免出现盲区。

3. 牌照灯

牌照灯是汽车夜间行驶时，用来照亮后牌照的灯具，如图 5-11 所示，它受车灯开关控制。牌照灯的亮度要达到夜间距离车后 25 m 处能看清后牌照板上的数字，同时还不能直接向后照射，以防后车驾驶员炫目。

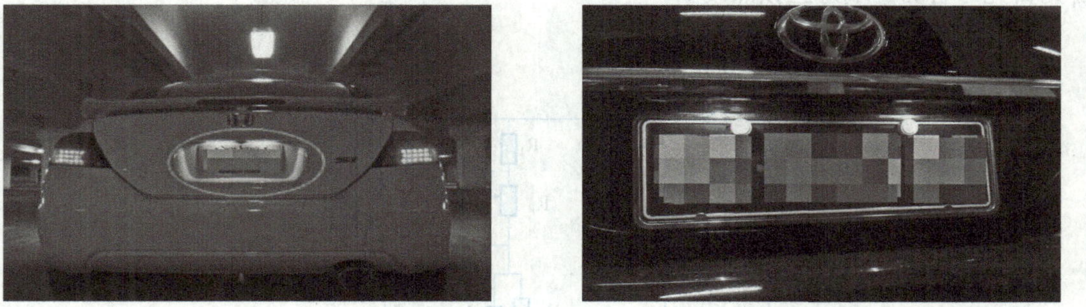

图 5-11　牌照灯

牌照灯作为车辆后部照明的一部分，能在一定程度上提高车辆的可见性，让后方车辆和行人更容易察觉到车辆的存在和位置，降低追尾等交通事故的发生风险。牌照灯通常安装在车辆后牌照的上方或两侧，一般打开车辆后备箱就能看到其安装位置。不过，不同车型的牌照灯安装位置可能会略有差异。

牌照灯与车辆的示廓灯（小灯）共用一个开关。当打开示廓灯开关时，电流从车辆电源正极流出，经过开关后分为两路，一路流向示廓灯，使其发光；另一路则流向牌照灯，为牌照灯提供电能，使其点亮，从而实现牌照灯与示廓灯的同步亮起与熄灭。

传统的牌照灯多采用白炽灯，其发光原理是电流通过灯丝，使灯丝发热至白炽状态而发光。现在很多车辆使用 LED 牌照灯，其基于发光二极管的特性，在电压驱动下，LED 内部的 PN 结中电子和空穴复合，复合过程中能量以发光的形式释放，将电能转化为光能，具有发光效率高、能耗低、寿命长等优点。

4. 室内灯

1）轿车室内灯

轿车室内灯通常由灯泡、开关、保险丝、线路及灯座等部件组成。当打开相应的开关时，电流从车辆电源正极流出，通过保险丝、线路到达灯泡，形成完整的回路，使灯泡发光，从而提供照明。当关闭开关或电路出现故障（如保险丝熔断、线路断路等）时，电流无法通过，灯泡熄灭。

轿车内一般只装一个室内灯，位于驾驶室内的顶部，其功能是给驾驶员提供具有一定亮度且光线柔和的照明，室内灯受灯本身开关的控制，还受各车门联锁开关控制。

2）客车室内灯

公共汽车和小客车上的室内照明灯多采用低压直流日光灯，具有发光效率高、光色均匀白净、省电等优点。低压直流日光灯由灯具和电源变换器两部分组成。在灯具内部装有白光灯管和表面呈抛物面状的反光镜，外部装有有机玻璃灯罩。

公共汽车和小客车上的低压直流电源为 12 V、24 V，它不能使日光灯起辉，必须通过电源变换器将低压直流电变为适合于日光灯的交流电。低压直流日光灯的工作原理如图 5-12 所示。变压器采用铁氧体磁心，其上绕有 4 个绕组。L_1 为三极管 VT 的集电极负载，L_2 为正反馈线圈，它是使日光灯具有正常工作电压的线圈，并作为日光灯管一端灯丝的预热线圈，L_4 为日光灯管另一端灯丝预热线圈。

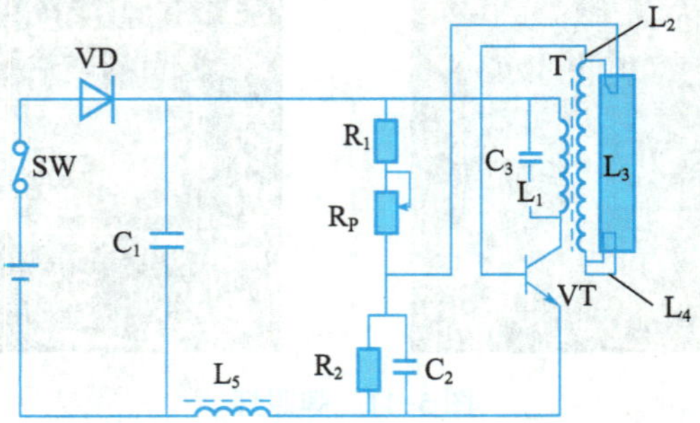

图 5-12　低压直流日光灯工作原理

当接通电源时，蓄电池通过二极管 VD、电阻 R_1、可调电阻 R_P 向电容器 C_2 充电，当 C_2 的端电压上升到某一值时，便通过正反馈线圈 L_2 使三极管 VT 获得足够的正向偏压而开始导通，产生集电极电流 I_c。I_c 通过变压器一次绕组 L_1 时，引起磁通量变化，于是在变压器的三组二次绕组中均随之产生感应电动势。其中，L_2 产生的感应电动势使三极管 VT 的基极电位迅速提高，因此三极管 VT 很快饱和。由于变压器的作用，在 L_1 中感应出迅速上升的电压，形成输出脉冲的前沿。

在三极管 VT 的饱和过程中，线圈 L_2 的感应电动势通过 VT 的发射极给 C_2 充电。这时 C_2 两端的电压对 VT 来说是反向偏压，所以当 C_2 两端的电压上升到某一值时又使 VT 开始截止，I_c 减小，即 L_1 中的电流减小，随之在次级各绕组中感应出与上述方向相反的感应电动势。L_2 中的感应电动势使三极管 VT 的基极迅速变负，三极管 VT 立即截止，这一过程进行得非常迅速，于是在 L_3 上感应出迅速下降的电压，形成输出脉冲的后沿。三极管 VT 的截止状态是暂时的，因为当 L_2 中的反向电动势下降到零、C_2 向 R_2 放电之后，直流电源又通过 R_1、VD 向 C_2 充电，如此重复以上过程。

由上述可知，三极管 VT 能控制流过变压器一次绕组 L_1 的电流，起着开关作用，通过电磁感应在二次绕组 L_3 中便能得到近似矩形波的高压电势，使日光灯起辉。二极管 VD 用来保护三极管 VT，防止电源反接时烧坏三极管。R_1、R_P 是三极管 VT 的基极电阻，调节 R_P 即可调节基极电流的大小，控制输出功率和灯管亮度。固定电阻 R_1 的作用是防止可调电阻 R_P 调节时产生短路，使基极电流过大烧坏三极管。C_3 的作用是用来吸收三极管由饱和状态翻转到截止状态时，一次绕组 L_1 中产生瞬时自感电动势，以保护三极管。C_2 是交流通路，以保证电路有足够的正反馈，有助于电路的翻转。R_2 是 C_2 的释放回路。C_1、L_5 是 T 型滤波器，能保持电源变换器工作电压的稳定，同时，能消除一个蓄电池带动数个电源变换器同时工作时所引起的“差频”现象。

5. 车顶灯

车顶灯通常位于车厢中部，用于提供车内整体照明，方便驾乘人员在车内活动，如寻找物品、阅读等。

6. 阅读灯

阅读灯一般为前排和后排乘客设置，光线呈点状分布，只照射在需要的区域，避免影响驾驶员视线，方便乘客阅读或查看地图等。

7. 车门灯

车门灯安装在车门上，当车门打开时自动点亮，用于照亮车内地板和外部下车区域，方便乘客上下车，同时也能向后方车辆传递开门信号。

8. 踏步灯

踏步灯常见于高档车型，用于照亮乘客进入车厢时的踏脚处，亮度不需要很高，通过与车门的联动控制开关，车门关闭后由定时器控制熄灭。

9. 行李箱灯

行李箱灯位于后备箱内，用于照亮后备箱空间，方便乘客在装载或取用物品时看清后备箱内的情况，避免物品遮挡光线或直射操作人员眼睛。

10. 氛围灯

氛围灯主要用于营造舒适的车内环境，提升车内的氛围感，可以调节颜色和亮度，通常由灯带组成，分布在车内的各个部位，如中控台、车门内饰板、座椅周围等。

11. 发动机舱照明灯

当检查发动机及发动机室内其他零部件时，发动机舱照明灯能提供一定亮度的照明，灯具上有手柄开关，用以控制灯的点亮与熄灭。

室内照明灯的控制方式

（1）手动控制：车内的阅读灯、车顶灯等通常设有手动开关，驾乘人员可以根据需要直接按下开关来开启或关闭灯光，部分车型的手动开关还可以调节灯光的亮度。

（2）车门联动控制：车门灯、踏步灯等一般采用与车门联动的控制方式，当车门打开时，车门上的触发开关会闭合，使相应的照明灯自动亮起；车门关闭后，经过一定的延时，照明灯自动熄灭。

（3）智能感应控制：一些高端车型配备了智能感应系统，通过光线传感器、人体红外传感器等，自动感知车内光线强度和人员活动情况，从而自动开启或关闭室内照明灯，或根据环境光线自动调节灯光亮度。

（4）中控系统控制：车内氛围灯及部分其他照明灯可以通过车辆的中控屏幕进行控制，驾乘人员可以在中控屏幕上选择灯光的颜色、亮度、模式等，实现个性化的照明设置。

12. 仪表灯

仪表灯是为了方便驾驶员在夜间行驶时查看仪表指示状态而设置的照明装置。仪表灯常采用多个小功率灯进行均匀照明。现代轿车也有采用光纤照明装置进行照明的，它以普通车用灯泡为光源，让光线通过光纤传到末端发出微光照亮一定范围。光纤由有机玻璃丝制成，它的外部包有具有隔光作用的透明的聚合物质，当灯泡产生的光线通过光纤时，在其内部经多次全反射，曲折传到末端。将多根光纤合在一起就组成了光缆。光纤照明结构图如图 5-13 所示。

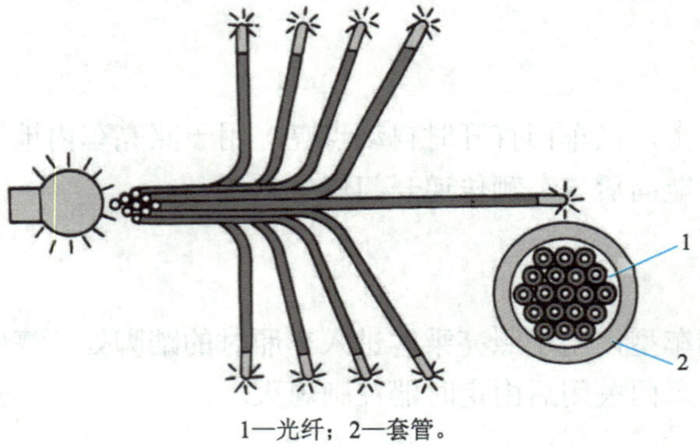

1—光纤；2—套管。

图 5-13　光纤照明结构图

（1）光源发生器：通常包含卤钨灯、MH 灯或 LED 灯等光源，以及反射罩和滤色片等。反射罩可增加光照强度，滤色片则能进行色彩演变，变换出不同的效果。

（2）光纤：是光传输的介质，照明领域大多使用塑料光纤，因为其制作成本低、可加工性和可变化性好。

（3）终端配件：如兼具功能性及装饰性的水晶件、镜画等，可将光线以特定的形式展现出来，实现不同的照明效果。

光纤照明发光方式主要有以下两种：

（1）端点发光：由光投射主机和光纤组成，光线从光纤的端点射出，可通过反射罩增强光照强度，利用滤色片变换色彩，常用于需要集中照明或突出特定区域的场合，如重点照明展示等。

（2）体发光：光纤本身就是发光体，会形成柔性的光条，光线从光纤的侧面均匀逸出，可营造出柔和、均匀的照明效果，常用于营造氛围或作为装饰照明，如天花板的星空效果、光的帷幕等。

任务 5.2　汽车照明系统电路故障诊断与排除

目标

掌握汽车照明系统电路故障诊断与排除的步骤和方法。

仪器与工具

测试灯、万用表等。

1. 汽车照明系统电路常见故障

1）前照灯不亮

（1）故障原因。

① 前照灯保险丝烧断。

② 电源线松动或脱落。

③ 搭铁线搭铁不良或接插件接触不良。

④ 车灯开关或灯光开关有故障。

（2）诊断与排除方法。

查看前照灯保险丝，熔断则更换；同时检查前照灯灯泡，若灯丝烧断，则更换灯泡，若更换后仍不亮，进行下一步操作。用万用表测量前照灯插座电压，若有电压，说明是灯泡或灯座问题；若无电压，则检查灯光继电器，可通过替换正常继电器测试。若继电器故障，更换即可。若继电器正常，检查前照灯开关及灯光开关，操作开关的同时用万用表检测其导通性，不良则更换。

2）只有一个灯丝不亮

不论远光还是近光，如果只有一个灯丝不亮，往往是由该灯丝或其保险丝烧断所致。如果灯丝和保险丝正常而灯不亮，说明该灯线路断路或接触不良，检查排除即可。

3）远光灯或近光灯都不亮

如果远光灯或近光灯都不亮，往往是灯光开关有故障或灯光开关上的远光灯（近光灯）

接线脱落或保险丝烧断所致。如果灯光开关及其接线和保险丝正常而灯不亮，再检修灯丝和线路。

4）前照灯都不亮

如果远光灯和近光灯都不亮，往往是灯光开关或其电源线有故障所致。应首先检查仪表灯是否正常，如果仪表灯工作正常，说明车灯开关的电源线正常，将点火开关接通（必要的话）、车灯开关置于 2 档（前照灯接通）位置，检查灯光开关上的火线接线柱电压是否正常。若电压为零，说明车灯开关至灯光开关之间的线路断路或车灯开关有故障；若电压正常，可以短接灯光开关进行实验，灯亮，说明灯光开关损坏，应更换，否则检查灯光开关后的线路和灯丝，必要时给予修理和更换。

5）前照灯灯光暗淡

（1）故障原因。

① 蓄电池容量不足，端电压降低。

② 发电机不发电或发电量不足，输出电压低。

③ 散光玻璃或反光镜上有尘埃。

④ 电线接头松动和锈蚀，使电阻值增大。

⑤ 灯丝蒸发、功率降低。

（2）诊断与排除方法。

诊断时，应根据不同的故障现象采取不同的诊断与排除方法。

① 个别灯丝暗淡。

如果只有一个灯丝暗淡，往往是该灯丝功率偏低或其线路接触不良所致，可更换灯泡进行对比检查。若更换灯泡后，亮度正常，表明原灯泡有故障；否则，检修线路。

② 一个灯的两个灯丝都暗淡。

如果一个灯的两个灯丝都比较暗淡，往往是该灯反光镜、配光镜表面脏污，或灯丝功率偏低，或搭铁线搭铁不良所致。如果一个灯的两个灯丝都非常暗淡，往往是该灯搭铁线断路所致。如果将该灯良好搭铁后，亮度正常，表明原来搭铁线断路或搭铁不良，须重新接好搭铁线；否则，检查灯泡和反光镜、配光镜，必要时进行清洁或更换。

2. 汽车照明系统电路常见故障排除方法

1）直观检查法

（1）外观检查。

① 查看保险丝是否熔断，可透过保险丝外壳观察内部熔丝，若已熔断，可见明显断裂痕迹。

② 检查灯泡是否损坏，观察灯丝是否断裂、灯泡玻璃是否有黑色沉积物（表明灯泡曾过热）。

③ 查看线路连接部位，包括插头、插座、接线端子等是否松动、脱落、腐蚀，有无电线外皮破损、短路迹象。

（2）动作测试。

反复操作照明开关、灯光开关、转向灯开关等，感受操作手感，判断是否有卡滞、接触不良现象，同时观察相应灯具反应。

2）测试灯检查法

（1）准备工作。

选用合适的测试灯，一般为 12 V 或 24 V（依汽车电源电压而定），将测试灯夹子夹在可靠的接地部位，如车身金属框架。

（2）线路检测。

对于怀疑断路的电源线，将测试灯探针接触电源线端点。若灯亮，说明电源正常；若灯不亮，则继续向电源源头方向逐段检测，直至找到断路点。

检测开关控制线路时，操作开关，将测试灯探针分别接触开关进出线端，根据灯亮灭情况判断开关是否正常导通。

3）万用表检查法

（1）电压测量。

将万用表置于直流电压档，量程选择大于汽车电源电压，黑表笔接地，红表笔接触被测点。测量保险丝两端电压时，正常应为电源电压，若一端有电压一端无电压，说明保险丝熔断；通过测量灯泡插座电压可判断是否有供电。

（2）电阻测量

将万用表置于电阻档，测量灯泡电阻时，正常灯泡有一定阻值，灯丝烧断则电阻为无穷大；测量线路电阻时，若导线断路，电阻为无穷大，短路时电阻趋近于零，以此判断线路状况。

3. 汽车照明系统电路故障预防措施

（1）定期保养：按车辆使用手册要求，定期检查照明电路各部件，包括灯泡、保险丝、开关等，及时更换老化、损坏部件。

（2）正确使用：避免长时间开启不必要的灯光，防止灯泡过热、电路过载；操作开关动作轻柔，减少开关磨损。

（3）防水防潮：保持车辆电气部件干燥，避免洗车、涉水时水分进入照明灯具、开关、插座等，引发短路故障。

任务 5.3　汽车信号系统

汽车信号系统作为汽车电器系统的关键组成部分，在保障行车安全、顺畅沟通道路信息方面发挥着不可或缺的作用。它犹如汽车的“语言”，向驾驶员、行人及其他道路使用者传递着各种重要指令与警示，让复杂的道路交通环境有序运行。

汽车信号装置的作用是通过灯光和声响向驾驶员及行人发出警示，以引起注意，确保车辆安全行驶。灯光信号装置包括转向灯信号、危险警告信号、制动信号、倒车信号、示廓信号等。声响信号装置包括喇叭、制动气压（真空）不足蜂鸣器和倒车蜂鸣器等。对汽车信号系统的要求有：

（1）系统应为一个稳定的装置，汽车在行驶时，使其他车辆和行人注意本车的行驶状况，从而保证车辆行驶安全。

（2）保证车辆转向时，其他车辆和行人清楚本车的行驶状况。

（3）保证车辆发生紧急情况时，提示其他车辆和行人注意本车的状况，避免发生交通意外。

（4）保证车辆制动时，使后车注意到本车的状况，防止追尾。

（5）辅助照明系统、防盗系统等其他系统发出声、光报警，保证车辆安全。

1. 转向灯、危险警告灯及防盗报警灯

转向灯的作用是当汽车转弯时，在闪光器（一种使信号灯和指示灯闪烁发光的装置）的控制下，指示汽车向左或向右的行驶方向。在危险警告开关起动时，左右转向灯一同闪烁。在防盗报警启动时，左右转向灯一同闪烁，并伴有报警声。

转向灯安装于车辆前部、侧部、后部，工作时频闪，颜色为黄色（部分车型后部转向灯为红色）。转向灯由前转向灯（安装于前照灯总成内）、侧转向灯［安装于后视镜总成内，见图 5-14（a）］、后转向灯（位于尾灯内部）和危险警告灯开关组成，转向灯控制杆如图 5-14（b）所示。

（a）侧转向灯

（b）转向灯控制杆

图 5-14　转向灯

1）转向灯的控制原理

转向灯起动信号由转向盘模块的左侧控制杆控制。转向盘模块经由 LIN 网络向中央电子模块（central electronic module，CEM）传送起动转向灯的信息。为了起动转向灯，CEM 直接输出控制信号驱动前部、后部转向灯工作，侧转向灯的工作是驾驶员车门模块（driver door module，DDM）与乘员车门模块（passenger door module，PDM）驱动工作的。DDM 与 PDM 通过 CAN 网络与 CEM 进行通信。电源供应是脉冲式的，转向灯每分钟起动 90 次。

CEM 也向危险警告灯开关内的指示灯传递信号，驱动其余危险警告灯以相同的频率闪烁工作，提示驾驶员此时危险警告信号灯已打开。

转向灯系统受控于 CEM，在系统控制过程中，涉及除 CEM 以外的其他控制模块，控制模块之间通过网络通信传输信号，从而实现对系统的控制。

转向灯的输出信号对于灯具来说只有一种，那就是直接接收到控制单元的工作信号而点亮，如安装在前部和后部的转向灯点亮，但侧转向灯却有所区别。CEM 将侧转向灯的工作信号通过 CAN 网络传输给车门控制单元 DDM/PDM，侧转向灯输出直接信号驱动侧转向灯工作。

2）闪光器的工作原理

闪光器如同一个智能的电流控制器，如图 5-15 所示，它能够感知电路的通断信号（如转向灯开关的操作），主动地调节电流的输出状态。当转向灯开关开启时，闪光器会以一定的时间间隔交替地导通和切断电路，使转向灯的灯丝在通电发光和断电熄灭之间循环切换，最终产生闪烁的视觉效果。这种闪烁效果符合汽车安全标准所规定的频率范围，通常为 60～120 次/min，亮暗时间比为 3:2 时最佳，确保驾驶员在各种交通场景下都能清晰、醒目地被其他道路使用者注意到。

图 5-15　闪光器

3）闪光器的分类

闪光器按结构和工作原理可分为热丝式、电容式、翼片式和电子式等多种，目前国内广泛使用的是热丝式闪光器。

（1）热丝式闪光器。

热丝式闪光器又称电热式闪光器，其结构如图 5-16 所示。当转向灯开关未接通时，活动触点在镍铬丝的拉紧下与固定触点分开。

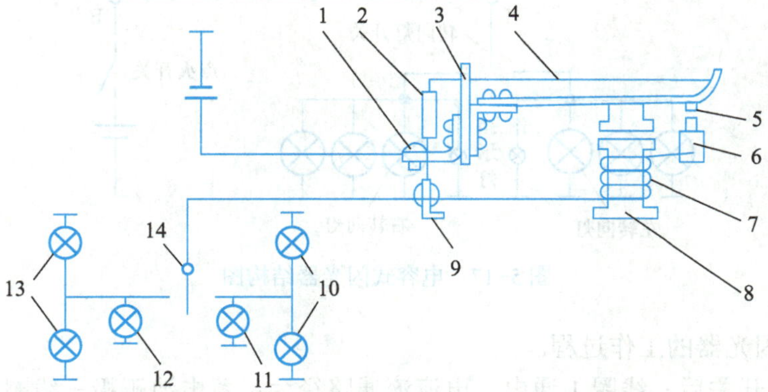

1、9—接线柱；2—附加电阻；3—调整片；4—镍铬丝；5—活动触点；6—固定触点；7—线圈；8—铁心；10、13—转向信号灯；11、12—转向指示灯；14—转向灯开关。

图 5-16　热丝式闪光器结构图

汽车转弯前，接通转向灯开关，电流从蓄电池正极经接线柱（1）、活动触点臂、镍铬丝、附加电阻、接线柱（9）、转向灯开关、相应的转向信号灯和转向指示灯，最后搭铁回到蓄电池负极，形成回路。此时，由于附加电阻和镍铬丝串入电路中，电流较小，转向信号灯和指示灯亮度较低。

经过较短时间后，镍铬丝因受热膨胀而伸长，使触点闭合，电流从蓄电池正极经接线柱（1）、活动触点臂、闭合触点、线圈、转向灯开关、转向信号灯和转向指示灯，搭铁回到蓄电池负极，形成回路。此时附加电阻及镍铬丝被短路隔除，线圈中有电流通过，产生磁力，使触点闭合更为紧密，线路中电阻小，电流大，转向信号灯及指示灯变亮。

与此同时，镍铬丝被短路隔除后因逐渐冷却而收缩，触点又打开，附加电阻及镍铬丝又串入电路，灯光又变暗。如此反复，使转向信号灯及指示灯一明一暗地闪烁。我国规定闪烁频率为 60～120 次/min，当频率过高或过低时，可扳动调节片，改变镍铬丝的拉力或对触点间隙进行调整。

（2）电容式闪光器。

① 电容式闪光器的结构。

电容式闪光器的结构如图 5-17 所示。继电器的铁心上绕有线圈 1 和线圈 2，利用电容器充放电时电流方向相反和延时的特性，可以控制继电器线圈 1 和线圈 2 所产生的磁力的大小和方向，进而控制常闭触点的开闭状态，使转向灯因通过的电流大小交替变化而闪烁。

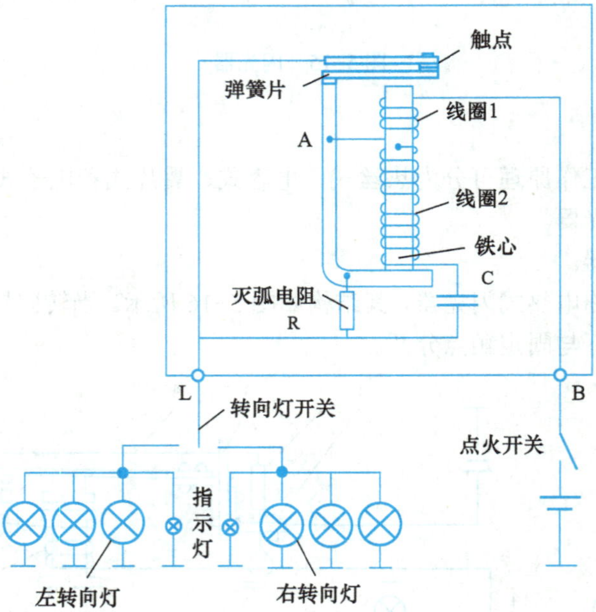

图 5-17　电容式闪光器结构图

② 电容式闪光器的工作过程。

接通转向灯开关后，线圈 1 通电，电流流通路径为：蓄电池正极—线圈 1—触点—转向灯开关—转向灯及指示灯—搭铁—蓄电池负极。此时，线圈 2 和电容器电路被触点短路，无电流通过，但通过较大电流的线圈 1 所产生的磁力足以克服弹簧片的弹力而使触点张开，因此转向灯闪亮瞬间后，立即变暗。

触点断开后，电源便向电容器 C 充电，其充电电流流通路径为：蓄电池正极—线圈 1—磁轭及铁心—线圈 2—电容器 C—转向灯开关—转向灯及指示灯—搭铁—蓄电池负极。由于此时为充电电流，电流较小，故灯暗。这时，两线圈产生磁场的方向相同，所以其磁力能保持触点张开，使转向灯保持暗的状态。

随着电容器 C 充电时间的延长，其端电压逐渐升高，充电电流随之减小。当充电电流减小致使两线圈的磁力不足以克服弹簧片的弹力时，触点又闭合，这时通过转向灯的电流增大，灯变亮。与此同时，电容通过触点放电，其放电电流流通路径为：电容器 C 正极—线圈 2—铁心及磁轭—触点—电容器 C 负极。由于电容器 C 的放电电流使线圈 2 产生的磁场与线圈 1 相反，削弱了线圈 1 的磁力，因此触点保持闭合状态，转向灯继续处于点亮状态。

随着电容器 C 放电时间的延长，其放电电流逐渐减小，线圈 2 产生的磁场逐渐减弱。当线圈 2 产生的磁场减弱至削弱线圈 1 的磁场作用基本消失时，线圈 1 产生的磁力又使触点张开，灯光又变暗，接着又给电容器 C 充电，如此反复，电容器 C 不断地充电、放电，使触点的张开和闭合都维持一定的时间，转向灯因此按一定的频率闪光。

闪光器中的灭弧电阻 R 与触点并联，起减小触点火花的作用。由于电容式闪光器闪光频率较为稳定，结构也不复杂，因此在汽车上有大量应用。

（3）有触点晶体管闪光器。

有触点晶体管闪光器主要由电子式闪光器、转向灯、转向灯开关、蓄电池组成，其结构如图 5-18 所示。

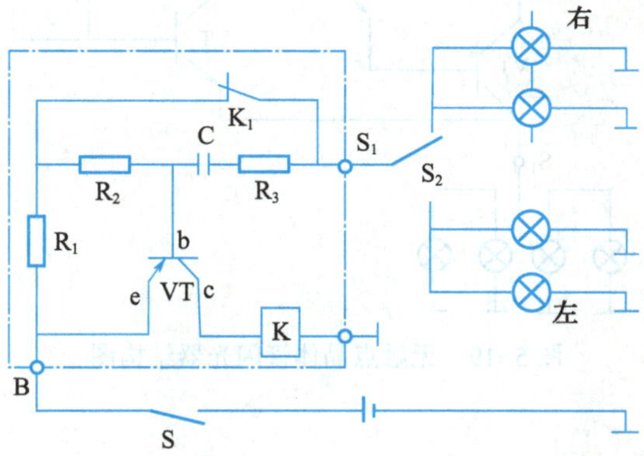

图 5-18　有触点晶体管闪光器结构图

当驾驶员打左转向灯时，闪光器的工作电流流通路径为：蓄电池正极—点火开关 S—闪光器端子 B—继电器常闭触点 K_1—闪光器端子 S_1—转向灯开关 S_2—左转向灯及指示灯—搭铁—蓄电池负极。此时流过左转向灯及指示灯的电流较大，左转向灯点亮。

当电流流过 R_1 时，在 R_1 上产生电压降，三极管 VT 正向偏置而导通，集电极电流 I_c 通过继电器 K 的线圈产生磁场，使继电器常闭触点 K_1 断开，左转向灯及指示灯熄灭。三极管 VT 导通的同时，其基极电流向电容器 C 充电，充电电流流通路径为：蓄电池正极—点火开关 S—闪光器端子 B—三极管 VT 发射极—三极管 VT 基极—电容器 C—闪光器端子 S_1—转向灯开关 S_2—左转向灯及指示灯—搭铁—蓄电池负极。虽然此时有电流通过左转向灯及指示灯，但由于电流极小、左转向灯及指示灯依旧保持熄灭状态。随着电容器充电时间的延长，积累的电荷越多，充电电流逐渐减小，三极管 VT 集电极电流随之减小。当集电极电流减小到不足以维持继电器触点吸合而释放时，继电器 S_1 的常闭触点再次闭合，转向灯再次点亮。

当转向灯再次点亮时，电容器 C 通过 R_2、K_1、R_3 放电。放电电流在 R_2 上产生的压降与 R_1 上的压降相反，阻碍电容器 C 的放电，延长了转向灯的导通时间。当电容器 C 的放电电流减小时，R_2 产生的压降减小，三极管 VT 再次导通，此时转向灯及指示灯又一次熄灭。

（4）无触点晶体管闪光器。

图 5-19 为无触点晶体管闪光器结构图。它利用电容器充、放电延时的特性控制三极管 VT_3 的导通与截止，从而控制转向灯的亮与灭。当接通转向灯开关时，三极管 VT_3 的基极电流由两部分构成，一部分电流由电阻 R_2 提供，另一部分电流由 R_3 和电容器 C 提供，此时 VT_3 导通，VT_2 和 R_1 构成的复合管处于截止状态。由于 VT_3 的基极电流过小，转向灯暗。此时电源通过 R_3 对电容器 C 充电，随着电容器 C 两端的电压升高，充电电流减小，使 VT_3 的基极电流减小，VT_3 由导通变为截止，VT_1、VT_2 由截止变为导通，这时通过转向灯的电流加大，转向灯变亮。电容器 C 经过 R_2 和 R_3 放电，使转向灯维持点亮状态。当电容器 C 放电结束进入充电状态时，VT_3 由截止变为导通，进而控制 VT_2 和 VT_1 由导通变为截止，转向灯又变暗。如此反复，使转向灯发出明暗变化的闪光。

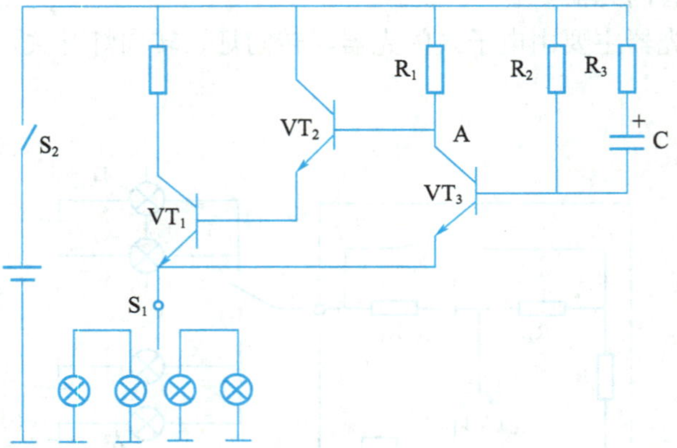

图 5-19　无触点晶体管闪光器结构图

2. 雾灯

雾灯是一种安装在汽车上的特殊照明灯具，主要用于在雨、雾、雪等能见度较低的天气条件下为车辆提供照明。它的功能是发出具有较强穿透力的光线，帮助驾驶员看清车辆前方的道路、障碍物和其他交通参与者，同时让本车更容易被其他车辆和行人识别，从而提高行车安全性。

雾灯一般通过汽车的电器系统供电。当驾驶员打开雾灯开关时，电流从蓄电池流经保险丝、雾灯继电器（部分车辆有）、雾灯开关，最后到达雾灯灯泡，使灯泡发光。雾灯灯泡的发光原理因类型而异，常见的有卤钨灯和 LED 灯。

前雾灯通常安装在汽车车头较低的位置，一般位于保险杠两侧或下方。其光束特点是光束较宽且略微向下倾斜，主要是为了照亮车辆前方近距离的路面，避免光线向上反射造成眩光影响对面来车视线。

前雾灯的灯光颜色多为白色或黄色。白色光在正常天气情况下照明效果较好，而黄色光在雾天等低能见度天气情况下穿透力更强，这是因为黄色光的波长较长，在雾中散射相对较少，更有利于驾驶员看清前方路况。

后雾灯安装在汽车车尾，其位置一般比刹车灯稍高。后雾灯的光束是发散的，主要是为了让后方车辆能够更容易地识别本车的位置和距离，光束在垂直方向上有一定的扩散角度，以确保在各种路况和车况下都能被后方车辆看到。

后雾灯颜色通常为红色。红色是一种在视觉上具有强烈警示作用的颜色，在低能见度天气情况下，红色后雾灯能与其他车辆的制动灯等红色灯光区分开来，让后方车辆能够清晰地辨认出车辆的轮廓和位置，保持安全距离，如图 5-20 所示。

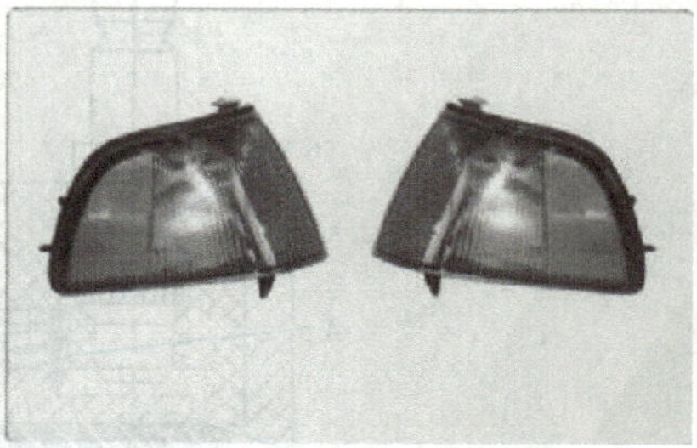

图 5-20　雾灯示意图

注意：前雾灯的灯光颜色多为白色或黄色，后雾灯颜色通常为红色。

3. 行车制动灯

行车制动信号装置主要由行车制动灯、制动灯开关组成。行车制动灯大多与尾灯组合为一体，用双丝灯泡或两个单丝灯泡制成，功率小的灯泡在下部，作为车后的红光标志，功率大的为行车制动灯。制动灯开关有液压式、气压式和机械式 3 种。

常用的气压式制动灯开关如图 5-21 所示。制动时，制动压缩空气通过气压管路进入气压式制动灯开关，推动膜片向上弯曲，使触点闭合，接通制动灯电路，制动灯亮起。当驾驶员松开制动踏板后，制动系统中的气压降低，膜片在回位弹簧的作用下恢复原状，触点断开，制动灯电路被切断，制动灯熄灭。

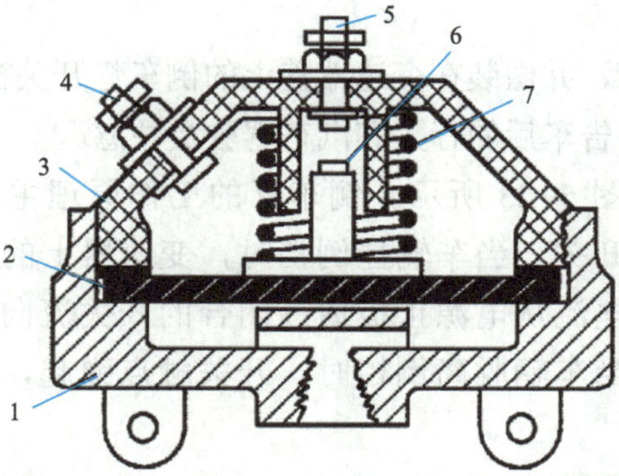

1—壳体；2—膜片；3—胶木盖；4、5—接线柱；6—触点；7—回位弹簧。

图 5-21　气压式制动灯开关的结构

液压式制动灯开关安装在汽车的制动阀上，控制制动灯的火线，其结构如图 5-22 所示。液压式制动灯开关常用于配备液压制动系统的汽车上，一般安装在液压制动主缸的前端或制动管路中。膜片是感受液压压力变化的关键部件，通常由具有一定弹性的橡胶或塑料制成。当制动系统压力变化时，膜片会相应地弯曲或变形。接触桥由导电材料制成，在膜片变形的作用下，能够接通或断开两个接线柱，从而控制制动灯电路的通断。回位弹簧在制动踏板松开、制动系统压力降低后，使接触桥恢复到初始位置，切断制动灯电路。

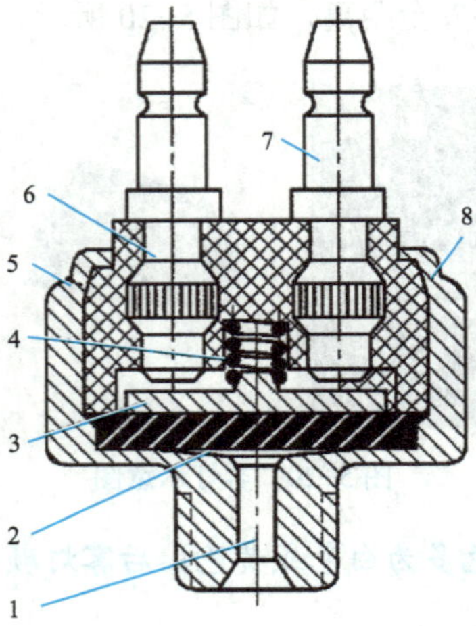

1—制动主缸；2—膜片；3—接触桥；4—回位弹簧；5—胶木底座；6、7—接线柱；8—壳体。

图 5-22　液压式制动灯开关的结构

当驾驶员踩下制动踏板时，制动系统的压力增加，压力传递到液压式制动灯开关处，导致膜片向上弯曲，从而使接触桥接通两个接线柱，使得制动灯发光。反之，当驾驶员松开制动踏板时，制动系统压力减小，接触桥在回位弹簧的作用下恢复原状，从而切断制动灯电路。

4. 倒车灯

在汽车尾部装有倒车灯，并由装在变速器盖上的倒车灯开关控制。当汽车倒车时，倒车灯用来照亮车后路面，并警告车后的行人和汽车驾驶员注意。

倒车灯开关的结构如图 5-23 所示。倒车灯的工作原理主要基于电路的开闭控制，倒车灯开关通常为常开型开关。当车辆挂倒档时，变速器上的机械机构会压下倒车灯开关的触点，使电路闭合，电流从电源正极通过闭合的开关流向倒车灯，倒车灯亮起，同时倒车提示音也会响起。当车辆脱离倒档时，开关触点弹起，倒车灯电路再次断开，倒车灯熄灭。

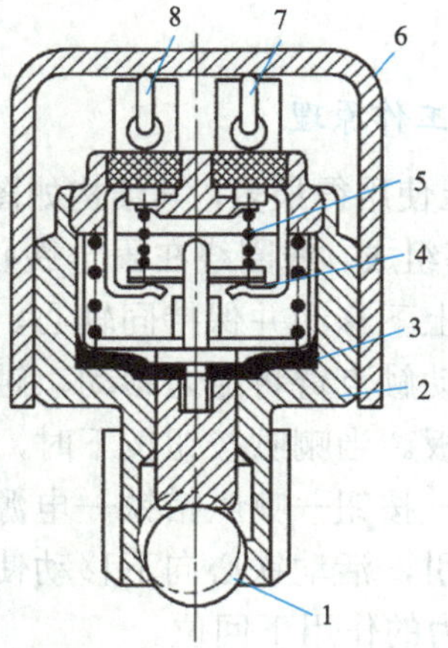

1—钢球；2—壳体；3—膜片；4—触点；5—弹簧；6—保护罩；7、8—导线。

图 5-23 倒车灯开关的结构

5. 示廓灯

汽车在夜间行驶时，示廓灯（见图 5-24）可用于指示车辆的宽度和高度，以方便其他车辆驾驶员观察。它一般安装在车前和车尾两侧的边缘，某些大型车辆的中部、驾驶室外侧还增设了一对示廓灯，用来表示该车的存在和车体宽度。其要求是能在距车 100 m 处能确认灯光信号。前示廓灯的灯光为白色或琥珀色，后示廓灯的灯光多为红色，灯泡功率一般为 8～10 W。

图 5-24 示廓灯

6. 喇叭

喇叭是汽车上的重要声音信号装置，其作用是通过发出声音警告行人和车辆，以保证行车安全。

汽车上一般采用电喇叭，它具有结构简单、使用维修方便、体积小、声音悦耳等优点。电喇叭有普通电喇叭和电子电喇叭两种，但是在中小型汽车上多采用螺旋形和盆形的普通电喇叭。

1）盆形普通电喇叭的结构与工作原理

盆形普通电喇叭目前在汽车上使用得最多，其结构如图 5-25 所示，主要由上铁心、下铁心、线圈、触点、膜片及共鸣板等组成。线圈绕在固定铁心上，固定铁心中孔内安装有调整螺钉，它可在固定铁心中心孔内上下移动并保持同轴心。活动铁心下缘与活动触点臂保持接触。活动铁心向下移动时，活动触点臂将随之移动，触点由闭合状态变为断开状态。在活动铁心上方安装有膜片与共鸣板。当喇叭按钮按下时，电磁线圈的电路接通，电流流通路径为：电源正极—线圈—触点—按钮—喇叭搭铁—电源负极。流过线圈的电流在铁心中产生电磁吸力将活动铁心向下吸引，活动铁心向下移动使触点断开，线圈电流切断，电磁吸力消失，活动铁心在膜片回位力的作用下回位。

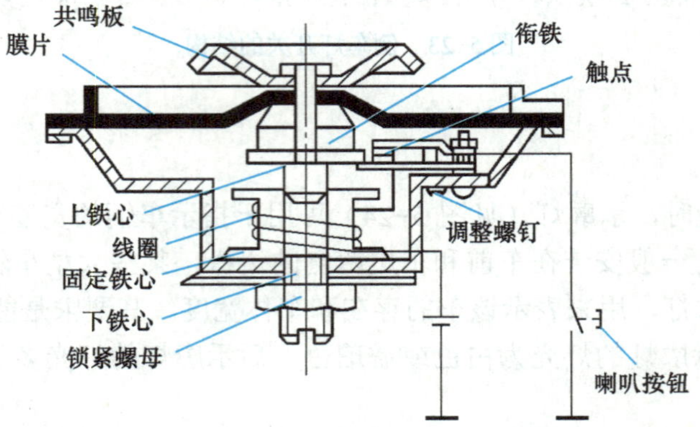

图 5-25　盆形普通电喇叭的结构

2）电子电喇叭的结构和工作原理

电子电喇叭是汽车上用于发出声音信号的装置。它主要的功能是通过发出特定频率和响度的声音，来提醒车辆前方的行人、车辆注意避让，或者在紧急情况下发出警示信号，从而保障行车安全和交通秩序。

当按下喇叭按钮时，电流会通过喇叭内部的电磁线圈。根据电磁感应定律，通电的线圈会产生磁场。这个磁场会吸引衔铁，衔铁的运动带动膜片振动。膜片的快速振动使得周围的空气产生疏密变化，形成声波，从而发出声响。当松开喇叭按钮时，电路断开，磁场消失，衔铁和膜片恢复原状，喇叭停止发声。

电子电喇叭的结构如图 5-26 所示，其中，VT_1、VT_2和 C_1、C_2及 R_1～R_8组成多谐振荡电路；VT_3、VT_4、VT_5组成功率放大电路，VD_2向多谐振荡电路提供稳压电源；VD_1有温度补偿作用，使得振荡频率稳定；VD_3防止电源接反，起保护作用。

当按下喇叭按钮时，电路被接通，VT_1、VT_2都有导通的可能，但由于参数相同的元件也会有微小的区别，VT_1、VT_2导通的时间有先后区分。假设 VT_1先导通，在 VT_1导通的瞬间，VT_1的集电极电位下降，导致有电流流过 C_1，让 VT_2的基极电位下降，引起 VT_2的集电极电位上升，经 C_2使得 VT_1基极电位升高。这个正反馈过程使 VT_1迅速饱和导通，而 VT_2迅速截止，电路进入暂时稳态。

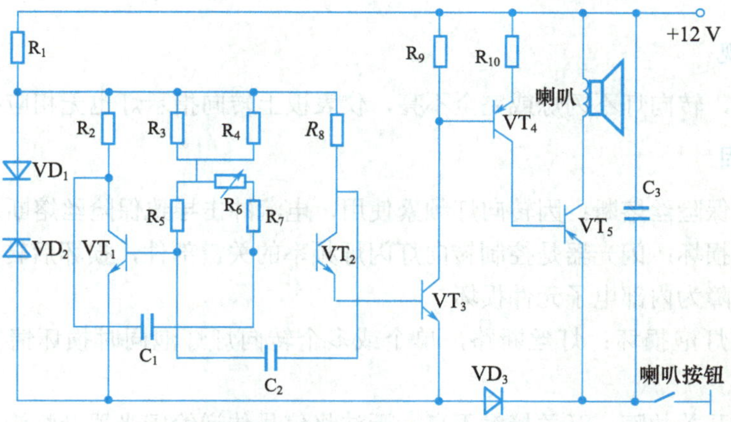

图 5-26 电子电喇叭的结构

同时，C_1 充电会使得 VT_2 的基极电位升高。当 C_1 充电电压达到 VT_2 的导通电压时，VT_2 导通，电路又形成正反馈过程，导致 VT_2 迅速饱和导通，VT_1 迅速截止，电路重新进入了一个新的暂时稳态。

紧接着 C_2 的充电又会使得 VT_1 的基极电位升高，VT_1 导通，电路会产生一个新的正反馈过程，VT_1 导通，VT_2 截止。周而复始，电路就形成了自激振荡。

当 VT_2 截止时，VT_3 也截止，VT_4、VT_5 导通，喇叭线圈中有电流通过，产生磁力，吸引喇叭膜片变形。当 VT_2 导通时，VT_3 也导通，VT_4、VT_5 截止，喇叭线圈中电流被切断，磁力消失，喇叭膜片在自身弹力作用下复位。

这样，电路周而复始地自激振荡，导致 VT_5 不断地导通、截止，喇叭膜片则会不断地振动发出声响。

任务 5.4 汽车信号系统电路故障诊断与排除

目标

掌握汽车信号系统电路故障诊断与排除方法。

仪器与工具

万用表、跨接线等。

1. 转向灯不亮

1）故障表现

车辆转弯时，转向灯不闪烁或完全不亮，仪表板上转向指示灯也无相应指示。

2）可能原因

（1）转向灯保险丝熔断：因转向灯频繁使用，电流冲击导致保险丝熔断。

（2）闪光器损坏：闪光器是控制转向灯闪烁频率的关键部件，损坏后转向灯要么长亮要么不亮，常见故障为内部电子元件损坏。

（3）转向灯灯泡损坏：灯丝断路，单个或多个转向灯灯泡同时损坏情况较少见，但也需排查。

（4）转向灯开关故障：开关接触不良，无法将信号传递给闪光器及灯泡，导致转向灯功能失常。

3）排除方法

检查转向灯保险丝，熔断即更换，接着检查转向灯灯泡，更换损坏灯泡。若灯泡正常，短时间跨接闪光器进出线，若转向灯能正常闪烁，说明闪光器损坏，更换闪光器；若仍不亮，检查转向灯开关，用万用表测量其导通性，必要时更换。

2. 行车制动灯不亮

1）故障表现

踩下制动踏板时，车辆后部制动信号灯不亮，给后车警示不足，易引发追尾事故。

2）可能原因

（1）行车制动灯保险丝熔断：行车制动灯线路短路、灯泡功率过大等可能烧断保险丝。

（2）行车制动灯灯泡损坏：频繁刹车使得灯泡灯丝疲劳断裂，这是常见原因。

（3）行车制动灯开关故障：行车制动灯开关安装在制动踏板附近，其内部触点接触不良或弹簧失效，踏下踏板时不能闭合电路，使行车制动灯不亮。

（4）线路连接问题：行车制动灯开关到行车制动灯之间的线路断路、接头松动，阻碍电流传输。

3）排除方法

先检查行车制动灯保险丝，熔断即更换；再看行车制动灯灯泡，灯丝断则换新。若灯泡正常，用万用表检测行车制动灯开关，踏下踏板时开关应导通；若不导通，调整或更换开关。若开关正常，沿线排查线路断路、松动问题，修复连接点。

3. 喇叭故障

喇叭的故障一般有以下几种：喇叭不响、喇叭响声不正常、喇叭长鸣。

1）喇叭不响

（1）故障原因。

① 喇叭按钮触点接触不良、搭铁不良。

② 喇叭继电器触点接触不良、线圈烧坏或搭铁不良。

③ 电喇叭内部触点接触不良（烧蚀、接触压力过低）、触点间短路、线圈烧坏或搭铁。

④ 线路有断路、熔丝烧断等现象。

（2）故障排除。

① 检测喇叭继电器的电源接线柱对地电压。如果无电压，则需检查熔丝是否烧断、与接线柱所连接的线路有无断脱；如果有蓄电池电压，则进行下一步诊断。

② 将喇叭继电器的电源接线柱与连接电喇叭的接线柱直接短接，听喇叭是否响。如果喇叭不响，需检查继电器与电喇叭之间的连接线路。若线路良好，适当调大电喇叭触点的接触压力，若喇叭仍不响，则需拆修或更换电喇叭。如果喇叭响，则进行下一步诊断。

③ 将喇叭继电器连接喇叭按钮的接线柱直接搭铁，听喇叭是否响。如果喇叭不响，则需检修或更换喇叭继电器；如果喇叭响，需检查继电器与喇叭按钮之间的连接线路。若线路良好，则需检修喇叭按钮。

2）喇叭响声不正常

（1）故障原因。

喇叭响声不正常的故障原因可能是电源电压不正常、膜片破裂、喇叭进水、单个喇叭工作、喇叭调整不当等。

（2）故障排除。

处理喇叭沙哑、发闷故障时，首先应检查蓄电池电量是否充足。如果发动机熄火时喇叭声音沙哑，将发动机加速到中速以上，若喇叭声音正常，则说明蓄电池亏电；若喇叭声音还是沙哑、发闷，则应考虑喇叭是否进水、膜片是否破裂、是否为单个喇叭工作、触点是否有烧蚀等原因。如果喇叭发出刺耳声音，则为调整不当所致。

3）喇叭长鸣

（1）故障原因。

喇叭长鸣的故障原因可能是喇叭继电器触点烧结、喇叭按钮弹簧断裂等。

（2）故障排除。

遇到此故障时，应迅速拆下喇叭继电器电池接线柱上的连接线，使喇叭停止发声；然后再拆下继电器按钮接线柱的连接线，重新接上电池接线柱上的连接线。喇叭长鸣不停说明继电器触点烧结，应维修更换喇叭继电器。喇叭不响，应是喇叭按钮或继电器按钮连接线有搭铁故障。

项目 6

仪表及报警系统

知识目标

1. 熟悉汽车常见仪表的作用、结构及工作原理。
2. 熟悉汽车常见报警装置的作用。
3. 掌握汽车常见报警装置的图形符号及工作原理。
4. 掌握汽车报警系统电路故障的诊断与排除方法。

能力目标

1. 能识别汽车仪表及报警系统的信号。
2. 能识读典型汽车仪表及报警系统电路图。
3. 能根据维修技术要求对汽车仪表及报警系统进行检测和维修。

素养目标

1. 培养团队合作能力。
2. 树立安全生产意识。
3. 培养严谨的职业素养。

案例导入

一辆迈腾汽车，打开左转向灯，仪表盘左转向指示灯不亮，需要对汽车仪表及报警系统进行检测与维修。

学习导航

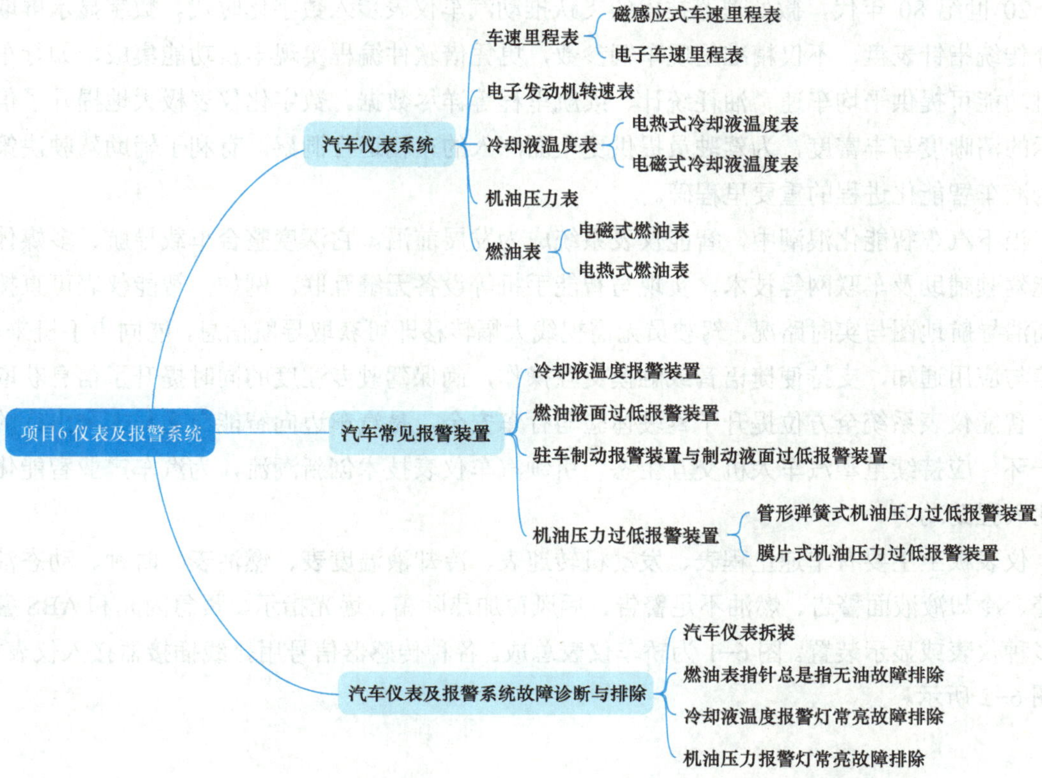

任务 6.1　汽车仪表系统

汽车仪表作为汽车信息交互的关键窗口，在汽车发展历程中占据着举足轻重的地位。自汽车诞生以来，其功能与形式持续演变，深度融入现代汽车复杂的电子与智能体系，对驾驶体验与行车安全产生了深远影响。

早期汽车仪表多为简单机械结构，如传统的车速表、转速表、燃油表和水温表等，通过机械传动与车辆相应部件连接，直接以指针在刻度盘上的转动显示车辆基本运行参数。这些机械仪表虽功能基础，但在当时为驾驶员提供了不可或缺的车辆状态信息，是驾驶员掌控车辆的重要依据，奠定了汽车仪表的基本功能架构。

随着电子技术的蓬勃兴起，汽车仪表迎来电器式变革。传感器技术的应用使车辆参数得以转换为电信号，电子电路负责处理与显示，显著提升了显示精度，衍生出了里程表、油压表等。这一阶段标志着汽车仪表从单纯机械传动向电子信号处理过渡，拓宽了仪表功能边界，增强了信息显示的可靠性与准确性，满足了汽车性能提升对仪表精度与功能多样性的需求。

20 世纪 80 年代，微处理器技术的飞跃推动汽车仪表步入数字化时代。数字显示屏取代部分传统指针表盘，不仅精准呈现车辆参数，更凭借软件编程实现丰富功能集成，如行车计算机功能可提供平均车速、油耗统计、续航里程等详尽数据。数字化仪表极大地提升了信息显示的清晰度与丰富度，为驾驶员提供更全面深入的车辆运行洞察，有利于辅助驾驶决策，成为汽车智能化进程的重要里程碑。

当下汽车智能化浪潮中，智能仪表系统成为发展前沿。它深度整合车载导航、多媒体、智能驾驶辅助及车联网等技术，实现与智能手机等设备无缝互联。例如，智能仪表可直接展示高清导航地图与实时路况，驾驶员无需视线大幅转移即可获取导航信息，能同步手机来电、短信与应用通知，支持便捷语音或触摸交互操作，确保驾驶专注度的同时提升了信息获取效率。智能仪表系统全方位提升了驾驶体验与行车安全，是汽车迈向智能交通与未来出行的关键一环，应持续重塑汽车人机交互生态，引领汽车仪表技术创新潮流，为汽车产业智能化变革注入强劲动力。

仪表板上主要有车速里程表、发动机转速表、冷却液温度表、燃油表、时钟、动态油压报警、冷却液液面警告、燃油不足警告、后风窗加热除霜、远光指示、紧急闪光和 ABS 警告等多种仪表或显示装置。图 6–1 为轿车仪表总成。各种传感器信号用排线插接器接入仪表板，如图 6–2 所示。

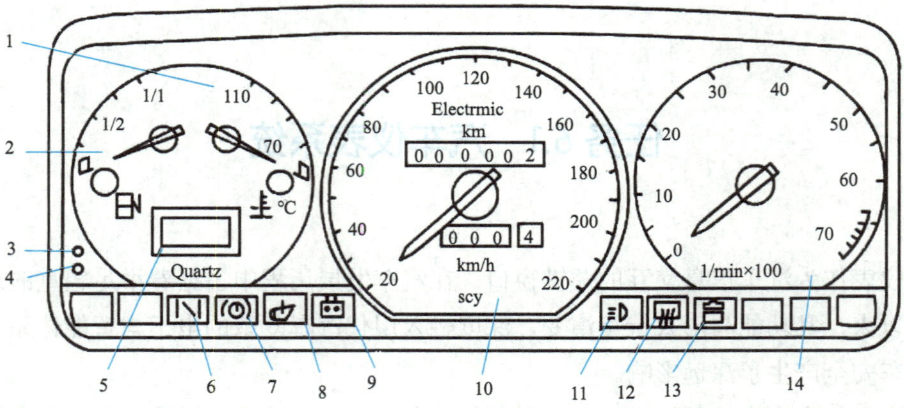

1—冷却液温度表；2—燃油表；3—电子钟分钟调整旋钮；4—电子钟时钟调整旋钮；5—电子液晶钟；6—阻风门开指示灯；7—手制动拉起和制动液面警告灯；8—机油压力警告灯；9—充电指示灯；10—电子车速里程表；11—远光指示灯；12—后窗除霜加热指示灯；13—冷却液液面警告灯；14—电子发动机转速表。

图 6–1　轿车仪表总成

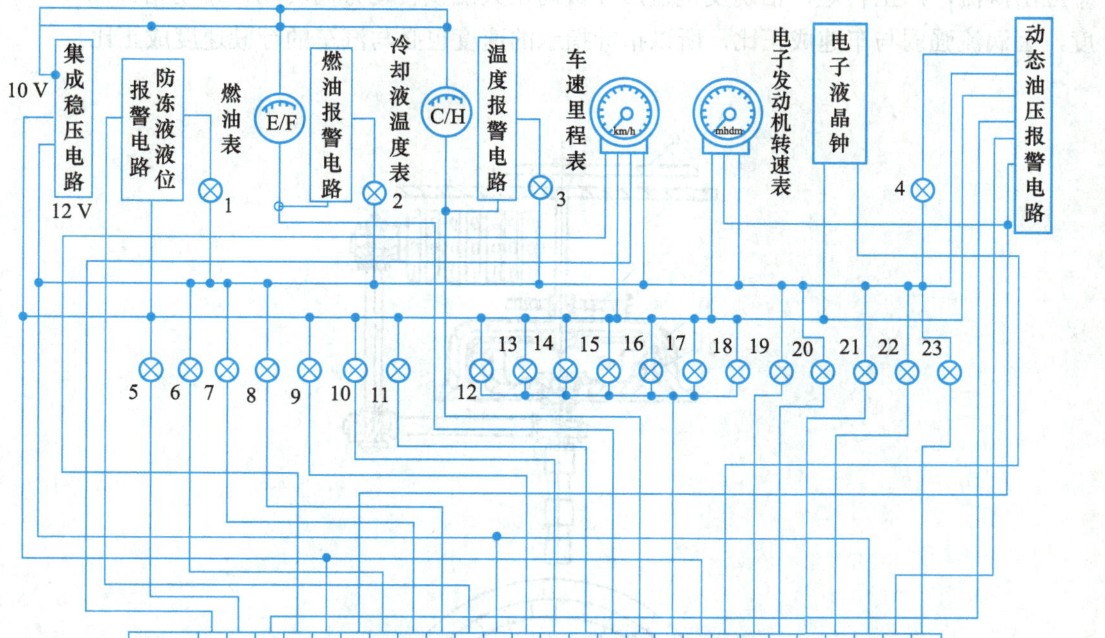

插脚号	1	2	3	4	5	6	7	8	9	10	11	12	13	14	15	16	17	18	19	20	21	22	23	24	25	26
接入功能	速度信号输出	右转向指示(+)	0.18 MPa油压开关	车速里程表信号	电源负极(−)	转速表信号	空(备用)(−)	空(备用)(−)	空(备用)(−)	防冻液液位信号	电源正极(+)	后窗除霜加热指示(+)	远光指示(+)	左转向指示(+)	油量传感器	温度传感器	内照明(+)	电源负极(−)	电子液晶钟(+)	空(备用)(−)	空(备用)(−)	阻风门开指示(−)	制动器故障指示(−)	电源正极(+)	0.03 MPa油压开关	发电机调节器

图 6-2 各种传感器信号用排线插接器接入仪表板

1. 车速里程表

车速里程表由车速表和里程表两部分组成，用于指示汽车行驶速度和累计行驶里程，有磁感应式与电子式两种。

1）磁感应式车速里程表

（1）结构。

磁感应式车速里程表没有电路连接，它是由变速器输出轴上的一套蜗轮、蜗杆及挠性软轴来驱动的。如图 6-3 所示，磁感应式车速表由永久磁铁、带有轴及指针的铝碗、罩壳和紧固在车速里程表外壳上的刻度盘等组成。罩壳是固定的，铝碗是杯形的，与永久磁铁及罩壳间具有一定的间隙，没有机械连接。铝碗与指针一起转动，在静态时，盘形弹簧（游丝）的作用是使指针指在刻度盘“0”的位置上。

（2）工作原理。

汽车直线行驶时，变速器输出轴上的蜗轮、蜗杆及软轴等带动永久磁铁转动，在铝碗上感应出涡流，产生转矩，铝碗反抗盘形弹簧向永久磁铁转动方向转动，带动指针同转一个角度，因涡流强弱与车速成正比，所以指针指示的速度也必与汽车的行驶速度成正比。

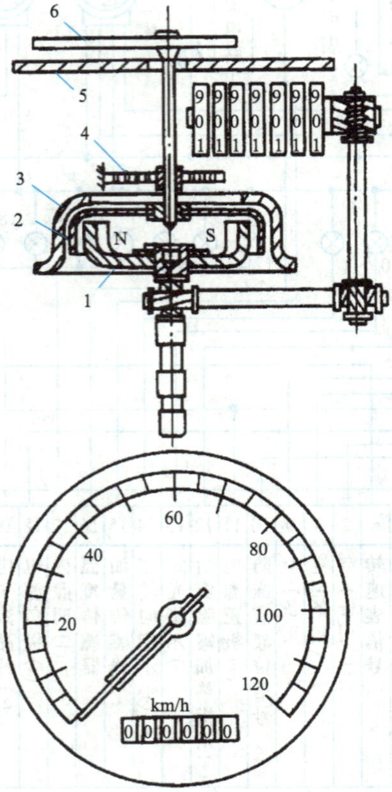

1—永久磁铁；2—铝碗；3—磁屏；4—盘形弹簧；5—刻度盘；6—指针。

图 6–3　磁感应式车速里程表的结构

里程表由蜗轮、蜗杆和计数轮组成，其与汽车传动轴间有定传动比。汽车行驶时，软轴驱动车速里程表的小轴，经 3 对蜗轮、蜗杆带动里程表的第一计数轮转动。第一计数轮上的数字为 (1/10)km，每两个相邻的计数轮之间，又通过本身的内齿和进位计数轮的传动齿轮，形成 1:10 的传动比。这样汽车行驶时，就可累计行驶里程。

2）电子车速里程表

电子车速里程表用设在变速器上的传感器获取车速信号，并通过导线传输信号，能克服机械传动车速里程表用软轴传动带来的磨损等缺点。电子车速里程表主要由车速传感器、电子电路、车速表和里程表 4 部分组成。

（1）车速传感器。

车速传感器由变速器驱动，能产生与汽车行驶速度成正比的电脉冲，如图 6–5 所示，它由一个舌簧开关和一个含有 4 对磁极的转子组成。转子每转一周，舌簧开关中的触点闭合 8 次，产生 8 个脉冲信号，汽车每行驶 1 km，车速传感器将输出 4 127 个脉冲。

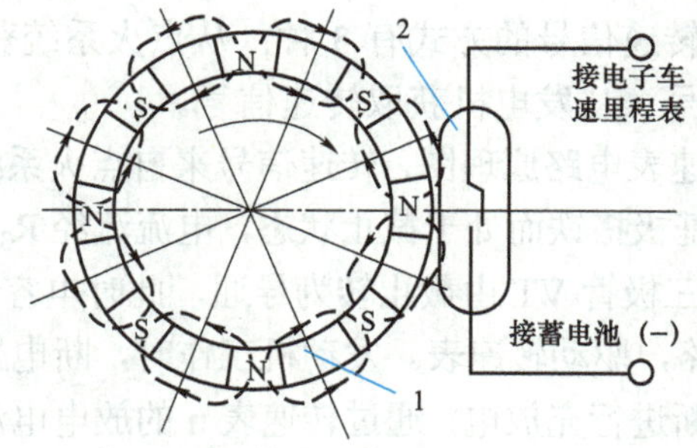

1—塑料环；2—舌簧开关。

图 6-4 车速传感器

（2）电子电路。

电子电路的主要作用是将车速传感器送来的电脉冲经整形、触发，输出一个与车速成正比的电流信号。该电子电路主要包括稳压电路、单稳态触发电路、恒流源驱动电路、64 分频电路和功率放大电路，如图 6-5 所示。仪表精度由电阻 R_1 调整，仪表初始工作电流由电阻 R_2 调整，电阻 R_3 和电容器 C_3 用于电源滤波。

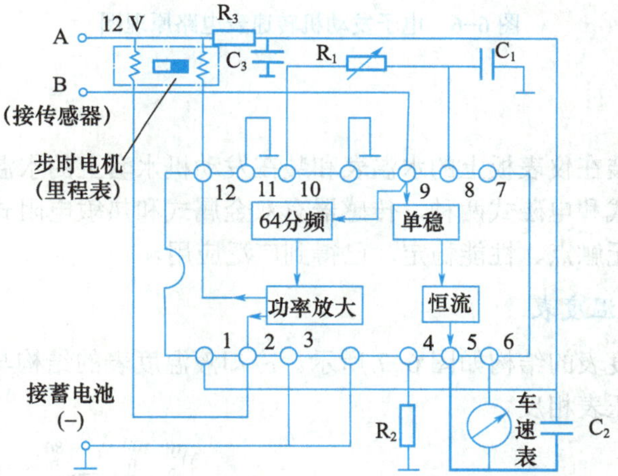

图 6-5 电子电路

（3）车速表。

车速表实际上是一个电磁式电流表。当汽车以不同车速行驶时，从电子电路接线端 6（见图 6-5）输出的与车速成正比的电流信号便驱动车速表指针偏转，即可指示相应的车速。车速表刻度盘上 50～130 km/h 的区域用红色标志，表示经济车速区域。

（4）里程表。

里程表由一个步进电机及 6 位数字的 10 进位齿轮计数器组成。步进电机将脉冲信号转换为线位移或角位移，带动 6 位数字的 10 进制齿轮计数器工作，从而积累行驶里程。车速传感器输出的频率信号，经 64 分频电路后，再经功率放大器放大到具有足够的功率，驱动步进电机带动 6 位数字的 10 进位齿轮计数器工作，从而积累行驶里程。

2. 电子发动机转速表

电子发动机转速表的作用是测量发动机曲轴转速，从而检查和监视发动机的工作状况。

电子发动机转速表获取转速信号的方式有 3 种：从点火系统获取脉冲电压信号、从发动机的转速传感器获得转速信号、从发电机获取转速信号。

图 6–6 为电子发动机转速表电路原理图，转速信号来自点火系统的一次电路。当断电器触点 K 闭合时，三极管 VT 因基极搭铁而处于截止状态，电流流经 R_3、C、VD_2，工作原理如下：C 充电；当触点 K 断开时，三极管 VT 由截止转为导通，此时电容器 C 经三极管 VT、转速表 n 和二极管 VD_1 构成放电回路，驱动转速表。发动机工作时，断电器触点的开闭频率与发动机的转速成正比，电容器 C 不断进行充放电，通过转速表 n 的放电电流平均值也与发动机的转速成正比。电路中的稳压管 VD_3 使电容器 C 有一个稳定的充电电压，以提高转速表的测量精度。

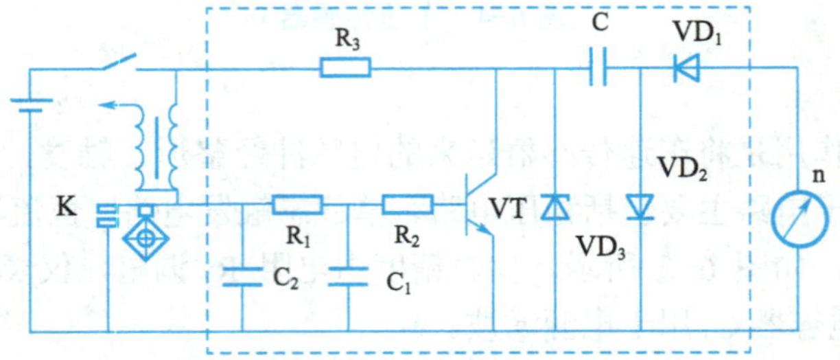

图 6–6　电子发动机转速表电路原理图

3. 冷却液温度表

冷却液温度表由装在仪表板上的水温表和装在发动机水套上的水温传感器两部分组成。冷却液温度表有电热式和电磁式两种，传感器有双金属式和热敏电阻式两种。热敏电阻式传感器由于结构简单、无触点、性能稳定，已得到广泛应用。

1）电热式冷却液温度表

电热式冷却液温度表的结构如图 6–7 所示。冷却液温度表的结构与油压表的结构相同，只是刻度盘指示与油压表相反。

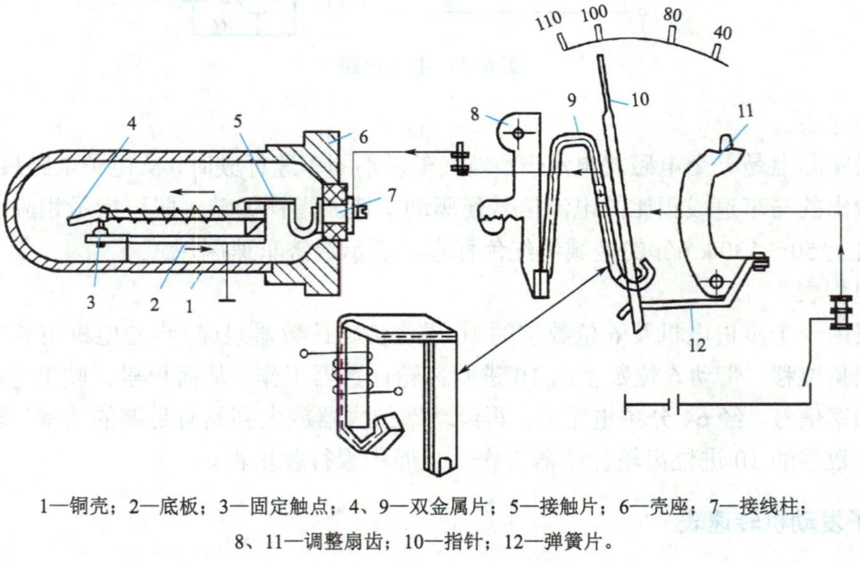

1—铜壳；2—底板；3—固定触点；4、9—双金属片；5—接触片；6—壳座；7—接线柱；
8、11—调整扇齿；10—指针；12—弹簧片。

图 6–7　电热式冷却液温度表的结构

传感器安装在发动机气缸体水套或水泵入水管上，在壳体内装有固定触点，双金属片上绕有电热丝，一端与焊在双金属片上的触点相连，另一端经接触片与接线柱连接。当点火开关接通后，电流流通路径为：蓄电池正极—双金属片（9）—接线柱—接触片—双金属片（4）—固定触点—底板—搭铁—蓄电池负极。

双金属片安装具有一定的初始压力，故只有当双金属片（9）升高到一定温度发生变形后，才能带动其上的活动触点离开固定触点。当水温低时，触点压力较大，同时双金属片（4）上的电热丝通电时间长，使得加热双金属片（9）使其受热度形，从而打开触点。双金属片（4）上的电热丝发热量较多，使变形量较大，带动指针向示数小的方向偏转，然后像油压表一样，触点不断地开、闭合使指针保持稳定。

2）电磁式冷却液温度表

电磁式冷却液温度表的结构如图 6-8 所示，其总成是一个铜壳与六角形外壳的密封体，对外只有一个接线螺钉，外壳搭铁。电磁式冷却液温度表中的传感器多采用负温度系数的热敏电阻，其电阻值随温度升高而下降。当电源开关接通时，电流流通路径为：蓄电池正极—衔铁 B—左线圈—分两路（一路流经热敏电阻，另一路流经右线圈）—搭铁—蓄电池负极。当水温低时，传感器中热敏电阻的阻值大，流经左线圈与右线圈的电流相差不多，但由于右线圈的匝数多，产生的磁场强，带指针的衔铁会向左偏转，使表针指向低温刻度；当水温升高时，热敏电阻阻值减小，分流作用增强，流经左线圈的电流减小，磁场力减弱，衔铁向右偏转，表针指向高温刻度。

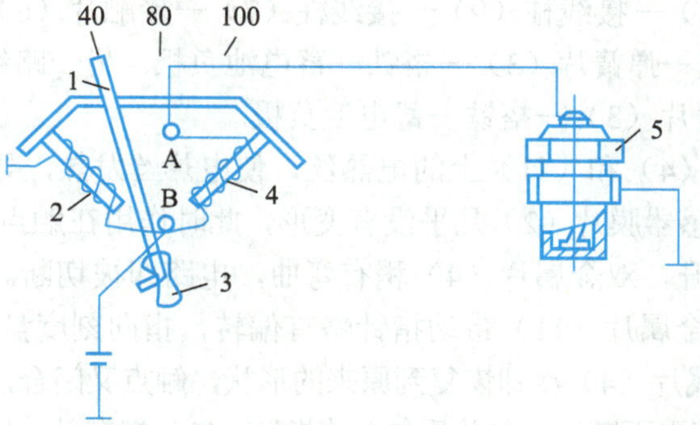

1—指针；2—左线圈；3—软钢转子；4—右线圈；5—热敏电阻式传感器。

图 6-8 电磁式冷却液温度表的结构

4. 机油压力表

机油压力表是用来显示发动机润滑油压力大小和润滑系统工作情况的仪表。机油压力表电路由电源、点火开关、油压表、油压传感器等组成，油压传感器安装在发动机主油道上，油压表安装在仪表板上。常用的机油压力表有电热式、电磁式和动磁式 3 种，其中应用最为广泛的是电热式机油压力表，一般与电热式油压传感器配合使用。

电热式机油压力表的结构如图 6-9 所示，双金属片式油压传感器内装有膜片（2），膜片下方的油腔（1）与发动机主油道或机油粗滤器相通，它感受发动机润滑系统油压。膜片（2）的中心顶着弹簧片（3）。弹簧片的一端固定在传感器壳体上并通过传感器壳体搭铁，另一端焊有触点，且与上方双金属片（4）的触点接触。双金属片（4）上绕有与其本身绝缘的电热丝。线圈的一端直接与双金属片的触点相连，另一端经接触片（6）和接线柱（7）与双金属片式油压表相连。调整电阻（8）与电热丝并联。油压表中双金属片（11）的一端固定在调节齿扇（10）上，另一端与指针（12）相连，其上也绕有电热丝。

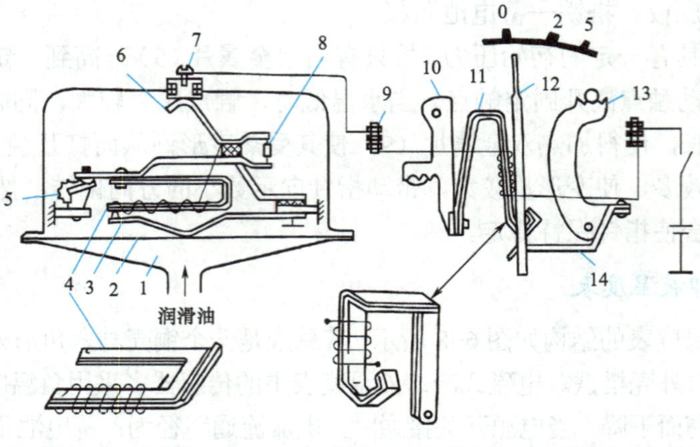

1—油腔；2—膜片；3—弹簧片；4、11—双金属片；5—调节齿轮；6—接触片；7、9—接线柱；8—调整电阻；10、13—调整齿扇；12—指针；14—弹簧片。

图 6-9　电热式机油压力表的结构

当电源开关接通、发动机正常运转时，电流流通路径为：蓄电池正极—点火开关—接线柱（9）—双金属片（11）—接线柱（9）—接线柱（7）—接触片（6）。之后分为两路：一路经双金属片（4）—触点—弹簧片（3）—搭铁—蓄电池负极；另一路经调整电阻（8）—双金属片（4）—触点—弹簧片（3）—搭铁—蓄电池负极。

电流通过双金属片（4）和（11）上的电热丝，使电热丝发热，导致双金属片受热变形。

如果油压偏低，传感器膜片（2）几乎没有变形，此时作用在触点的压力很小，电路通电时间较短，温度略有上升，双金属片（4）稍有弯曲，电路即被切断。此时，双金属片（11）上的电热丝发热，使双金属片（11）带动指针略有偏转，指向刻度盘数值较小的位置。经过一段时间的散热，双金属片（4）冷却恢复到原来的形状，触点又闭合，电路又被接通。但不久触点又由于双金属片的变形而断开，如此反复，使指针（12）指在某一较小数值上略有抖动。如果油压较高，传感器膜片（2）变形量较大，此时作用在触点上的压力较大，电路通电时间较长，温度上升幅度较大，双金属片（4）变形量较大，电路被切断。此时，双金属片（11）上的电热丝发热量较大，使双金属片（11）变形量较大，带动指针偏转，指向刻度盘数值较大的位置。经过一段时间的散热，双金属片（4）向下弯曲变形，触点又闭合，电路又被接通。但不久触点又由于双金属片的受热变形而断开。如此反复，使指针（12）指在某一较大数值上略有抖动。

为了使油压表示值不受外界温度变化的影响，将双金属片做成“n”形，其中绕有加热线圈的臂为工作臂，另一固定臂为补偿臂。当外界温度变化时，工作臂的附加变形被补偿臂的相应变形所补偿，提高了油压表的准确性。

5. 燃油表

燃油表用来指示汽车油箱内存油量的多少，它由装在仪表板上的燃油指示表和装在油箱内的燃油传感器两部分组成。燃油表也有电热式和电磁式两种，但传感器均为可变电阻式。

1）电磁式燃油表

电磁式燃油表的结构如图 6-10 所示。在燃油表中，左、右两个铁心上分别绕有线圈，中间有软钢转子（5），指针（3）与软钢转子相连。燃油传感器由可变电阻（7）、滑片（8）和浮子（10）组成。浮子浮在油面上，随油面的高低而改变位置，通过滑片改变可变电阻的阻值。

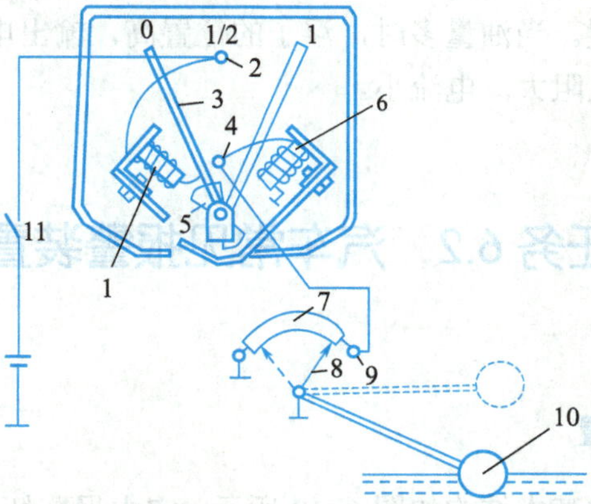

1—左线圈；2、4、9—接线柱；3—指针；5—软钢转子；6—右线圈；
7—可变电阻；8—滑片；10—浮子；11—点火开关。

图 6-10 电磁式燃油表的结构

2）电热式燃油表

电热式燃油表又称双金属式燃油表，其结构如图 6-11 所示。它的指示表与电热式冷却液温度表的指示表相同，仅刻度盘标值不一样。它的传感器与电磁式燃油表相同。另外，为了稳定电源电压，在电路中串接了一个稳压器。

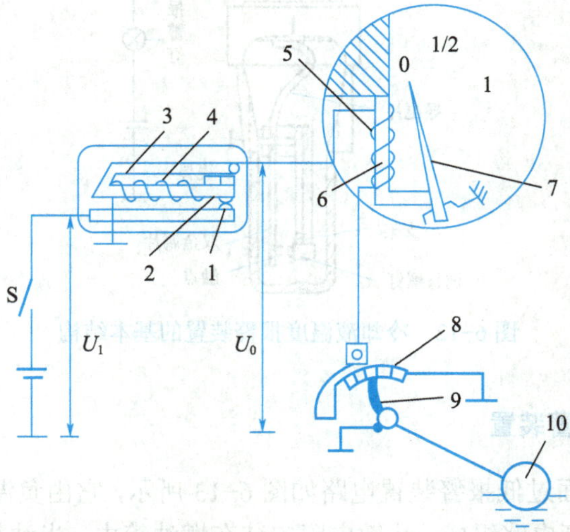

1—静触点；2—动触点；3、6—双金属片；4—加热线圈；5—指示表加热线圈；
7—指针；8—可变电阻；9—滑片；10—浮子。

图 6-11 电热式燃油表的结构

当油箱无油时，浮子（10）在最低位置，将可变电阻（8）全部接入电路，加热线圈中的电流最小，所以双金属片（6）没有变形，指针（7）指向“0”的位置；当油箱中的油量增加时，浮子（10）上浮，带动滑片移动，可变电阻（8）的阻值减小，加热线圈中的电流增大，双金属片（6）受热变形，带动指针（7）向右移动。由于经过加热线圈中的电流除与可变电阻的阻值有关外，还与电流电压有关，因此该电路中需配有油量传感器，其中滑动变阻器的输出阻值依赖于浮子的位置。当油量多时，浮子的位置高，输出电阻小，电流大；当油量少时，浮子的位置低，输出电阻大，电流小。

任务 6.2　汽车常见报警装置

1. 冷却液温度报警装置

冷却液温度报警装置的基本结构如图 6-12 所示，它由报警灯、双金属片、触点、壳体等组成。双金属片由两种不同热膨胀系数的金属片贴合而成，一端固定在外壳上，另一端为自由端并带有触点。

冷却液温度传感器安装在发动机气缸盖的水套中，当水套中冷却液的温度超过规定值时，双金属片受热变形，向下弯曲，使双金属触点闭合，报警灯电路接通，从而使冷却液温度报警灯亮起。当冷却液温度下降后，双金属片变形量减小，两触点又断开，报警灯熄灭。

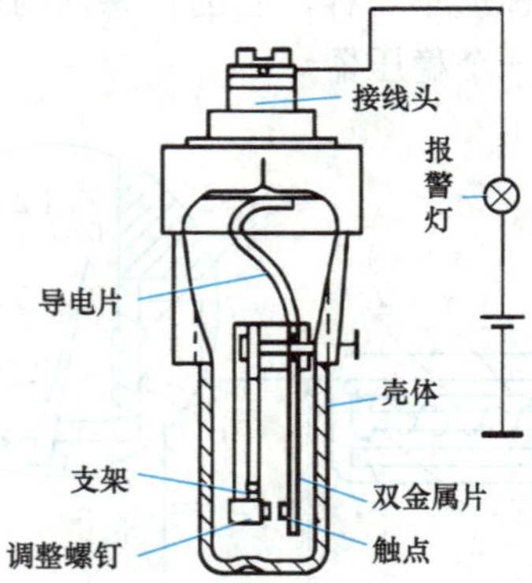

图 6-12　冷却液温度报警装置的基本结构

2. 燃油液面过低报警装置

热敏电阻式燃油液面过低报警装置电路如图 6-13 所示，它由负温度系数热敏电阻（负感温电阻）传感器和报警灯电路组成。热敏电阻安装在燃油箱内，当油箱内燃油储存量较多时，传感器热敏电阻元件浸泡在燃油内，由于燃油散热快，热敏电阻温度低、阻值大，报警灯电路由于电流较小而不能发光。

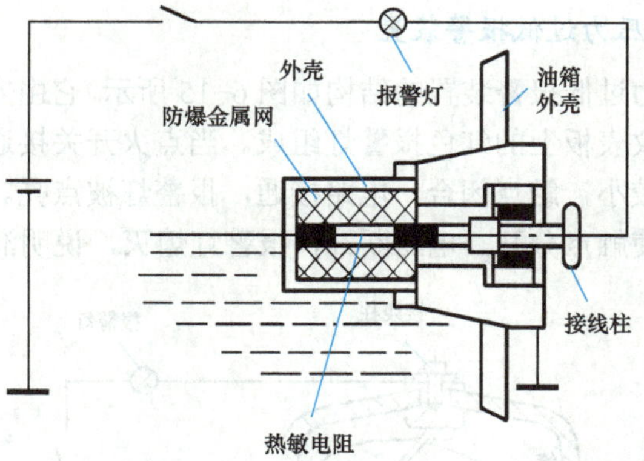

图 6-13 热敏电阻式燃油液面过低报警装置电路

当油箱内燃油储存量减小到规定值（汽车还可以行驶约 50 km）以下时，热敏电阻将露出燃油液面，由于传感器周围都是空气，散热能力下降，因此热敏电阻温度升高、阻值下降，报警灯因电路中电流增大而发亮。

3. 驻车制动报警装置与制动液面过低报警装置

驻车制动报警装置与制动液面过低报警装置由一个报警灯和两个传感器组成，如图 6-14 所示。手制动开关安装在驻车制动操纵杆后，当拉紧驻车制动器时，手制动开关触点闭合，使报警灯电路接通，警告灯点亮。制动液面过低报警传感器由浮子、浮子上的动触点和静触点组成。当制动液面过低时，浮子下降，使动触点和静触点闭合，报警灯电路接通，灯泡点亮。

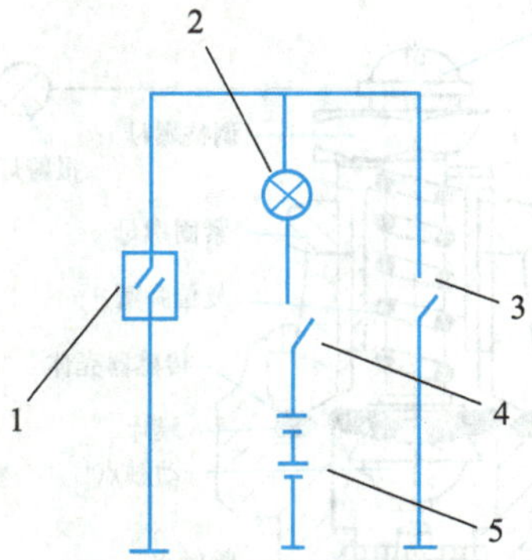

1—制动液面过低传感器；2—警告灯；3—手制动开关；4—点火开关；5—蓄电池。

图 6-14 驻车制动报警装置与制动液面过低报警装置电路

4. 机油压力过低报警装置

机油压力过低报警装置的功用是，当润滑系统机油压力降低到一定值时，电路被自动接通，此时显示机油压力过低的红色报警灯点亮，提醒驾驶员注意以避免损坏发动机。汽车上，与机油压力过低的报警灯配合使用的传感器有管形弹簧式和膜片式。

1）管形弹簧式机油压力过低报警装置

管形弹簧式机油压力过低报警装置的结构如图 6-15 所示，它由安装在发动机主油道上的管形弹簧压力传感器和仪表板上的红色报警灯组成。当点火开关接通、机油压力低于某一设定值时，管形弹簧变形较小，触点闭合，电路接通，报警灯被点亮。当油压高于这一设定值时，管形弹簧变形大，使触点分开，电路断开，报警灯熄灭，说明润滑系统压力正常。

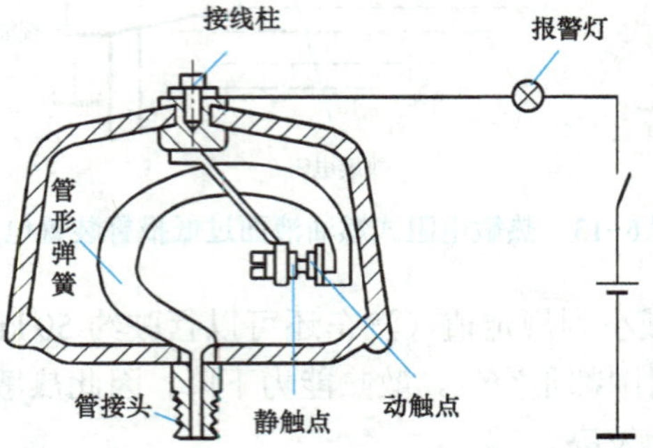

图 6-15　管形弹簧式机油压力过低报警装置的结构

2）膜片式机油压力过低报警装置

膜片式机油压力过低报警装置的结构如图 6-16 所示，它安装在发动机主油道上，主油道机油压力直接作用在膜片上。膜片将传感器分成两个独立的腔室，下腔室与发动机润滑系统主油道相通。膜片下方安有弹簧片，弹簧片上焊有动触点，静触点固定在壳体上。上腔室内有一根弹簧，弹簧顶在弹簧膜片上。

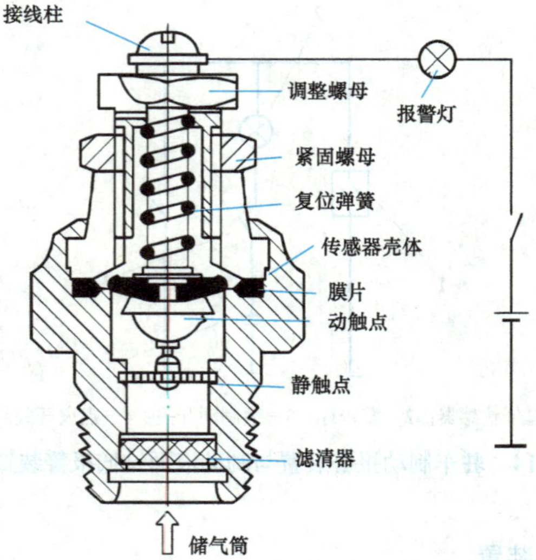

图 6-16　膜片式机油压力过低传感器

当点火开关接通、机油压力低于某一设定值时，膜片在弹簧预紧力的作用下克服机油压力向下拱曲，带动弹簧片和动触点向下移动并使触点闭合，报警灯因电路接通而点亮。当润滑系统压力高于某一设定值、润滑系统达到正常工作油压时，油压对膜片的作用力克服弹簧预紧力使膜片向上拱曲，使动触点与静触点断开，报警灯因电路被切断而熄灭，说明润滑系统工作正常。

常见汽车报警灯图形符号及作用见表 6-1。

表 6-1　常见汽车报警灯图形符号及作用

序号	名称	图形	颜色	作用
1	蓄电池液面过低报警灯		红	当蓄电池的液面比规定值低时，灯亮
2	机油压力过低报警灯		红	发动机机油压力在 0.03 MPa 以下时，灯亮
3	充电指示灯		红	硅整流发电机不发电时，灯亮
4	预热指示灯	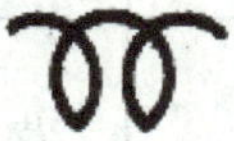	黄	点火开关闭合时灯亮，预热结束时灯灭
5	燃油滤清器积水报警灯		红	燃油滤清器内积水时，灯亮
6	远光指示灯		蓝	使用前照灯远光时，灯亮
7	散热器液量不足报警灯		黄	散热器的液量比规定的少时，灯亮
8	转向指示灯		绿	开转向灯时，灯亮
9	驻车制动报警灯		红	驻车制动器起作用时，灯亮
10	车轮制动器失效报警灯		红	车轮制动器失效时，灯亮
11	燃油过少报警灯		黄	燃油余量约在 10 L 以下时，灯亮

续表

序号	名称	图形	颜色	作用
12	安全带报警灯		红	若未装上安全带扣，发动机起动后报警灯常亮；装上安全带扣后，发动机起动后约 7 s 灯灭
13	车门未关报警灯		红	车门打开或半开时，灯亮
14	制动灯或后示廓灯失效报警灯		黄	制动灯或后示廓灯断路时，灯亮
15	洗涤器液面过低报警灯		黄	洗涤器液面过低时，灯亮
16	安全气囊报警灯	AIR BAG	黄	安全气囊失效时，灯亮
17	制动防抱死失效报警灯	ABS	红	防抱装置电控部分有故障时，灯亮
18	发动机故障报警灯	 CHECK	红	发动机电控系统有故障时，灯亮

任务 6.3　汽车仪表及报警系统故障诊断与排除

目标

掌握汽车仪表及报警系统故障诊断与排除方法。

仪器与工具

汽车组合仪表、冷却液温度表、万用表等。

1. 汽车仪表拆装

1）注意事项

（1）拆装组合仪表时，必须拆蓄电池。
（2）线束连接器均带有锁止机构。
（3）不要损坏印刷电路板。
（4）指示表与传感器配套使用。
（5）电热式油压传感器注意安装方向。
（6）电磁式指示表接线柱注意接线电源极性。

2）故障排除

（1）拔下传感器连接导线，串入一个10 Ω电阻后直接搭铁。
（2）冷却液温度表指针摆动，说明传感器故障。
（3）冷却液温度表指针不动，说明表或线路故障。
（4）若冷却液温度表和燃油表同时出现故障，说明仪表稳压器或线路故障。

2. 燃油表指针总是指无油故障排除

1）故障原因

（1）仪表电源稳压器故障。
（2）燃油表自身故障。
（3）传感器故障。
（4）线路断路故障。

2）故障排除

（1）拔下传感器连接导线，串入一个10 Ω电阻后直接搭铁。
（2）燃油表指针摆动，说明传感器故障。
（3）若冷却液温度表和燃油表同时出现故障，说明仪表稳压器或线路故障。

3. 冷却液温度报警灯常亮故障排除

1）故障原因

（1）冷却液温度传感器故障。
（2）冷却液液面过低故障。
（3）冷却液液位监测开关故障。
（4）线路连接故障。

2）故障排除

（1）拔下冷却液液位监测开关插头，若灯灭，说明液位监测开关。
（2）拔下冷却液液位监测开关插头灯亮，再连好冷却液液位监测开关连线，拔下冷却液温度传感器插头，若灯灭，说明冷却液温度传感器故障。

（3）拔下冷却液温度传感器插头，若灯亮，说明连接线路有搭铁故障。

4. 机油压力报警灯常亮故障排除

1）故障原因

（1）机油压力报警开关故障。

（2）润滑油压力达不到规定要求。

（3）线路连接故障。

2）故障排除

（1）机油压力报警故障排除。

① 电阻检测：断开报警开关线束插头，用万用表测量开关两端电阻。常温下，未触发报警时（机油压力正常），开关应为断开状态（电阻值为无穷大）；触发报警时（模拟无压力状态），开关应导通（电阻值接近0）。若测量结果不符，说明开关损坏，需更换。

② 替换验证：直接更换新的机油压力报警开关，起动车辆观察报警灯是否熄灭。若熄灭，确认原开关故障。

（2）润滑油压力达不到规定要求故障排除。

拆卸机油压力报警开关，安装专用机油压力表。起动发动机，分别检测怠速、中高速等工况下的机油压力，与车辆维修手册标准值进行对比。若压力过低，进一步排查。

（3）线路连接故障排除。

① 线束检查：目视检查报警开关至仪表的线束是否破损、老化，插头是否松动、氧化。

② 电路通断测试：用万用表或试灯测量线束导通性。一端接报警开关插头端，另一端接仪表对应引脚，若不通或电阻过大，修复或更换故障线束。

③ 搭铁与供电检测：检查线路搭铁点是否牢固，有无锈蚀、松动；检测电路供电是否正常（如点火开关控制的电源信号），确保线路供电、搭铁无异常。

项目 7

辅助电器设备

知识目标

1. 熟悉汽车电动刮水器及风窗玻璃洗涤器的结构和工作原理及故障检修。
2. 掌握汽车各辅助电器系统控制原理及故障原因。
3. 掌握汽车电动车窗、电动门锁及电动座椅的结构和工作原理及故障检修。

能力目标

1. 能识别汽车各辅助电器系统设备和电路图。
2. 能对汽车各辅助电器系统进行检测和维修。

素养目标

1. 弘扬工匠精神。
2. 培养自主探究学习能力，提升综合职业素养。
3. 培养学生观察能力、团队合作能力及专业技术交流的表达能力。

案例导入

一辆迈腾汽车，下雨天打开电动刮水器，发现电动刮水器不动，初步怀疑电动刮水器电动机损坏，需要对电动刮水器进行检测与维修。

学习导航

- 项目7 辅助电器设备
  - 电动刮水器及风窗玻璃洗涤器
    - 电动刮水器
    - 风窗玻璃洗涤器
    - 风窗除霜（雾）装置
  - 电动刮水器及风窗玻璃洗涤器故障诊断与排除
    - 电动刮水器及风扇玻璃洗涤器故障检查
    - 电动刮水器马达盖及马达摇臂的更换
    - 电动刮水器刮水臂的更换
    - 风窗玻璃洗涤器故障检修
  - 电动车窗、电动门锁及电动座椅
    - 电动车窗
    - 电动门锁
    - 电动座椅
  - 电动车窗、电动门锁及电动座椅故障诊断与排除
    - 电动车窗故障诊断与排除
    - 电动门锁故障诊断与排除
    - 电动座椅故障诊断与排除

任务 7.1　电动刮水器及风窗玻璃洗涤器

汽车辅助电器系统是指除了汽车动力系统和底盘系统等主要系统之外，为了提高汽车的舒适性、安全性、便利性及娱乐性等而设置的一系列电器设备及其相关电路的总称。这些系统虽然不直接参与汽车的驱动和行驶，但它们在提升驾乘体验和保障行车安全等方面发挥着不可或缺的作用。

汽车辅助电器系统设备主要有刮水器、洗涤器、电动车窗、电动座椅、中控门锁等。一般汽车的前风窗玻璃上都装有两个刮片，有些汽车的后风窗玻璃上也装有一个刮片。

1. 电动刮水器

汽车上采用的刮水器种类很多，根据其动力不同可分为真空式、气动式和电动式三种。刮水器开关具有高速档、低速档及间歇档，而且在每个工作档位断开开关时，刮水器臂都有自动复位的功能。电动刮水器由于具有动力大、工作可靠、容易控制、不受发动机工况影响等优点，在汽车上得到了广泛应用。

1）电动刮水器的组成

电动刮水器的组成如图 7-1 所示。电动刮水器的形式虽然多种多样，但其结构基本相同，

主要由微型直流电动机、涡轮、蜗杆、连杆、摆杆等组成。微型直流电动机、涡轮组成驱动部分，涡轮的旋转运动由连杆、摆杆变成左右往复摆动。电动刮水器工作时，微型直流电动机（11）转动，经涡轮（9）、蜗杆（10）减速后，带动连杆（8、7、3）和摆杆（2、4、6）运动，使刮片架（1、5）摆动，橡胶刮片便刮去挡风玻璃上的泥土、雪花和雨水等。为了使橡胶刮片能很好地适应风窗玻璃不同的外形及运行条件，一般刮片和摆杆都采用铰接式连接。

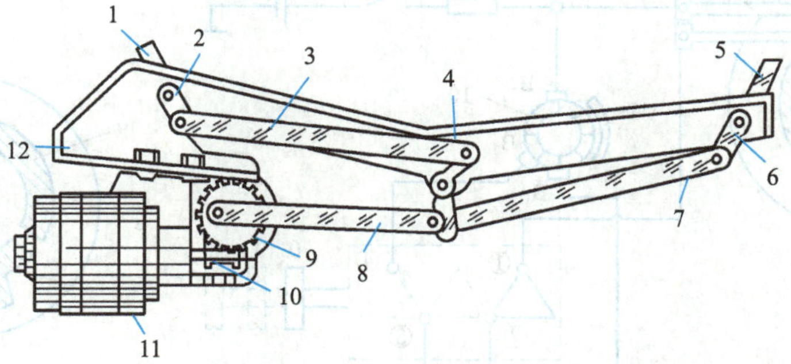

1、5—刮片架；2、4、6—摆杆；3、7、8—连杆；9—涡轮；10—蜗杆；11—微型直流电动机；12—底板。

图 7–1　电动刮水器的组成

2）电动刮水器的变速原理

电动刮水器橡胶刮片的摆动速度由电动机转速决定，电动机转速的快慢可通过永磁三刷电动机进行变换，电动机上有 3 个电刷，其变速原理如图 7–2 所示。

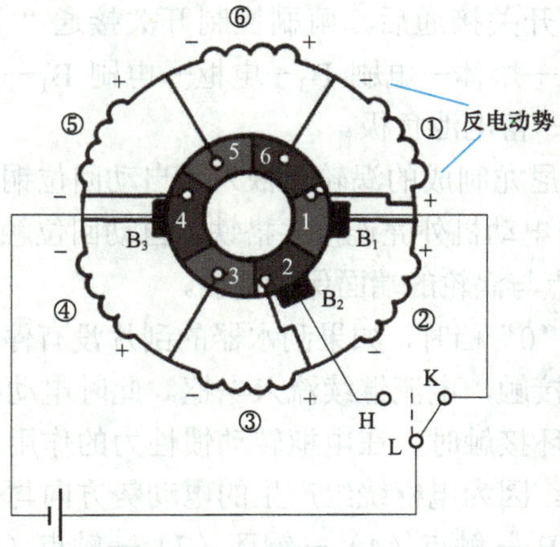

图 7–2　永磁三刷电动机的变速原理

当开关拨向“低速档”（K 与 L 接通）、电源电压加在电刷 B_1 和 B_3 之间时，在电刷 B_1 和 B_3 之间有两条并联电路，一路由线圈①、⑤、⑥串联起来，另一路由线圈②、③、④串联起来。当两路线圈产生的全部反电动势与电源电压平衡后，电动机稳定运转，此时转速较慢。当开关拨向“高速档”（K 与 H 接通）、电源电压加在电刷 B_2 和 B_3 之间时，在电刷 B_2 和 B_3 之间也有两条并联电路，一路由线圈②、①、⑥、⑤串联起来，另一路由线圈③、④串联起来。其中，线圈②与线圈①、⑥、⑤产生的反电动势方向相反，互相抵消后变为只有两个线圈的反电动势与电源电压平衡，因而转速较高。

3）电动刮水器的工作原理

电动刮水器可以实现快速刮水、慢速刮水、停机自动复位、间接刮水功能，其结构原理图如图 7–3 所示。

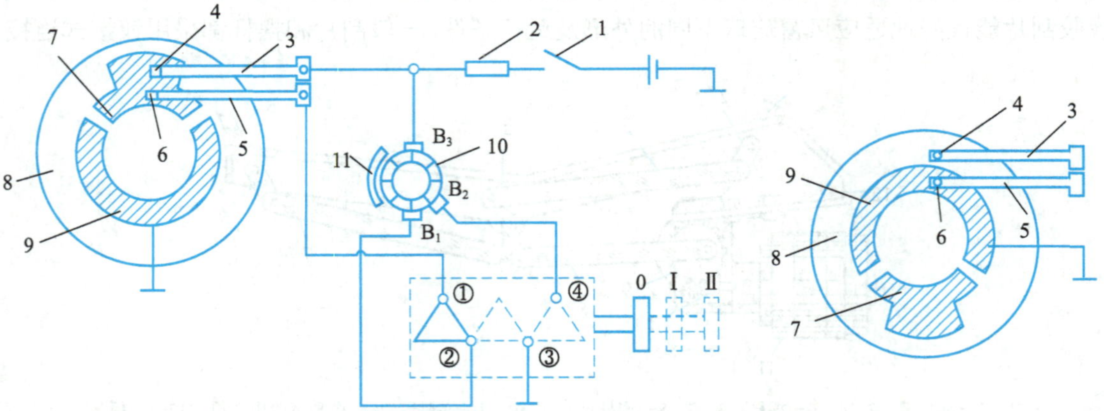

1—电源开关；2—熔体；3、5—触点臂；4、6—触点；7、9—铜环；8—涡轮；10—电枢；11—永久磁铁。

图 7–3　电动刮水器结构原理图

（1）快速刮水。当电源开关接通后，雨刷控制开关接通“Ⅱ”档位置，电流流通路径为：蓄电池正极—电源开关—熔体—电刷 B_3—电枢—电刷 B_2—雨刷控制开关接线柱④—雨刷控制开关接线柱③—搭铁—蓄电池负极。

（2）慢速刮水。当电源开关接通后，雨刷控制开关接通“Ⅰ”档位置，电流流通路径为：蓄电池正极—电源开关—熔体—电刷 B_3—电枢—电刷 B_1—雨刷控制开关接线柱②—雨刷控制开关接线柱③—搭铁—蓄电池负极。

（3）停机自动复位。由尼龙制成的涡轮上嵌入了自动回位铜环，铜环分为两部分，面积较大的自动回位铜环（9）与电动机外壳连接并搭铁。自动回位触片具有一定的弹性，前端铆有触点，当涡轮转动时，触点与涡轮的端面保持接触。

当刮水器控制开关推到“0”档时，如果刮水器的刮片没有停在风窗玻璃下沿，那么涡轮转动的位置将使触点与铜环接触，电流继续流入电枢。此时电动机以慢速运转，直到触点与铜环接触为止。当触点与铜环接触时，在电枢转动惯性力的作用下，电动机不能马上停转，而是以发电机运行形式发电。因为电枢绕组产生的电动势方向与外加电源电压的方向相反，所以电流流通路径为：电刷 B_3—触点（4）—铜环（7）—触点（6）—触点臂（5）—变速开关—电刷 B_1，并产生转矩（称为制动扭矩）使电动机立即停止转动，此时刮片恰好复位到风窗玻璃下沿。

（4）间歇刮水。汽车在毛毛细雨或雾天行驶时，为不影响驾驶员的视野，适合使用间歇刮水装置。间歇刮水就是刮片摆动 1～2 次后，按一周期停止一定时间，以便驾驶员能获得较好的视野。

2. 风窗玻璃洗涤器

风窗玻璃洗涤器是汽车上用于清洁风窗玻璃（包括前风窗玻璃和后风窗玻璃）的重要装

置，其主要功能是通过喷射洗涤液来清除玻璃表面的灰尘、污垢、雨水痕迹及其他妨碍视线的杂质，从而确保驾驶员拥有清晰的视野。

风窗玻璃洗涤装置的结构如图 7-4 所示，它主要由储液罐、洗涤泵、软管、喷嘴等组成。储液罐一般由塑料制成，其内装有洗涤液。洗涤液一般由水或水与适量的添加剂组成，添加剂有助于清洁或降低冰点。为了能刮掉风窗玻璃上的油、蜡等物，可在水中加少量的去垢剂和防腐剂。

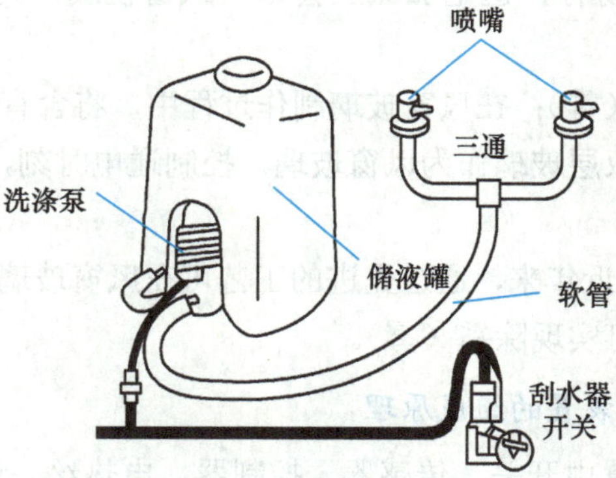

图 7-4 风窗玻璃洗涤装置的结构

洗涤泵由永磁电动机和离心式叶片泵组成一体，喷射压力为 70～88 kPa。洗涤泵一般直接安装在储液罐上，也有安装在管路上的。在洗涤泵进口处设置有滤清器。喷嘴安装在风窗玻璃下面，其方向可以调整，使水喷射在风窗玻璃的适当位置，喷嘴直径一般为 0.8～1 mm。

洗涤泵连续工作一般不超过 1 min，对刮水和洗涤分别控制的汽车，应开动洗涤泵后接通刮水器，水停止后，刮水器应继续刮动 3～5 次，经过这样的配合，可以达到良好的清洁效果。

3. 风窗除霜（雾）装置

风窗除霜（雾）装置的结构如图 7-5 所示。对于汽车前风窗玻璃上的霜层，通常利用空调系统中产生的气流达到清除结霜的目的，后风窗玻璃多使用电热式除霜装置。

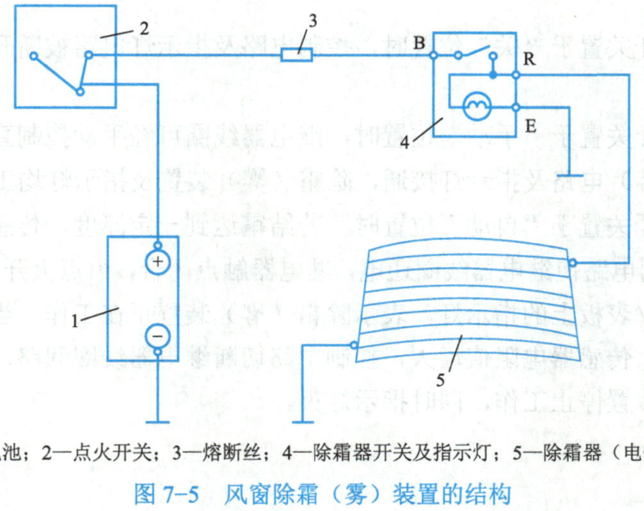

1—蓄电池；2—点火开关；3—熔断丝；4—除霜器开关及指示灯；5—除霜器（电热丝）。

图 7-5 风窗除霜（雾）装置的结构

1）风窗除霜（雾）装置的类型

目前风窗除霜（雾）的方式很多，归纳起来大概有以下几种。

（1）风管除霜（雾）：在风窗玻璃下面安装有热风管，向风窗玻璃吹热风以除霜（雾），并防止结霜（起雾）。这种结构多用于前风窗玻璃和侧风窗玻璃除霜（雾）。

（2）电热丝除霜（雾）：将电加热丝紧贴在风窗玻璃的内表面，需要除霜（雾）时，接通电源即可。这种方法简单易行，但电加热丝会影响风窗视线，为早期汽车风窗除霜（雾）产品。

（3）内置电热丝除霜（雾）：在风窗玻璃制作过程中，将含有银陶瓷的电网嵌入玻璃内，或采用中间夹有电热丝的双层玻璃作为风窗玻璃，控制通电时刻，即可达到风窗除霜（雾）目的。

（4）镀膜除霜（雾）：近年来，通过先进的工艺可在风窗玻璃上镀一层透明的导电薄膜，和电热丝一样，通电后即可实现除霜（雾）。

2）后风窗除霜（雾）装置的组成原理

后风窗除霜（雾）装置由开关、传感器、控制器、电热丝、连接线路等组成，如图 7-6 所示。传感器安装在后风窗玻璃上，采用热敏电阻，结霜越厚，阻值越小。

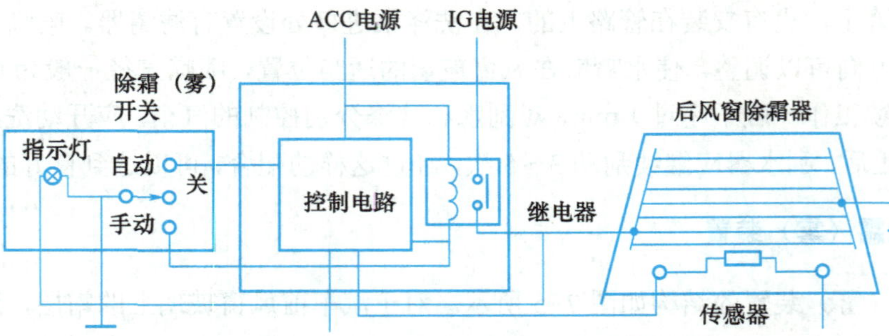

图 7-6　后风窗除霜（雾）装置的结构

当除霜（雾）开关置于“关”位置时，控制电路及指示灯电路被断开，除霜（雾）装置及指示灯均不工作。

当除霜（雾）开关置于“手动”位置时，继电器线圈可经手动控制直接搭铁，继电器触点闭合，使除霜（雾）电路及指示灯接通，除霜（雾）装置及指示灯均工作。

当除霜（雾）开关置于“自动”位置时，若结霜达到一定厚度，传感器电阻值急剧减小到某一设定值，控制电路使继电器线圈通电，继电器触点闭合，由点火开关 IG 接线柱向电阻丝供电，同时点亮仪表板上的指示灯，表示除霜（雾）装置正在工作。当玻璃上的结霜厚度减小到某一程度后，传感器电阻值增大，控制电路切断继电器线圈回路，触点断开，电阻丝断电，除霜（雾）装置停止工作，同时指示灯灭。

任务 7.2　电动刮水器及风窗玻璃洗涤器故障诊断与排除

目标

掌握汽车电动刮水器及风窗玻璃洗涤器故障诊断与排除的步骤和方法。

仪器与工具

汽车电动刮水器、风窗玻璃洗涤器、万用表等。

1. 电动刮水器及风窗玻璃洗涤器故障检查

电动刮水器及风窗玻璃洗涤器故障检查见表 7-1。

表 7-1　电动刮水器及风窗玻璃洗涤器故障检查

步骤	操作	正常结果	异常结果
1	1. 将点火开关置于运行位置 2. 保持风窗玻璃洗涤器开关在接通位置	电动刮水器低速操作，只要风窗玻璃洗涤器开关保持在接通位置，风窗玻璃洗涤器就向风窗玻璃喷淋，释放开关后风窗玻璃洗涤器停止工作，电动刮水器刮洗 2～4 次后返回至停止位置	风窗玻璃洗涤器有故障不能工作
2	将电动刮水器开关置于延迟位置	电动刮水器完整地扫过一次后暂停 1～2 s 再进行下一次刮洗，暂停时间可在延迟范围内通过转动刮水器开关进行调整	1. 电动刮水器延迟模式有故障不能工作； 2. 电动刮水器除霜（雾）延迟和低速模式有故障不能工作
3	1. 将电动刮水器开关置于延迟位置 2. 保持电动刮水器开关接通 1～2 s	只要风窗玻璃洗涤器开关保持在接通位置，风窗玻璃洗涤器就向风窗玻璃喷淋，喷淋期间刮水器以低速运行且当风窗玻璃洗涤器断开后仍继续扫过 2～4 次，然后刮水器恢复脉冲操作	1. 风窗玻璃洗涤器有故障不能工作； 2. 刮水器延迟模式有故障不能工作； 3. 刮水器除霜（雾）延迟和低速模式有故障不能工作
4	将电动刮水器开关置于低速位置	电动刮水器继续在低速运行	电动刮水器除霜（雾）延迟和低速模式有故障不能工作
5	将电动刮水器开关置于高速位置	电动刮水器连续在高速运行	电动刮水器高速模式有故障不能工作
6	将电动刮水器开关置于断开位置	电动刮水器以低速返回至停止位置	1. 刮片不停止； 2. 刮水器始终接通
7	将电动刮水器开关置于除霜（雾）位置后松开	电动刮水器完整地扫过一次后返回至停止位置	电动刮水器除霜（雾）延迟和低速模式有故障不能工作

2. 电动刮水器马达盖及马达摇臂的更换

图 7-7、图 7-8 分别展示了电动刮水器马达盖、马达摇臂的更换方法。

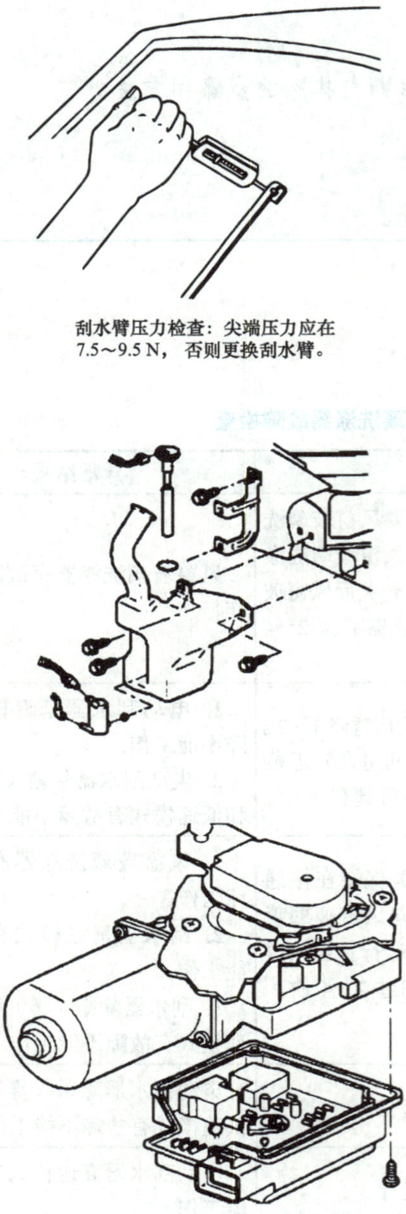

图 7-7　电动刮水器马达盖的更换

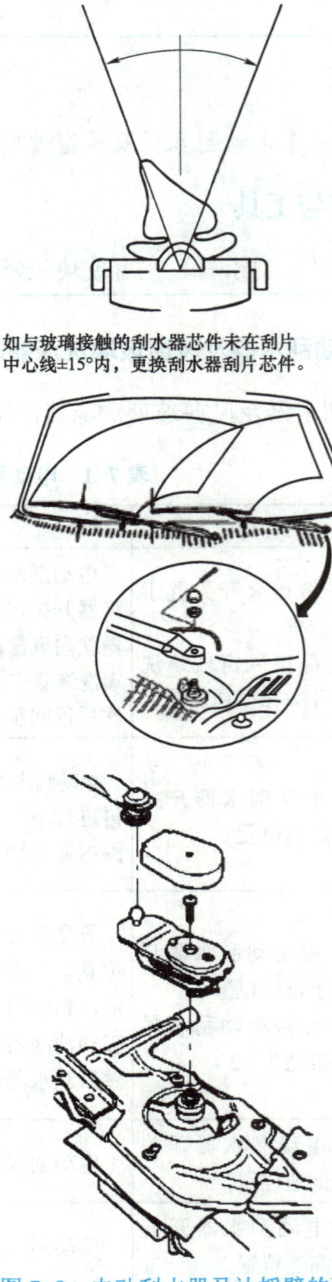

图 7-8　电动刮水器马达摇臂的更换

3. 电动刮水器刮水臂的更换

1）拆卸

（1）将点火开关拨到 ACC 附件位置。

（2）将电动刮水器开关置 PULSE 脉冲位置。
（3）当刮水臂在刮洗面底部内刮洗且未移动时断开点火开关。
（4）从洗涤器喷嘴上断开洗涤器软管。
（5）从螺母上卸下马达盖。
（6）从刮水臂和刮水器变速器驱动轴上拆卸螺母。
（7）从刮水臂上拆卸刮水器刮片。

2）安装

（1）将点火开关置于 ACC 附件位置。
（2）将刮水器开关置于 PULSE 脉冲位置，电动刮水器应操作。
（3）当刮水器变速器在其刮洗循环底部内刮洗且未运动时，断开点火开关。
（4）将刮水臂安装在刮水器变速器驱动轴上并保证下列距离：
① 从刮水臂端部到空气进口格栅右侧 97～107 mm；
② 从刮水臂刮片端部到空气进口格栅板左侧 125～147 mm。
（5）将螺母安装到刮水器变速器驱动轴和刮水臂上。
（6）从刮水臂上拆卸销轴。
（7）将盖装在螺母上。
（8）将洗涤器软管连接到清洗器喷嘴上。
（9）操作刮水器并检查操作是否正常。

4. 风窗玻璃洗涤器故障检修

（1）刮水器不工作：检查电源与电路、电动机、控制开关。
（2）刮片刮水效果差：清洁或更换刮片（见图 7–8）、调整刮水臂压力、检查玻璃表面。
（3）洗涤系统不喷水：检查洗涤液与管路、喷水电动机、喷水控制。

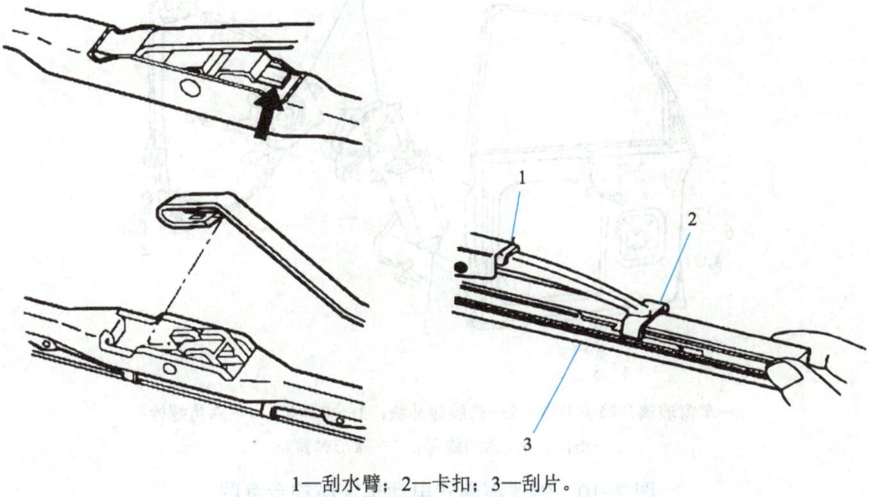

1—刮水臂；2—卡扣；3—刮片。

图 7–9　电动刮水器刮片的更换

任务 7.3　电动车窗、电动门锁及电动座椅

1. 电动车窗

1）电动车窗的结构

电动车窗又称自动车窗或电动门窗，驾驶员坐在驾驶座上，即可利用控制开关使全部车窗玻璃自动升降，操作简便，且有利于行车安全。电动车窗主要由电动机、车窗玻璃升降调节器和控制开关等组成。

（1）电动机。

电动机是用来为车窗玻璃的升降提供动力的装置。由于车窗玻璃的动作是双向（升降）的，电动车窗采用了双向转动的电动机。它有永磁型和双绕组型两种，永磁型电动机采用外搭铁，双绕组型电动机则是各绕组搭铁。

电动机内部一般都装有抑制无线电干扰的装置，以防止在使用车窗玻璃升降调节器时对车内无线电的接收形成干扰。电动机内部还装有过电流保护装置，当电动机运转受阻时，能自动切断电源，从而避免电动机烧毁。为了与不同机械升降机构相匹配，电动机输出部分的结构也有所不同。

（2）车窗玻璃升降调节器。

车窗玻璃升降调节器主要由电动机和机械升降机构两部分组成，为了吸收冲击对机构的影响，一般都会设有吸收冲击的缓冲装置。常见的车窗玻璃升降调节器有钢丝滚筒式和齿扇式两种，相应的电动车窗结构示意图分别如图 7-10、图 7-11 所示。

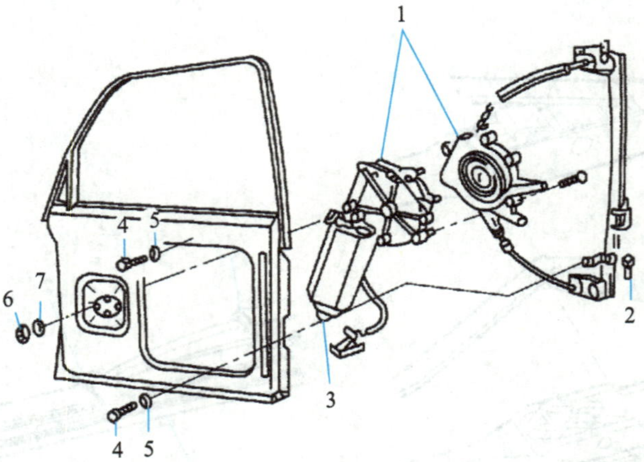

1—车窗玻璃升降调节器；2—橡胶缓冲块；3—电动机；4—六角螺栓；5—垫圈；6—六角螺母；7—碟形弹簧垫。

图 7-10　钢丝滚筒式电动车窗结构示意图

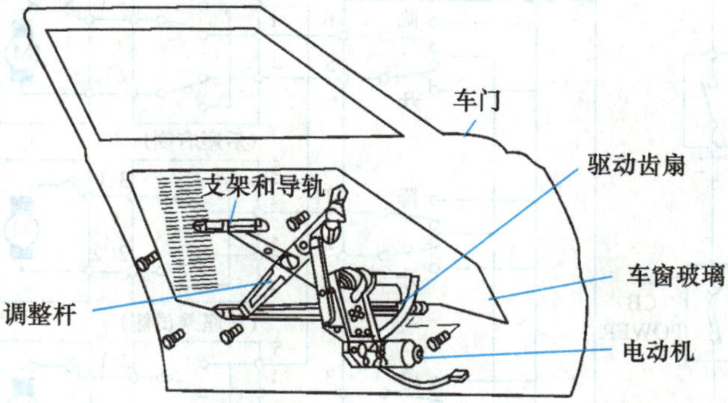

图 7-11 齿扇式电动车窗结构示意图

（3）控制开关。

电动车窗一般都有两套控制开关。一套装在仪表板或驾驶员席侧的车门扶手上，为主开关，可控制每个车窗的升降。另一套分别装在每个乘员席侧的门上，为分开关，可单独控制一个车窗。在主开关上还有控制开关断路开关，可切断分开关的电路。

2）电动车窗的工作原理

车窗电动机可分别由总开关和分开关控制，驾驶员可通过仪表板或驾驶员席侧车门扶手上的总开关控制各个车窗，乘员则可通过车门扶手上的分开关自行控制车窗。手动控制是指通过按相应的手动按钮，实现车窗玻璃的上升或下降。若中途松开按钮，车窗玻璃上升或下降的动作即停止。而自动控制是指按下自动按钮，松开后车窗玻璃会一直上升至顶部或下降至最底部。

（1）采用永磁式直流电动机的电动车窗控制系统的工作原理。

图 7-12 为电动车窗控制系统电路图，它采用永磁式直流电动机驱动车窗玻璃升降，控制方式是控制搭铁式。其基本原理是：通过控制开关改变直流电动机的电流方向，达到改变电动机的运转方向，从而使玻璃上升或下降的目的。

（2）采用双绕组串励式直流电动机的电动车窗控制系统的工作原理。

图 7-13 为典型的双绕组串励式直流电动机电动车窗控制系统电路图，其控制方式是直接搭铁式。双绕组串励式直流电动机有两个绕向相反的磁场绕组，一个称为上升绕组，另一个称为下降绕组。在给不同绕组通电时，会产生方向相反的磁场，电动机的旋转方向也就不同，从而实现车窗玻璃的上升或下降。电动车窗的断路保护开关是双金属触点臂结构，当电动机超载，电路中电流过大时，双金属片因温度上升产生翘曲变形，触点打开，电路切断。电流消失后，双金属片冷却，变形消失，触点再次闭合。如此周期动作，使电动机电流平均值不超过规定值，不致过热而烧坏。

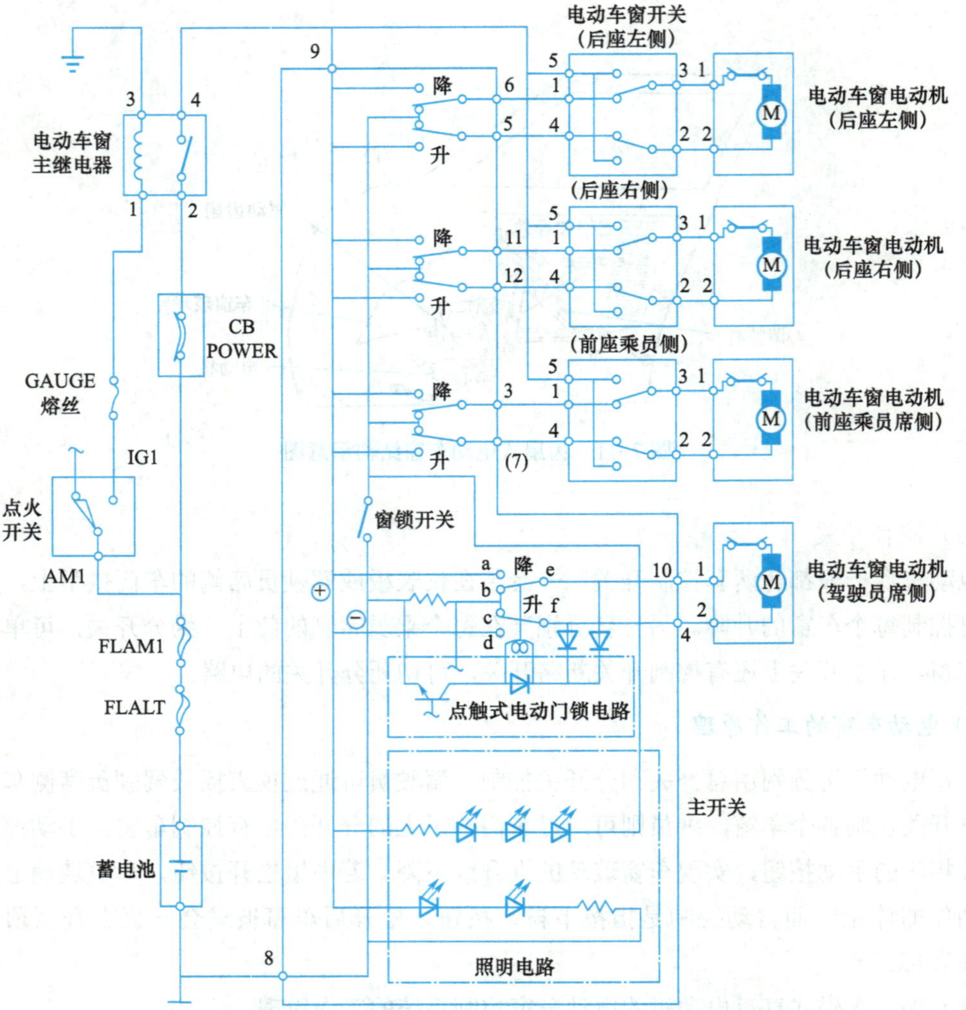

图 7-12　采用永磁式直流电动机的电动车窗控制系统电路图

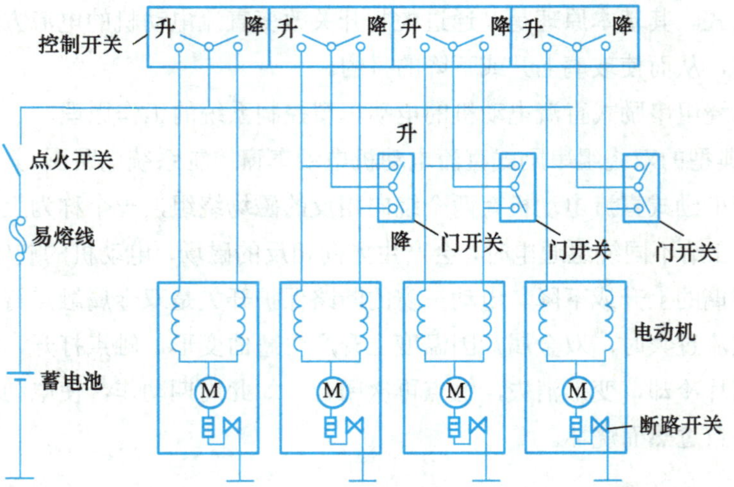

图 7-13　采用双绕组串励式直流电动机的电动车窗控制系统电路图

当按下电动车窗上升开关时，电流从蓄电池正极出发，经过保险丝，通过控制开关（主开关或独立开关）的上升触点，流入双绕组串励式直流电动机的定子和转子绕组。此时，电动机在磁场作用下产生转矩，开始顺时针转动（假设上升方向为顺时针）。电动机的转动通过升降机构带动车窗玻璃向上运动，电流流通路径为：蓄电池正极—易熔线—控制开关（上升触点）—电动机（定子和转子绕组）—控制开关—搭铁—蓄电池负极。

当按下电动车窗下降开关时，电流从蓄电池正极出发，经过保险丝，通过控制开关（主开关或独立开关）的下降触点，流入双绕组串励式直流电动机的定子和转子绕组。此时，电动机的转动方向与上升时相反，为逆时针转动。电动机的转动通过升降机构带动车窗玻璃向下运动，电流流通路径为：蓄电池正极—易熔线—控制开关（下降触点）—电动机（定子和转子绕组）—控制开关—搭铁—蓄电池负极。

（3）电动机不搭铁的电动车窗控制系统的工作原理。

电动机不搭铁的电动车窗控制系统的特点是电动机不直接搭铁，电动机的搭铁受开关控制，通过改变电动机的电流方向来改变电动机的转向，从而实现车窗的升降，其电路图如图 7-14 所示。对于电动机不搭铁的控制方式，因为开关既控制电动机的电源线，又控制电动机的搭铁线，所以开关结构和线路比较复杂，但电动机结构简单，应用比较广泛。

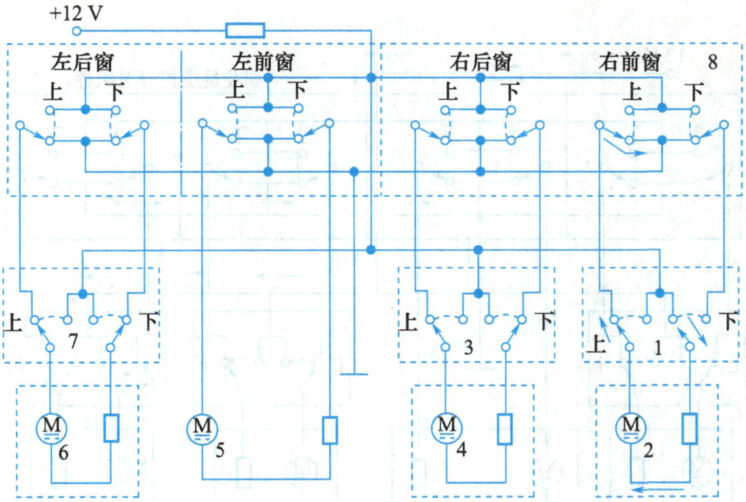

1—右前车窗开关；2—右前车窗电动机；3—右后车窗开关；4—右后车窗电动机；5—左前车窗电动机；
6—左后车窗电动机；7—左后车窗开关；8—驾驶员主控开关。

图 7-14　电动机不搭铁的电动车窗控制系统电路图

图 7-15 所示的是驾驶员操作右前车窗玻璃下降时的情况。驾驶员操作主控开关中的右前车窗开关，使其在“下”的位置时，右前车窗电动机的一端通过主控开关与搭铁断开后接电源而通电转动，使右前车窗玻璃向下运动。

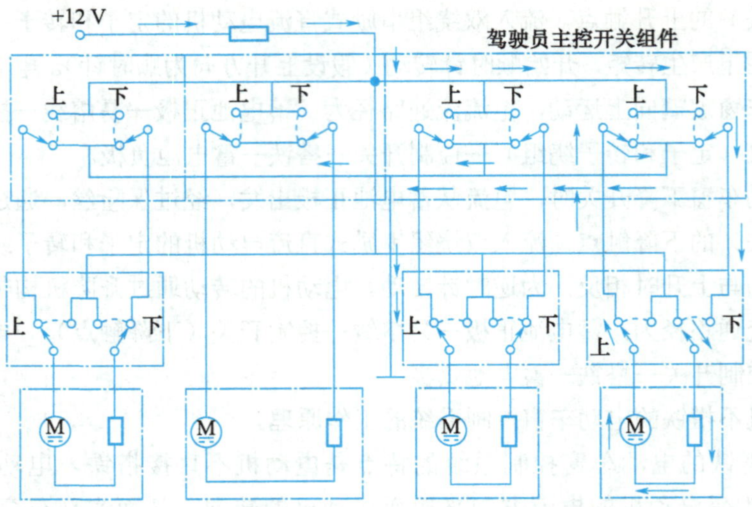

图 7-15　驾驶员操作右前车窗玻璃向下运动

图 7-16 为乘客操作右前车窗玻璃下降时的情况。乘客操作右前车窗的独立操作开关，使其在“下”的位置时，右前车窗电动机的一端通过独立操作开关与搭铁断开后接电源而通电转动，使右前车窗玻璃向下运动。

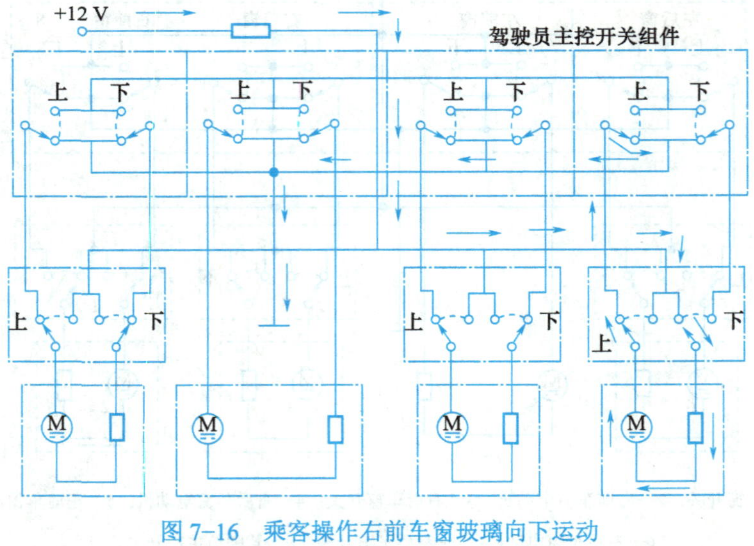

图 7-16　乘客操作右前车窗玻璃向下运动

（4）电动机搭铁的电动车窗控制系统的工作原理。

电动机搭铁的电动车窗控制电路是指电动机一端直接搭铁，而电动机有两组磁场绕组，通过接通不同的磁场绕组使电动机的转向不同，实现车窗玻璃的升降，如图 7-17 所示。在电动车窗控制电路中，设有驾驶员集中控制的主控开关和每一个车窗的独立操作开关，每一个车窗的独立操作开关可由乘客自己操作。在有些汽车上，主控开关还设有安全开关，可以切断各车窗的电源，使每个车窗的操作开关不起作用。

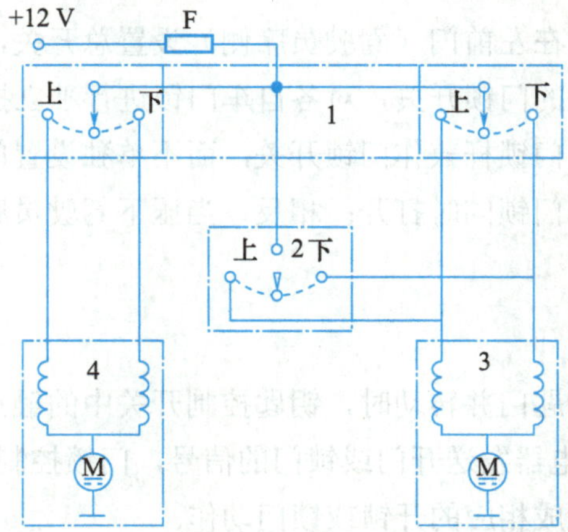

1—驾驶员主控开关；2—右前车窗开关；3—右前车窗电动机；4—左前车窗电动机。

图 7-17　电动机搭铁的电动车窗控制电路图

2. 电动门锁

为了使汽车的使用更加方便和安全，现代轿车多数都安装了电动门锁（也称中央门锁）。驾驶员可通过门锁开关同时打开各个车门，也可单独打开某个车门。当驾驶员车门锁住时，其他 3 个车门也同时锁住。驾驶员车门以外的 3 个车门设置有单独的弹簧锁开关，可以用来独立地控制每个车门的打开和锁住。当行车速度达到一定时，各个车门能自行锁定，防止乘员误操作车内门把手而导致车门打开。

电动门锁的组成如图 7-18 所示。

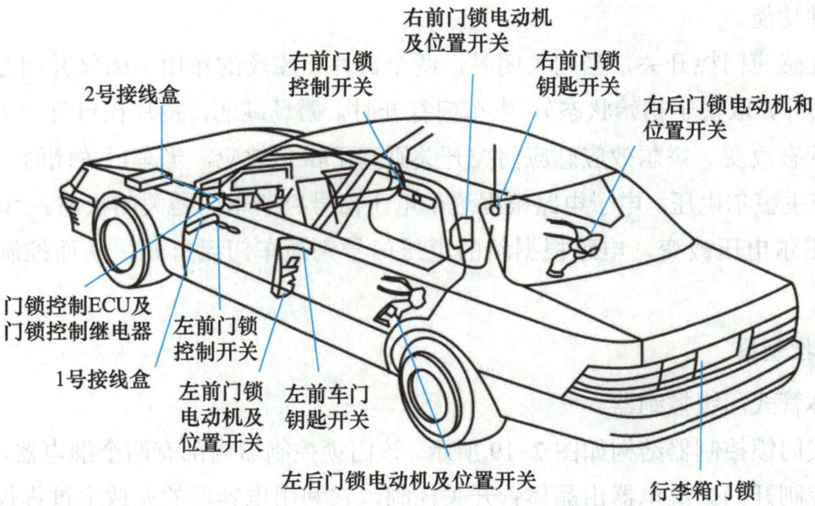

图 7-18　电动门锁的组成

1）门锁控制开关

大多数汽车的电动门锁在左前门（驾驶员席侧）设置总开关，可同时控制各车门锁的开关。其他车门上也设有单独的门锁开关，对各自车门锁进行独立控制。

有的汽车电动门锁中，门锁杆兼作门锁开关，而不单独设置门锁开关。当提起驾驶员席侧车门锁杆时，可使其他车门锁同时打开；相反，当压下驾驶员席侧车门锁杆时，其他车门锁同时锁止。

2）钥匙控制开关

当从外面用钥匙插入钥匙门并转动时，钥匙控制开关中的触点会闭合或断开，从而向门锁控制 ECU 或门锁控制继电器发送开门或锁门的信号，门锁控制 ECU 或继电器接收到信号后，再控制门锁执行机构完成相应的开锁或锁门动作。

3）行李箱门开启器开关

行李箱门开启器开关是汽车电动门锁中的一个重要部件，主要用于控制行李箱门的开启和关闭结构，主要由扼铁、插棒式铁心、电磁线圈和支架组成。

当按下或拉动行李箱门开启器开关时，开关会向车辆的门锁控制 ECU 或相关控制模块发送一个电信号，控制模块接收到信号后，会向行李箱门的执行机构发送指令，执行机构通常是电动机或电磁铁等，它们在接收到指令后会驱动相应的机械装置工作，完成行李箱门的解锁和开启动作。

4）门控开关

门控开关是一种用于检测门的状态（开启或关闭）的电器装置，其主要功能是根据门的开合情况来控制相关电路的通断，从而实现诸如车内照明控制、车门锁止系统联动、电动车窗控制等多种功能。

对于磁性感应门控开关，当门关闭时，两个簧片在磁场的作用下磁化并相互吸引，使触点闭合（或断开，取决于初始状态）。当车门打开时，磁场减弱，簧片在自身弹力作用下恢复原状，触点状态改变。霍尔效应感应门控开关则基于霍尔效应，当车门关闭时，磁场作用于霍尔元件，产生霍尔电压，电子电路根据这个电压信号判断车门是关闭状态。当车门打开时，磁场变化，霍尔电压改变，电路根据新的电压信号判断车门已打开，从而控制相关电路的通断。

5）门锁控制器

（1）晶体管式门锁控制器。

晶体管式门锁控制器结构如图 7-19 所示，该门锁控制器内部有两个继电器，一个控制锁门，另一个控制开门。继电器由晶体管开关控制，它利用电容器的充放电过程控制一定的脉冲电流持续时间，使执行机构完成锁门和开关动作。

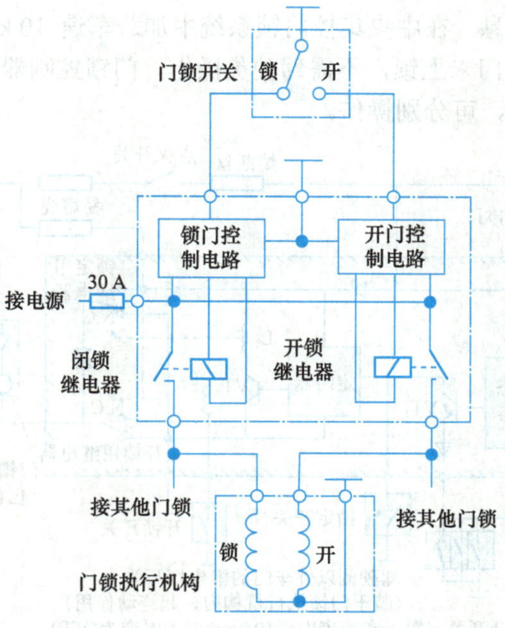

图 7-19　晶体管式门锁控制器结构图

（2）电容式门锁控制器。

电容式门锁控制器结构如图 7-20 所示。电容式门锁控制器的原理是利用电容器的充放电特性来控制门锁系统，当需要进行门锁操作时，将电容器接入控制电路，此时电容器开始放电，放电电流使继电器线圈产生磁力，接通执行机构电磁线圈来完成开锁或闭锁动作。平时电容器充足电，工作时接入控制电路使电路放电，使两电路中的一个通电而短时吸合。电容器完全放电后，通过继电器的电容中断而使其触点断开，门锁系统不再工作。

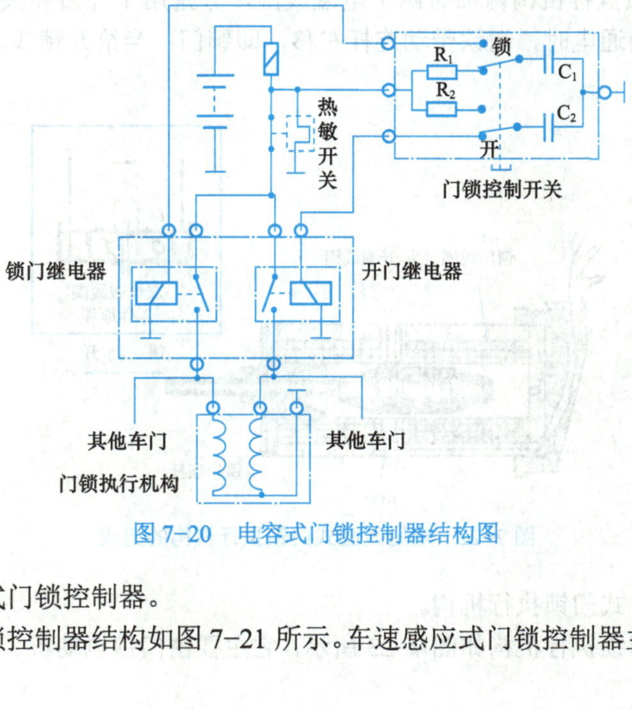

图 7-20　电容式门锁控制器结构图

（3）车速感应式门锁控制器。

车速感应式门锁控制器结构如图 7-21 所示。车速感应式门锁控制器主要通过车速传感器来获取车辆的行驶速度信息。在中央集控门锁系统中加载车速 10 km/h 来感应开关，当车速在 10 km/h 以上时，若车门未上锁，不需驾驶员操作，门锁控制器就自动将门上锁。如果个别车门要自行开门或锁门，可分别操作。

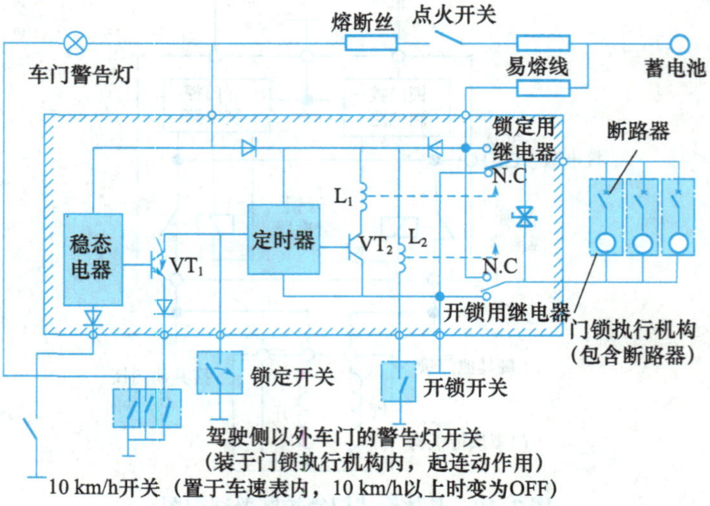

图 7-21　车速感应式门锁控制器结构图

6）门锁执行机构

门锁执行机构的作用是在接收到门锁控制器的信号后，执行实际的门锁锁定或解锁动作，通过改变门锁的机械状态，实现车门的锁止和开启。门锁执行机构分为电磁线圈式、直流电动机式和双向空气压力泵式。

（1）电磁线圈式门锁执行机构。

电磁线圈式门锁执行机构内部有两个电磁线圈，分别用于开启和关闭门锁，如图 7-22 所示。当给锁门线圈通电时，衔铁带动连杆左移，即锁门；当给开锁线圈通电时，衔铁带动连杆右移，即开锁。

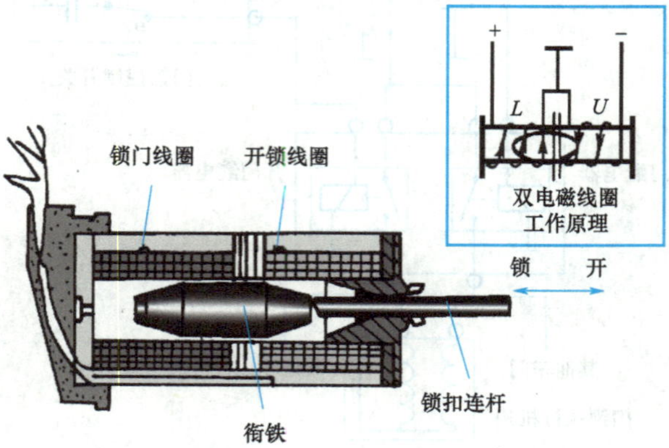

图 7-22　电磁线圈式门锁执行机构的组成

（2）直流电动机式门锁执行机构。

直流电动机式门锁执行机构如图 7-23 所示，它主要由门锁电动机、锁杆、位置开关、门锁开关及连接杆等组成，其优点是体积小、耗电少且动作较迅速。

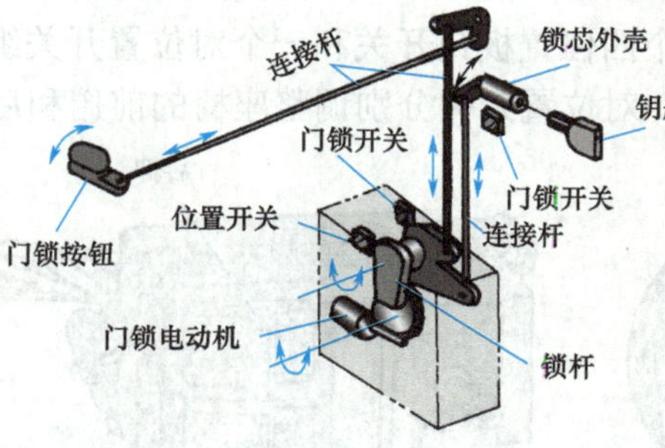

图 7–23　直流电动机式门锁执行机构结构图

当门锁电动机转动时，蜗杆带动齿轮转动，齿轮推动锁杆，车门被锁上或打开，然后齿轮在回位弹簧的作用下返回原位置，防止操纵门锁按钮时电动机工作。位置开关在锁杆推向锁门位置时断开，推向开门位置时接通。

3. 电动座椅

为了提高驾驶员和乘客的舒适性，许多汽车安装了电动座椅（又称自动座椅）。电动座椅以电动机为动力源，通过传动装置和执行机构来调节座椅位置。电动座椅通常具有多向调节功能，按照座椅电动机的数目和调节方向数目的不同，电动座椅有四方向、六方向、八方向。更先进的电动座椅功能更加完善，可实现座椅的前后调节、上下调节，靠背的倾斜调节，侧背支撑调节，腰椎支撑调节，头枕的调节等，如图 7–27 所示。

1—座椅前后调节；2—座椅上下调节（后部）；3—座椅上下调节（前部）；
4—靠背倾斜调节；5—头枕调节；6—侧背支撑调节；7—腰椎支撑调节。

图 7–24　电动座椅多向调节示意图

1）电动座椅的组成

电动座椅主要由调整开关、调节电动机和机械传动装置组成。

（1）调整开关。

调整开关接受驾驶员或乘员输入的命令，控制执行机构完成电动座椅的调整。如图 7–25 所示，典型的调整开关由一个四位置板钮开关和一个对位置开关组成。四位置板钮开关用来调整前、后和上、下的位置，对位置开关分别调整座椅的前俯和后仰。

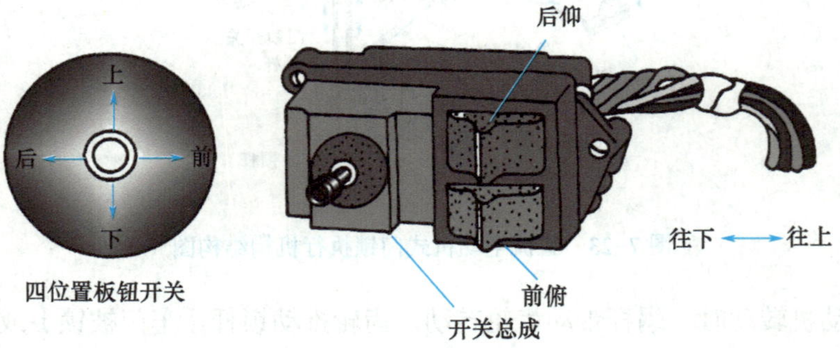

图 7–25　电动座椅调整开关

（2）双向永磁式调节电动机。

电动座椅的电动机采用永磁式结构。进行前、后移动控制的电动座椅装有一个双向电动机。在前、后移动基础上还可升、降的 4 向移动座椅装有两个双向电动机。除具有前、后移动和上、下升降功能外，座椅前端或后端还可分别升降的 6 向移动座椅装有 3 个双向电动机。遥控电动座椅甚至装有 4 个以上的双向永磁式调节电动机，除能保证 6 向移动的功能外，还能调整头枕高度、倾斜度、座椅长度及扶手位置等。

（3）机械传动装置。

电动座椅的机械传动装置由变速器、万向节、螺旋千斤顶及齿轮传动机构组成。开关接通后，电动机动力经齿轮、万向节、变速器、软轴等传至座椅调节器。当座椅调节器到达行程终点时，软轴停止运动，此时若电动机仍在运转，其动力将被橡胶万向节所吸收，以防电动机过载损坏。图 7–26 为电动座椅机械传动装置结构图。

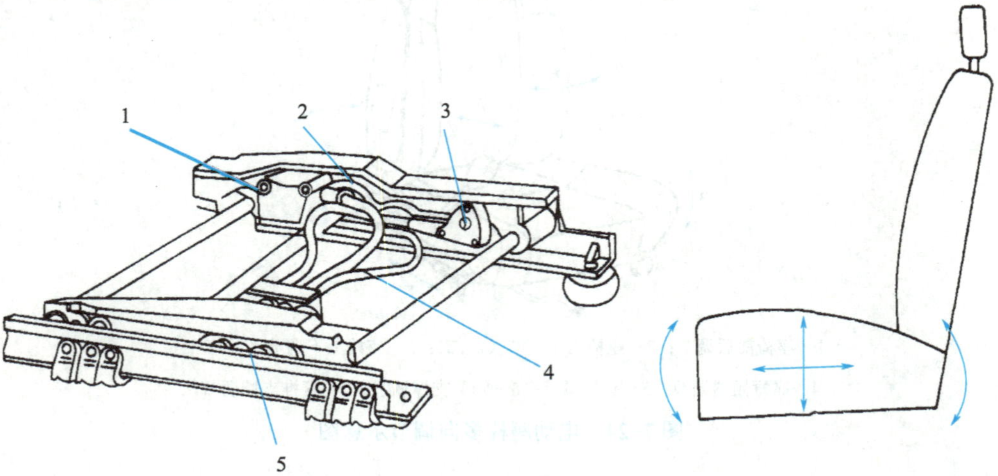

1—前变速器；2—水平变速器；3—后变速器；4—软轴；5—电动机。

图 7–26　电动座椅机械传动装置结构图

2）电动座椅的工作过程

图 7–27 为具有 6 个不同调整方向（上、下、前、后、前倾和后倾）的电动座椅工作原理图。由图 7–27 所知，电动座椅由调整开关和 3 个调整电动机组成。当调整开关控制电动座椅运动时，电动机的搭铁和电源连接，使 3 个电动机按所需方向旋转。有些轿车座椅系统还设有存储器，具有储存功能。通过每个座椅的位置传感器来传感座椅的调定位置，以适应不同驾驶员对座椅的要求。

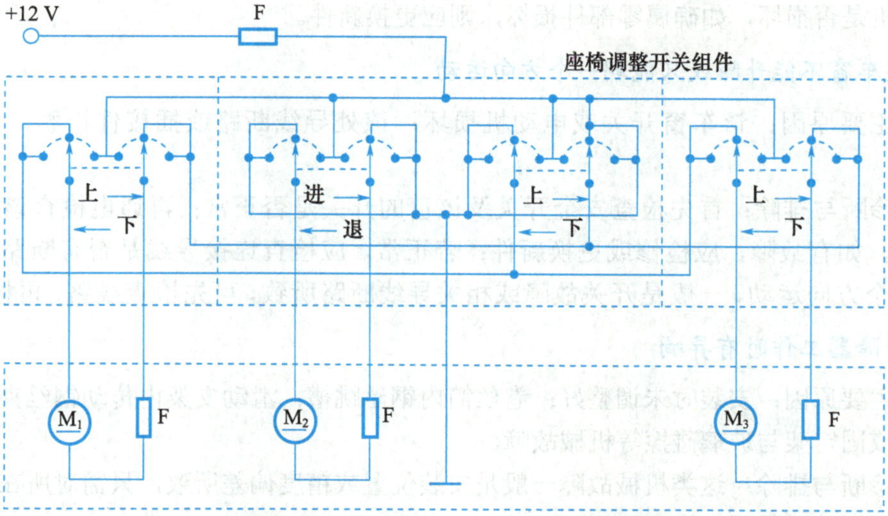

M_1—前高度调节电动机；M_2—前后移动电动机；M_3—后高度调节电动机；F—保险丝。

图 7–27　电动座椅工作原理图

任务 7.4　电动车窗、电动门锁及电动座椅故障诊断与排除

目标

掌握汽车电动车窗、电动门锁及电动座椅故障诊断与排除的步骤和方法。

仪器与工具

万用表等。

1. 电动车窗故障诊断与排除

1）电动车窗升降器不工作

（1）主要原因：熔断器断路；连接导线断路或相关插接件松脱；有关继电器、开关损坏；电动机损坏；搭铁线锈蚀、松动。

（2）诊断与排除：首先检查熔断器是否断路，然后检查各插接件连接是否紧固、可靠；检查电源线是否有电，电压是否正常；检查搭铁线搭铁是否良好可靠；最后检查开关、继电器及电动机是否损坏，如确属零部件损坏，则应更换新件。

2）某车窗不能升降或只能朝一个方向运动

（1）主要原因：该车窗开关或电动机损坏；该处导线断路或插接件松脱；安全开关故障。

（2）诊断与排除：首先检查安全开关及该窗的开关是否正常；再通电检查该窗电动机是否正常，如有故障，应检修或更换新件；若正常，应检查连接导线是否有断路。如车窗只能朝一个方向运动，一般是开关故障或相关导线断路所致，可先检查线路，再检查开关。

3）升降器工作时有异响

（1）主要原因：安装时未调整好；卷丝筒内钢丝跳槽；滑动支架内传动钢丝夹转动；电动机盖板或固定架与玻璃碰擦等机械故障。

（2）诊断与排除：这类机械故障一般是安装位置或精度偏差所致，只需对所在位置的螺钉进行重新调整或紧固、校正即可。

2. 电动门锁故障诊断与排除

1）电动门锁常见故障

（1）门锁无法正常工作：门锁电动机故障、开关故障、线路故障、中央控制模块故障。

（2）门锁偶尔失灵：线路接触不良或部件间歇性故障。

（3）遥控器失效：电池没电、遥控器天线故障、遥控器与车辆匹配故障。

（4）门锁动作缓慢：门锁电机老化、传动机构卡滞。

2）故障诊断与排除方法

（1）检查门锁电动机：与电动车窗电动机检查方法类似，测电压、手动转动，根据情况处理线路或电动机问题。

（2）检查开关：用万用表测电阻和测试功能，处理开关断路或功能异常问题。

（3）检查线路：查看连接，测导通性，处理线路问题。

（4）检查中央控制模块：用诊断工具读故障码；检查模块供电。若模块故障，应更换。若供电异常，应检查供电线路。

（5）检查遥控器：先换电池、查看天线，若故障仍存在，可能需重新编程或更换遥控器。

3. 电动座椅故障诊断与排除

1）电动座椅常见故障

电动座椅的常见故障是座椅完全不能动作或朝某个方向不能动作。座椅完全不能动作的主要原因有熔断器熔断、线路断路、座椅开关故障等；朝某个方向不能动作的主要原因有该方向对应的电动机损坏、开关损坏、对应的线路断路等。

2）故障诊断与排除方法

如果座椅完全不能动作，可以首先检查熔断器是否熔断。若熔断器良好，则应检查所在线路及其插接件是否正常，最后检查开关。对于有存储功能的电动座椅，还应检查其 ECU 的电源电路及其搭铁线是否正常。如果座椅朝某个方向不能动作，可以先检查所在线路是否正常，再检查开关和电动机。

下面以广州本田雅阁轿车的电动座椅朝某个方向不能动作这一故障处理为例进行说明。广州本田雅阁轿车电动座椅电路如图 7-28 所示。

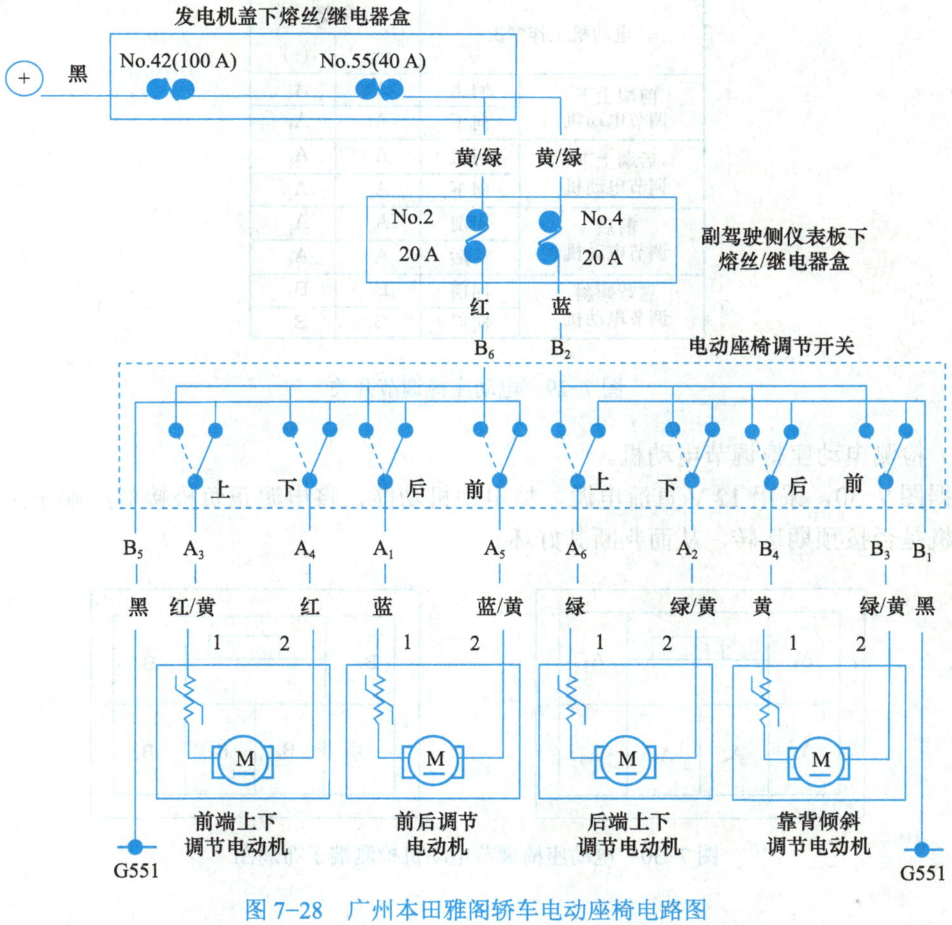

图 7-28 广州本田雅阁轿车电动座椅电路图

（1）检测线路。

① 电压检测法：当检测前端上下调节电动机线路时，可将该电动机上的 2 芯插头拔下，

用万用表的电压档测量 1、2 端子间的电压。当该电动机的开关未操作时，电压值应为零；当将开关掷于“向上”位置时，1、2 端子间的电压应为+12 V，即 1 端子电压为正，2 端子为零；当将开关掷于“向下”位置时，1、2 端子间的电压应为−12 V，即 2 端子电压为正，1 端子为零。其他电动机线路的检测方法与此相同。

② 电阻检测法：当检测前端上下调节电动机线路时，可将该电动机上的 2 芯插头拔下，用万用表的电阻档测量相关处的电阻值。当该电动机的开关未操作时，1、2 端子间的阻值应为零；当将开关掷于“向上”位置时，1 端子与电源正极间的阻值应为零，2 端子与搭铁线（电源负极）间的阻值也应为零，1、2 端子间的阻值为无穷大；当将开关掷于“向下”位置时，2 端子与电源正极间的阻值应为零，1 端子与搭铁线（电源负极）间的阻值也应为零，1、2 端子间的阻值为无穷大。其他电动机线路的检测方法与此相同。

（2）检测电动座椅调整开关两端的 6 芯插头。

依据图 7-29，用万用表检测插头对应端子，操作调节开关不同档位，看各电动机工况，对应电源正负极（如 A_3 与 A_4 等）之间是否有电压、通路，判断开关及线路是否正常。

电动机工作情况		电源	
		(+)	(−)
前端上下调节电动机	向上	A_3	A_4
	向下	A_4	A_3
后端上下调节电动机	向上	A_2	A_6
	向下	A_6	A_2
前后调节电动机	向前	A_5	A_1
	向后	A_1	A_5
靠背倾斜调节电动机	向前	B_3	B_4
	向后	B_4	B_3

图 7-29　电动座椅调节开关

（3）检测电动座椅调节电动机。

依据图 7-30，采用 12 V 直流电源，按电动机功能，将电源正负极接对应端子，通电，看电动机是否按预期运转，从而判断其好坏。

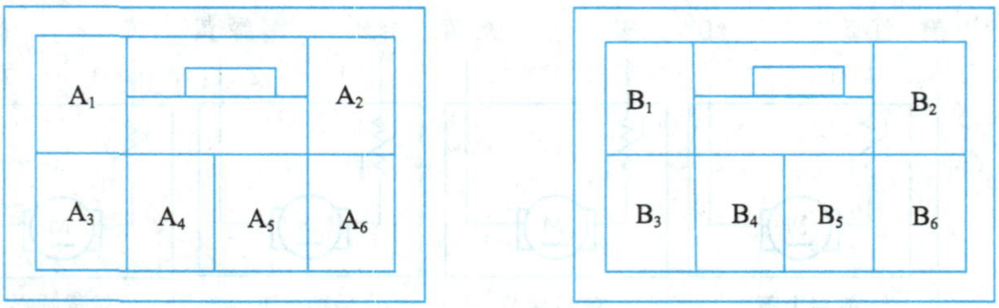

图 7-30　电动座椅调节电动机检测端子布局图

参 考 文 献

[1] 宋福昌. 现代汽车电气设备构造与维修[M]. 北京：电子工业出版社，2021.

[2] 刘振楼. 汽车电气设备检修[M]. 北京：人民邮电出版社，2020.

[3] 王辉，张文秀，刘祥泽. 汽车电气设备构造与维修[M]. 长春：吉林大学出版社，2016.

[4] 杨智勇. 汽车电气设备构造与维修[M]. 北京：人民交通出版社，2022.

[5] 王云鹏. 汽车电气系统[M]. 北京：机械工业出版社，2020.

[6] 宋震宇. 汽车电器故障诊断与维修[M]. 北京：中国铁道出版社，2022.

[7] 吴文琳. 汽车电气系统故障诊断与排除[M]. 北京：化学工业出版社，2018.

[8] 刘冬生，黄国平，黄华文. 汽车电气设备构造与维修[M]. 北京：机械工业出版社，2017.

[9] 宋广辉，张凤娇，苏忆. 新能源汽车电气技术[M]. 北京：机械工业出版社，2023.

[10] 吴正乾. 新能源汽车电气设备检修[M]. 北京：北京理工大学出版社，2021.

[11] 王宝根，王慧军. 新能源汽车电力电子技术[M]. 北京：机械工业出版社，2023.